21世纪高等院校金融系列规划教材

U0674954

商业银行客户经理实务

The Commercial Bank Relationship Manager in Practice

郭丽红　刘晓宇 主编

东北财经大学出版社
Dongbei University of Finance & Economics Press
大 连

图书在版编目（CIP）数据

商业银行客户经理实务 / 郭丽红，刘晓宇主编．—大连：东北财经大学
出版社，2025.8．—（21世纪高等院校金融系列规划教材）．—ISBN 978-
7-5654-5778-4

Ⅰ.F830.4

中国国家版本馆CIP数据核字第2025BX8512号

商业银行客户经理实务

SHANGYE YINHANG KEHU JINGLI SHIWU

东北财经大学出版社出版

（大连市黑石礁尖山街217号　邮政编码　116025）

网　　址：http://www.dufep.cn

读者信箱：dufep@dufe.edu.cn

大连市东晟印刷有限公司印刷　东北财经大学出版社发行

幅面尺寸：185mm×260mm　　字数：332千字　　印张：17

2025年8月第1版　　　　　　2025年8月第1次印刷

责任编辑：孙　平　　　　　　责任校对：赵　楠

封面设计：张智波　　　　　　版式设计：原　皓

书号：ISBN 978-7-5654-5778-4　　定价：46.00元

前　言

在金融科技迅速发展、市场竞争日趋激烈的今天，商业银行正经历着深刻的转型变革。作为连接银行与客户的重要纽带，客户经理的角色定位和工作方式也在不断演进。新形势下，客户经理不仅要具备扎实的专业知识，还需要掌握数字化工具应用、综合金融服务等新技能。如何培养符合时代要求的高素质客户经理队伍，已成为商业银行人才发展的重要课题。

回顾商业银行客户经理岗位的发展历程，大致可分为三个阶段：第一阶段是20世纪80年代末至90年代初，随着我国商业银行改革的推进，客户经理制度开始被引入，主要承担信贷业务营销和管理职责。这一阶段的客户经理更多扮演传统信贷员的角色，工作重点是完成信贷业务指标。第二阶段是20世纪90年代末至21世纪初，客户经理的职能逐步扩展，开始覆盖存款、中间业务等的全面营销，并注重风险管理。这一时期，随着银行业务的多元化发展，客户经理逐步转变为全能型业务人员。第三阶段是近十年来，在金融科技浪潮下，客户经理转型为综合金融服务顾问，需要运用数字化工具，为客户提供智能化、个性化的金融解决方案。

党的二十大报告提出，"深化金融体制改革，建设现代中央银行制度，加强和完善现代金融监管，强化金融稳定保障体系，依法将各类金融活动全部纳入监管，守住不发生系统性风险底线"。当前，银行业正面临着前所未有的挑战与机遇。一方面，利率市场化深入推进，互联网金融快速发展，金融脱媒加剧，传统盈利模式受到冲击。银行净息差持续收窄，传统存贷款业务增长乏力，利润增长面临压力。另一方面，实体经济转型升级、居民财富持续增长、企业跨境经营扩张等因素，又为银行业带来新的发展机遇。特别是在"双循环"新发展格局下，供应链金融、科技金融、绿色金融等新业态快速发展，为银行业创新业务模式提供了广阔空间。在此背景下，客户经理队伍的专业能力和服务水平，直接关系到商业银行的市场竞争力和可持续发展。

展望未来，客户经理岗位发展趋势主要体现在四个方面：第一，服务模式数字化、智能化，要求精通线上工具和数据分析，能够运用大数据、人工智能等技术提升服务效率；第二，产品体系综合化、定制化，需要掌握全品类产品知识，根据客户需求设计个性化金融解决方案；第三，风险管理精细化、动态化，强调运用科技手段实现风险实时监测和预警处置；第四，考核评价市场化、专业化，推动形成以市场价值和专业能力为导向的激励机制。

为编写好本教材，编写组开展了为期一年的深入调研，通过调研发现，当前客户经理队伍建设主要面临以下问题：一是知识更新不够及时，对新技术、新业态掌握不足；二是实战经验缺乏系统总结和传承；三是培训内容偏重理论，实务操作指导不足。针对这些问题，本教材将着力加以改进。

本教材立足商业银行发展实际，聚焦客户经理岗位需求，系统总结了客户经理应知应会的专业知识和实务技能，具有以下特色：第一，理论与实践相结合。教材各章以真实案例导入，将理论概念具象化，便于理解掌握。案例涉及银行业务拓展、客户关系维护、风险管理等多个方面，展现客户经理工作的丰富内涵。正文中穿插实务技巧和经验分享，促进理论向实践的转化。第二，能力培养导向。教材注重专业知识与实务能力的双重培养，通过导读案例和课后习题，引导读者思考解决实际问题。第三，与时俱进。教材及时反映金融科技发展、监管政策变化、市场环境转变等新形势，介绍数字化营销、智能风控、在线服务等新模式，帮助读者把握行业发展趋势。

为便于教学使用和自学，本教材采用了导读案例、本章小结和课后习题三大体例设计。每章开篇的导读案例来自实际工作场景，引发读者思考和讨论；本章小结归纳重点内容，便于复习巩固；课后习题设计多样，既可用于课堂测试，也适合自主练习。

本教材由哈尔滨金融学院郭丽红、刘晓宇担任主编，具体分工如下：郭丽红负责第一章至第六章，刘晓宇负责第七章至第十二章。

本教材适合多类读者使用：高等院校金融类相关专业师生可作为实务课程教材使用；商业银行客户经理岗位在职人员可用于系统学习和能力提升；拟从事银行客户经理工作的求职者可了解岗位要求和必备技能；对商业银行客户经理工作感兴趣的读者可了解行业实况。

本教材的编写得到了商业银行同业、监管部门、高校院所等各界专家的大力支持。特别要感谢中国银行业协会客户经理专业委员会的指导，感谢各家商业银行提供翔实的案例素材，感谢众多一线客户经理分享宝贵的经验。限于编者水平，书中难免存在疏漏，恳请读者批评指正。衷心期望本教材能为提升商业银行客户经理队伍素质贡献力量！

作 者
2025年5月

目　录

第一章　银行客户经理概述

【导读案例】

金融科技时代的银行客户经理：从传统服务到智能化转型之路

李鑫今年32岁，是某股份制商业银行北京分行公司业务部的一名高级客户经理，在入职银行的第四个年头，回想起刚入行时的场景感慨万千，作为一名新时代的银行客户经理，他亲身经历了银行业数字化转型的深刻变革。2023年初，刚从金融科技专业硕士毕业的李鑫怀着憧憬加入了正处于数字化转型关键期的银行，在推出"金融科技+"战略全面推进数字化、智能化建设的背景下，除了传统的客户维护和信贷业务学习外，他还参加了为期3个月的数字化转型特训营，系统学习了大数据分析、人工智能应用、区块链技术等金融科技知识。经过一年多的锻炼，李鑫已经能够熟练运用各类数字化工具开展工作，他深深体会到与传统客户经理相比，现在的工作方式和内容都发生了巨大变化，智能化系统不仅大大提升了工作效率，还帮助他更精准地识别业务机会、评估风险、制订服务方案。

早上9点，李鑫像往常一样首先登录了银行的智能营销系统，基于机器学习算法和知识图谱技术，系统向他推送了多个潜在的业务机会：某元宇宙科技企业完成C轮10亿元融资后的数字资产管理平台需求、某跨境电商平台因东南亚市场快速扩张而激增的跨境支付需求、某新能源汽车制造企业30亿元绿色债券发行计划，以及某智能家居企业的区块链供应链金融平台需求。

10点，李鑫通过银行自主研发的VR虚拟会议室为一家大型企业集团举行投资咨询会，在会上熟练操作智能投顾系统，结合最新的市场数据为客户量身定制了包含传统固收类、权益类产品以及数字资产、碳权等创新品种在内的多套投资组合方案，并通过可视化的量化分析工具直观展示了各个方案在不同市场情景下的收益风险表现。随后在参加总行"AI 金融创新"线上分享会时，他还与来自不同分行的客户经理们交流了人工智能在信贷审批、风险预警、营销推荐等领域的最新应用心得。

　　下午，李鑫前往一家计划投资 5 亿元建设工业元宇宙平台的智能制造企业实地调研，在企业高管带领下实地考察了数字化车间并了解了企业在人工智能、5G、工业互联网等领域的创新成果，返回办公室后立即着手准备授信报告并考虑如何设计集绿色信贷、碳中和债券、科技创新基金等多种工具于一体的融资方案，同时充分运用了银行的智能风控系统自动抓取企业税务、电力消耗、环保处罚等多维数据。

　　傍晚参加完总行"'双碳目标'下的数字普惠金融创新"年度专题培训后，李鑫仍在办公室使用智能文档系统整理当天的工作，先进的系统能自动完成语音转文字、要点提取、报告生成等工作。

案例思考

　　他感慨在金融科技时代虽然银行客户经理的工作方式发生了翻天覆地的变化，但"以客户为中心"的服务理念始终不变，只是通过数字化手段能够提供更专业、高效的金融服务。

第一节　商业银行业务概论

　　商业银行传统业务体系以存贷款业务为核心，构建了完整的业务经营框架。负债业务方面，通过吸收企业和个人存款获取资金来源，存款产品包括活期存款、定期存款、通知存款等多种类型，满足客户差异化的资金管理需求。资产业务以信贷业务为主，围绕企业和个人客户开展贷款业务，贷款品种涵盖流动资金贷款、固定资产贷款、消费贷款、住房贷款等多个类别。中间业务作为重要补充，包括结算业务、代理业务、担保业务等，为客户提供综合金融服务，创造中间业务收入。随着金融市场的发展，投资业务规模不断扩大，通过债券投资、基金投资等方式实现资产配置，提升资金收益水平。银行业务经营遵循安全性、流动性和盈利性的原则，在风险可控的前提下追求合理回报。

　　现代商业银行业务体系正经历深刻变革，金融创新推动业务模式持续升级。零售业务转型提速，消费金融创新通过场景融合和信用评估优化提升客户体验，财富管理业务围绕产品创新和专业服务能力提升满足客户理财需求，支付结算业务借助金融科技实现服务便利化。对公业务创新深化，供应链金融创新运用区块链技术提升业务效率，现金管理服务通过资金池管理和跨境资金管理满足企业需求，投资银行业务在债券承销、并购重组、资产证券化等方面加快发展。同业业务创新提速，金融市场业务优化投资策略提升收益水平，资产管理业务推进净值化转型提升专业能力，同业合作加强促进资源优化配置。绿色金融、科技金融、普惠金融等创新业务快速发展，拓展银行业务发展新空间。

商业银行经营管理体系日益完善，为业务发展提供有力支撑，风险管理体系建设深化，建立全面风险管理机制，加强信用风险、市场风险、操作风险等各类风险的识别和防范。运营管理优化升级，通过集中运营、流程再造和科技赋能提升运营效率，降低运营成本；人才队伍建设加强，培养专业化人才队伍，优化考核激励机制，增强人才竞争力；科技支撑能力提升，加大金融科技投入，推进数字化转型，提升智能化服务水平；合规管理严格执行，强化内控制度建设，确保依法合规经营。银行经营理念转变，更加注重价值创造和可持续发展，推动高质量发展。通过经营管理体系的持续优化，商业银行在竞争中保持优势地位，实现稳健经营和价值提升。

一、商业银行组织架构及主要业务

商业银行是我国金融体系的重要支柱，根据机构类型可分为国有大型商业银行、股份制商业银行、城市商业银行和农村商业银行等不同类型。

国有大型商业银行主要包括中国工商银行、中国农业银行、中国银行、中国建设银行和交通银行，这类银行在我国金融市场上占据主导地位。国有大行经营全面的商业银行业务，包括对公业务、零售业务和金融市场业务，其中对公业务优势尤为突出，在大型企业、基础设施建设等领域具有传统优势。由于拥有覆盖全国的庞大网点体系和深厚的客户基础，国有大行在零售业务领域也占据重要市场份额。近年来，为适应普惠金融发展要求，各大行逐步加大对小微企业的支持力度，同时积极推进数字化转型，通过设立专业子公司开展理财、租赁、投行等创新业务，在产品创新和科技应用方面走在行业前列。

股份制商业银行，如招商银行、中信银行、浦发银行等，凭借其灵活的经营机制和创新能力，在金融市场中占据重要位置。这类银行注重差异化经营策略，在零售银行、科技金融、供应链金融等细分市场形成独特优势。在客户定位方面，主要以中小企业和高净值个人客户为目标市场，通过提供特色产品和优质服务，在细分市场建立竞争优势。同时，股份制商业银行积极拓展新兴行业客户，如互联网企业、科技企业等。在渠道建设上，虽然网点数量少于国有大行，但布局更为集中，主要分布在经济发达地区。这些银行更加注重线上渠道建设，移动金融发展较快，在财富管理、交易银行、投资银行等业务领域形成鲜明特色，产品创新能力突出。近年来，部分股份制商业银行还积极布局跨境金融，拓展国际业务，进一步拓展其业务范围和丰富其收入来源。

城市商业银行和农村商业银行作为区域性金融机构，在服务地方经济发展中发挥着重要作用。城市商业银行源于城市信用社改制，主要服务于地方经济发展，以当地中小企业和个人客户为主要服务对象。这类银行熟悉本地市场，决策链条短，服务响应快速，能够根据区域经济特点开发特色产品，提供差异化服务。虽然部分实力较强的城商行已开始跨区域经营，但其核心优势仍在于深耕本地市场。农村商业银行则由农村信用社改制而来，主要服务于县域经济，以农户、个体工商户和农村中小企业为主要客户群体。这类银行扎根基层，深入了解"三农"需求，在农村金融服务方面具有独特优势，能够为农村地区提供便捷的基础金融服务。近年来，两类银行都在积极探索普惠金融发展模式，运用科技手段提升服务能力，推进业务数字化转型。

此外，我国金融市场还包括民营银行和外资银行等其他类型金融机构，它们各具特色，共同构成了多层次的银行体系。民营银行依托股东背景发展特色业务，在互联网金融领域表现活跃，创新能力强；外资银行则发挥国际化优势，在跨境金融、财富管理等领域形成特色。随着金融科技的快速发展和市场竞争加剧，不同类型银行的业务边界日益模糊，都在向综合化经营方向发展。然而，各类银行仍需立足自身特点，发挥比较优势，走差异化发展道路。同时，在强监管背景下，各类银行都需要不断提升风险管理能力，优化公司治理，深化改革创新，以适应新时期金融发展要求，更好地服务实体经济发展。

二、商业银行的发展历程与现状

改革开放以来，我国商业银行经历了从计划经济向市场经济转型的深刻变革。在这一历史进程中，商业银行的组织体系、经营机制和业务模式发生了根本性变化，逐步建立起适应市场经济要求的现代商业银行制度。

回顾这一发展历程，改革开放初期是我国银行体系重建的关键时期。1978年之前，我国实行高度集中的单一银行体制，中国人民银行既履行中央银行职能，又经营商业银行业务。1979年，中国农业银行率先从人民银行分设出来，开启了银行体制改革的序幕。1983年，国务院作出重大决策，明确中国人民银行专门行使中央银行职能，同时组建工商银行、农业银行、中国银行和建设银行四大专业银行。这一举措奠定了我国现代银行体系的基础框架。

进入20世纪90年代，商业银行改革进入深化阶段。1995年，第八届全国人大常委会通过《中华人民共和国商业银行法》，这部法律的颁布实施具有里程碑意义。它明确规定商业银行是企业法人，依法自主经营、自负盈亏，标志着我国商业银行开始走上市场化、规范化发展道路。与此同时，为推进国有专业银行商业化改革，国家成立了国家开发银行、中国进出口银行和中国农业发展银行三家政策性银行，实现了政策性业务和商业性业务的分离。这一时期，招商银行、中信银行等股份制商业银行也相继成立，银行体系的多元化格局逐步形成。

自2004年开始，我国商业银行进入股份制改革的关键阶段。这一时期的改革重点是推进国有银行的公司治理改革。为解决历史包袱，国家注资并成立四大资产管理公司，剥离了大量不良资产。同时，通过引入境外战略投资者，学习国际先进经营理念和管理经验。在此基础上，四大国有银行先后完成了股份制改革并实现上市，建立起现代企业制度。这一阶段的改革显著增强了商业银行的资本实力和风险抵御能力，为后续发展奠定了坚实基础。

在国有大行改革的同时，其他类型银行也获得长足发展。城市商业银行通过改制重组和引进战略投资者，逐步发展成为区域性精品银行。部分实力较强的城商行开始跨区域经营，业务范围不断扩大。农村信用社改制为农村商业银行，在服务"三农"方面发挥重要作用。此外，邮储银行通过引入战略投资者实现股份制改造，民营银行试点工作也稳步推进，银行业竞争格局更加多元。

2014年以来，商业银行进入转型发展的新阶段。一方面，利率市场化改革全面推进，银行依靠利差盈利的传统模式受到挑战；另一方面，互联网金融快速发展，新兴支付工具的普及加剧了金融脱媒趋势。面对内外部环境变化，商业银行开始探索转型发展之路。在服务重点上，加大对小微企业、"三农"等普惠金融领域的支持力度。在经营模式上，积极推进数字化转型，发展线上服务渠道，探索场景金融创新。

目前，我国商业银行业整体实力显著增强。截至2023年末，商业银行资产规模突破300万亿元，在全球银行业中占据重要地位。主要经营指标保持稳健，资本充足率维持在12%以上，显著高于国际标准，不良贷款率控制在2%以下，拨备覆盖率保持在150%以上，风险抵补能力充足。资产负债结构不断优化，流动性比例等各项指标符合监管要求，经营的稳定性和可持续性显著提升。从业务发展来看，在传统业务稳定增长的同时，创新业务快速发展。对公业务领域，银行加快发展交易银行、供应链金融等新模式，为企业提供结算、融资、财资管理等一体化服务。投资银行业务从传统债券承销向并购重组、资产证券化等综合服务转型。零售业务方面，消费金融和财富管理成为发展重点，基于大数据的精准营销和线上信贷投放显著提升了服务效率。金融市场业务规模不断扩大，投资结构更加多元，衍生品等创新业务有序发展。

在风险管理方面，商业银行建立了全面风险管理体系。组织架构上，形成了

"三道防线"的管理格局，业务部门是风险管理的第一道防线，风险管理部门是第二道防线，审计部门是第三道防线。管理手段上，运用大数据、人工智能等技术，提升风险识别和预警能力。商业银行建立了风险偏好体系，实施限额管理，强化集中度管理，有效控制各类风险。同时，加强反洗钱和内控合规管理，防范操作风险和声誉风险。科技应用已成为银行业发展的核心驱动力。移动银行和在线服务深受客户欢迎，线上渠道的业务占比不断提升。人工智能在客户服务、风险控制、营销推广等领域广泛应用，提升了经营效率。区块链技术在贸易融资、跨境支付等场景落地，优化了业务流程。云计算和分布式架构的应用推动IT系统向更加敏捷和高效的方向发展。数据治理和信息安全建设不断加强，为数字化转型提供保障。

　　展望未来，商业银行发展仍面临诸多挑战。全球经济形势复杂多变，不确定性因素增加，对银行的跨境业务和风险管理提出更高要求。国内经济结构调整过程中，部分行业和企业经营困难，信用风险上升。利率市场化持续推进，存贷利差收窄，传统盈利模式承压。金融科技企业加快布局金融服务领域，市场竞争更趋激烈。这些挑战倒逼银行加快转型步伐，探索创新发展路径。未来，商业银行发展呈现出若干趋势：经营理念从规模扩张转向质量效益，更加注重资本约束和价值创造。服务模式从传统信贷向综合金融服务转型，产品体系更加丰富。管理手段从粗放式向精细化转变，运用科技提升管理效能。渠道建设从以物理网点为主向线上线下融合发展，构建智慧化服务体系。开放银行战略深入推进，场景金融创新活跃。绿色金融和ESG投资快速发展，服务经济社会可持续发展。财富管理转型升级，满足居民多样化理财需求。

三、商业银行监管体系

　　商业银行监管体系作为防范系统性金融风险、维护金融体系稳定的重要制度保障，其重要性不言而喻。我国构建了多层次、全方位的监管框架，在宏观审慎管理、机构监管、业务监管和风险监管等方面形成了完整的监管体系。我国商业银行监管工作由国家金融监督管理总局主导，中国人民银行、国家外汇管理局等部门协同配合，通过制定监管政策、开展现场检查、实施非现场监管等多种方式，对商业银行的经营活动进行持续监督和规范管理，确保银行业稳健运行和持续发展。在监管实践中坚持统一监管与分类监管相结合、持续监管与专项监管相结合、现场监管与非现场监管相结合的原则，不断提升监管的科学性和有效性。监管部门通过制定和实施巴塞尔协议等国际监管标准，建立了以资本充足率、杠杆率、流动性覆盖率等为核心的审慎监管指标体系，要求商业银行持续满足各项监管指标要求，通过定期报告、监管评级、风险预警等机制，对银行的经营状况和风险水平进行动态监测和评估，针对不同类型银行机构的特点和风险状况，实施差异化的监管政策和监管措施，强化对系统重要性银行的监管要求，建立逆周期资本缓冲机制和系统性风险防范机制。

　　在机构监管和业务监管方面，监管部门重点关注商业银行的公司治理、内控机制和风险管理体系建设，通过制定公司治理指引、内控规范和风险管理准则，规范银行的组织架构设置、决策程序和管理制度。要求银行建立健全董事会、监事会和高级管理层的治理架构，完善内部控制和风险管理制度，加强对关联交易、股权管理和内部人控制等重点领域的监管，防范公司治理风险和内控风险，要求银行严格执行股东资质审查和关联交易管理制度，确保公司治理的独立性和有效性，同时在业务监管领域涵盖信贷业务、同业业务、表外业务、创新业务等多个方面，通过制定业务准入标准、操作规程和风险限额，规范银行的业务经营行为和风险管理要求，对信贷资产质量、资产负债结构、表外业务规模等关键指标进行监测和控制。要求银行严格执行贷款分类制度和拨备制度，加强对重点行业、重点领域和重点客户的风险管理，防范信用风险和市场风险，强化对影子银行、交叉金融产品和创新业务的监管，防范业务风险传染和规避监管行为。

　　随着金融科技的快速发展，信息科技监管日益重要，监管部门要求商业银行加强信息系统建设和数据安全管理，通过制定信息科技风险管理指引和网络安全标准，规范银行的科技系统运维、数据治理和安全防护工作。要求银行建立完善的灾备体系和应急预案，定期开展应急演练和安全评估，加强对外包服务和创新业务的风险管理，防范信息科技风险和操作风险，督促银行加强数据质量管理和个人信息保护，确保信息系统的安全稳定运行。与此同时，市场行为监管和消费者权益保护也是监管体系的重要组成部分，监管部门通过制定行为规范和服务标准，规范银行的市场营销行为和服务质量，要求银行加强产品信息披露和风险提示，保护消费者合法权益，建立投诉处理机制和纠纷解决机制，加强员工行为管理和职业道德建设，防范声誉风险和法律风险，督促银行强化金融消费者教育和投资者适当性管理，提升金融服务质量和客户满意度。

　　在跨境监管合作方面，金融全球化背景下监管协作日益加强，监管部门通过签署监管合作备忘录、参与国际监管标准制定、开展信息共享和联合检查等方式，加强与境外监管机构的沟通协作，建立跨境监管协调机制和危机处置机制，防范跨境金融风险和系统性风险，推动银行业国际监管标准的统一实施和监管效能的提升，加强对跨境资金流动和跨境业务的监管，维护国际金融市场的稳定性。同时，在反洗钱监管领域，作为防范金融犯罪和维护金融秩序的重要内容，监管部门要求商业银行建立健全反洗钱内控制度和工作机制，通过客户身份识别、可疑交易报告、资金流向监测等措施，加强对洗钱风险的识别和防控，要求银行配备专业的反洗钱人员和技术系统，定期开展员工培训和内部审计，防范洗钱风险和声誉风险，维护金融体系的安全稳定和市场秩序，加强与国际反洗钱组织的合作，提升反洗钱工作的有效性和国际影响力。

监管科技的创新应用正在推动银行监管方式的深刻变革，监管部门通过运用大数据、人工智能、区块链等新技术，提升监管的智能化和精准化水平，建立实时监测预警系统和风险评估模型，加强对银行业务数据的采集分析和风险识别，推动监管科技在反洗钱、风险监测、合规管理等领域的创新应用，提升监管效率和监管质量，探索建立适应金融创新发展的监管模式和工作机制，同时加强监管能力建设和专业人才培养，通过开展监管培训、业务交流和国际合作，提升监管团队的专业素质和工作能力，适应金融科技发展和监管创新的要求，构建科学高效的银行业监管体系。

监管协调机制的完善对于提升监管效能具有重要意义，监管部门通过建立监管信息共享平台、联合监管工作机制和风险处置协调机制，加强各监管部门之间的沟通协作和信息交流，统筹协调监管资源和监管力量，形成监管合力和监管共识，有效防范监管真空和监管套利，同时加强与地方政府、行业协会的合作，构建多层次的监管协作网络和工作机制，提升监管的整体性和协同性，推动银行业持续健康发展和金融体系稳定运行，维护国家金融安全和经济金融秩序，为实体经济发展提供良好的金融环境和制度保障。

第二节　客户经理的角色定位

客户经理作为商业银行市场营销和客户服务的核心力量，在银行经营发展中发挥着重要作用，职责范围涵盖市场开发、客户服务、风险管理等多个方面。市场开发职责要求客户经理深入市场调研，发掘客户需求，开展产品营销，实现业务增长目标，积极拓展优质客户资源，维护良好客户关系。

客户服务职责体现在为客户提供专业化金融服务，包括产品咨询、业务办理、投资理财、融资方案等全方位服务内容，通过优质服务提升客户满意度，增强客户黏性，实现客户价值提升。风险管理职责强调客户经理要严格执行风险管理制度，做好客户准入审查，加强贷后管理，防范各类业务风险，确保资产质量安全，维护银行经营稳健发展。客户经理还需要加强内外部协调，与各相关部门保持良好沟通，推动业务顺利开展，实现资源优化配置。

客户经理角色定位随着银行业务转型发展而持续升级，从传统的业务营销向全方位的客户经营顾问转变，承担着更加丰富的职能任务。

一是产品经理角色。要求客户经理精通各类银行产品，了解产品特点和适用条件，为客户提供专业的产品咨询和投资建议，参与产品创新和优化，满足客户多样化需求。

二是行业专家角色。体现在客户经理需要深入研究特定行业，掌握行业发展趋势和特点，了解企业经营模式和融资需求，为行业客户提供有针对性的金融服务方案。

三是风险管理者角色。强调客户经理要具备专业的风险识别和管理能力，运用风险评估工具和模型，做好风险预警和处置，保障业务健康发展。

四是创新推动者角色。要求客户经理关注市场变化，把握创新机会，推动业务模式和服务方式创新，提升市场竞争力。

现代金融业对客户经理专业能力的要求不断提高，要求构建全面的能力素质体系，推动职业能力持续提升。从专业知识体系建设方面，要求客户经理深入掌握金融专业知识，了解宏观经济政策和行业发展动态，熟悉银行产品和业务流程，具备扎实的专业理论基础。在实务操作能力培养方面，强调客户经理要提升市场营销、客户服务、风险管理等方面的实践能力，通过实战经验积累提高业务水平。在管理协调能力发展上，要求客户经理具备团队管理、项目管理、资源协调等综合管理能力，推动各项工作有序开展。从创新发展能力建设方面，客户经理需要培养创新思维，提升产品创新、服务创新和管理创新能力，适应银行转型发展的需要。同时，数字化能力提升成为新的要求，客户经理要掌握数字化工具应用，提升数据分析能力，适应银行数字化转型趋势，推动服务模式创新升级，在竞争中保持专业优势地位。

一、客户经理的定义和工作职责

客户经理是商业银行对外服务的重要窗口，是连接银行与客户的关键纽带。在现代商业银行组织架构中，客户经理既是一线营销人员，也是综合金融服务的管理者，其工作质量直接关系到银行的市场竞争力和经营效益。在银行组织架构中，客户经理通常隶属于公司业务部门或零售业务部门，按照管理职级可分为初级客户经理、中级客户经理和高级客户经理。客户经理作为前台业务人员，主要负责客户营销拓展和综合服务工作。在业务开展过程中，客户经理需要与风险管理、产品研发、运营支持等中后台部门密切配合，形成高效的业务协同机制。

从管理架构来看，客户经理接受条线部门和属地机构的双重管理。在条线管理上，客户经理要执行总分行制定的业务政策和管理要求，完成下达的各项业务指标。在属地管理上，客户经理要服从所在机构的人事管理和日常考核，维护辖内市场秩序。这种矩阵式管理体制既保证了业务的专业性，又便于因地制宜开展工作。

客户经理的工作职责主要体现在市场营销、客户服务和风险管理三个方面。在市场营销方面，客户经理需要深入市场调研，发掘目标客户，制订营销方案，完成业务指标。这要求客户经理具备敏锐的市场洞察力和专业的营销技能，能够准确把握客户需求，提供有针对性的金融解决方案。在客户服务方面，客户经理是银行服务的直接提供者。首先要建立和维护良好的客户关系，定期走访客户，了解客户经营状况和金融需求。其次要为客户提供专业的金融咨询服务，介绍银行产品，设计综合服务方案。此外还要协调内部资源，确保客户需求得到及时响应，提升客户满意度和忠诚度。风险管理是客户经理工作的重要内容。作为第一道风险防线，客户经理要严格执行尽职调查要求，真实全面地收集客户信息，准确评估客户风险。在贷后管理中，要定期监测客户的经营状况和还款能力，及时发现并报告风险隐患。同时要严格遵守内控制度，做好操作风险防范。

随着金融科技的发展，客户经理的工作方式也在发生变化。移动展业工具的应用使客户经理能够随时随地办理业务，提升了服务效率。大数据分析为客户经理提供了精准的营销线索和风险预警信息。智能化服务平台承担了部分标准化业务，使客户经理能够将更多精力投入到营销拓展和专业服务中。

随着新技术的发展，客户经理需要熟练运用视频会议、远程签约等线上工具，为客户提供非接触式服务。同时要加强线上渠道的风险管控，确保业务安全合规开展。这对客户经理的数字化素养提出了更高要求。此外，客户经理还承担着产品创新和服务改进的重要职责。通过日常工作中的客户接触，客户经理能够及时了解市场需求变化和客户痛点，为产品创新提供一手资料。通过收集客户反馈，客户经理能够推动服务流程优化，提升客户体验。这要求客户经理具备创新意识和问题解决能力。在团队协作方面，客户经理需要与其他部门建立良好的合作关系：向风险管理部门提供真实完整的客户资料，配合做好风险管控；与产品部门沟通客户需求，促进产品优化创新；协调运营部门提供高效的业务支持。

二、客户经理的职业发展空间

商业银行客户经理的职业发展空间广阔，既可以在专业序列上不断提升，也可以向管理岗位转换发展。随着银行业务的不断创新和组织体系的持续完善，客户经理的发展路径更加多元化，为优秀人才提供了充分的成长空间。在专业序列发展方面，客户经理通常经历初级客户经理、中级客户经理、高级客户经理的逐级晋升过程。初级客户经理主要从事基础业务营销和客户维护工作，通过实践积累经验，提升业务技能。经过3~5年的历练，表现优秀的初级客户经理可以晋升为中级客户经理，负责重点客户营销和产品创新工作。再经过5年左右的发展，具备丰富经验和突出业绩的中级客户经理可以晋升为高级客户经理，承担团队管理和业务创新职责。

专业能力的提升是职业发展的基础。初级阶段要重点掌握银行产品知识和业务操作流程，培养客户服务意识，学习风险管理要点。中级阶段要深化行业研究能力，提升方案设计水平，加强风险识别能力。高级阶段要发展战略思维，把握行业趋势，提升创新能力和团队管理能力。银行通常会为不同层级的客户经理提供有针对性的培训项目，支持其专业成长。

管理序列发展是客户经理职业发展的另一个重要方向。表现突出的高级客户经理可以被提升为团队主管，负责业务团队的日常管理工作。继续发展则可能担任部门负责人，统筹全行某项业务的发展。部分优秀者最终可能进入分行或总行管理层，参与银行战略决策。这一发展路径要求客户经理在专业能力之外，还要培养领导力、决策力等管理素质。

专业化发展是近年来涌现的新路径。随着银行业务的细分，出现了投资银行、资产管理、科技金融等专业领域的客户经理岗位。这些岗位要求更专业的知识背景和更深入的行业研究能力，但也提供了更好的发展空间和薪酬待遇。有志于此的客户经理需要及早进行专业方向的规划和能力储备。

跨条线发展也是一种可选路径。经验丰富的对公客户经理可以转向零售业务条线，运用积累的商业银行知识服务高净值个人客户。也可以转向风险管理条线，从事授信审查工作，或转向产品研发条线，参与业务创新。这种跨条线发展有助于拓宽视野，积累全面经验。

国际化发展成为优秀客户经理的新选择。随着银行海外业务布局的扩大，跨境业务能力强的客户经理有机会被派往境外机构工作。这需要良好的语言能力和开阔的国际视野，熟悉国际金融规则和跨境业务操作。海外工作经历将成为职业发展的重要加分项。

市场化发展是人才流动的重要渠道。随着银行业竞争加剧，不同银行之间的人才交流日益频繁。业绩优秀、能力突出的客户经理往往受到多家银行的青睐，这为职业发展提供了更多选择空间。同时，部分客户经理也可能选择向其他金融机构发展，如基金公司、信托公司等，实现更大的职业发展。数字化转型带来新的发展机遇。随着金融科技的深入应用，精通数字化工具、掌握数据分析能力的客户经理更容易获得发展机会。一些银行专门设立了数字化转型部门，为具备科技思维的客户经理提供了新的发展平台。创新创业也是职业发展的可能选择。部分具有创新精神和创业能力的客户经理，可能选择自主创业，开展金融科技、投资咨询等业务。银行的工作经验和人脉资源为其创业奠定了良好基础。

客户经理的职业发展是一条需要持续积累和不断提升的成长之路，建立清晰的职业规划是其中的关键环节，要根据个人特点和兴趣方向，制定阶段性目标，明确能力提升重点。通过银行组织的专业培训和自我学习，考取相关职业资格证书，参加专业研修课程，不断扩充知识储备。在日常工作中要主动承担具有挑战性的任务，通过实践积累经验，培养解决复杂问题的能力。与此同时，要注重与同事、客户、同业建立良好的工作关系，积极参加行业协会活动，扩大社交圈子，这些人脉资源将成为职业发展的重要支持。客户经理还需要密切关注行业动态和最新知识，养成阅读专业书籍和期刊的习惯，在追求业务发展的同时坚守合规底线，做好风险管理，维护良好的职业声誉。优秀的客户经理往往能够在市场竞争中保持敏锐的观察力，善于发现和把握商业机会，为客户提供专业的金融服务方案，在服务实体经济发展中实现自身价值。

职业发展的具体路径因银行类型和业务特点而异。在大型国有商业银行，由于机构层级较多，客户经理需要经过基层网点、支行、分行等不同层级的历练，除了业务业绩外，还要注重管理经验的积累和领导力的培养。股份制商业银行的发展路径更加市场化和灵活，优秀的客户经理可以较快获得晋升机会，通常设有专业序列和管理序列双通道，鼓励员工根据个人特点选择发展方向。城市商业银行虽然规模相对较小，但随着跨区域发展战略的推进，也为客户经理提供了新的发展机遇。在具体岗位设置上，对公业务条线通常分为见习、初级、中级、高级和资深客户经理等层级。见习期间主要熟悉业务流程和产品知识，跟随资深客户经理学习积累实践经验。初级阶段开始独立负责中小企业客户的营销和维护工作，重点提升营销技能和风险识别能力。中级阶段客户群体向规模较大的企业过渡，业务范围扩展到供应链金融、现金管理等综合性业务。高级客户经理主要服务战略性大客户，需要具备深厚的专业功底和丰富的实战经验，能够提供高水平的金融顾问服务。而资深客户经理作为专业序列的最高层级，主要负责全行重点客户的开发和维护，参与重大项目决策，在某个行业或业务领域往往具有特殊专长，是银行的核心专家。

三、客户经理的业务权限

商业银行客户经理业务权限是指客户经理在市场营销、业务办理和风险管理等方面获得的授权范围和决策权限。通过科学规范的授权管理制度，明确客户经理在日常工作中的业务操作权限和决策边界，根据客户经理的职级、工作年限、专业能力和业绩表现等因素，实行分级分类的授权管理，建立动态的授权调整机制，确保授权管理的科学性和有效性，同时通过完善的内控制度和监督机制，防范授权管理中的操作风险和道德风险，维护银行资产安全和规范经营。在具体的授权管理中，需要结合银行的战略定位和业务发展需要，科学设置客户经理的权限范围和管理要求，通过制度建设和系统支持，实现授权管理的规范化和精细化，确保授权管理的有效性和风险可控性。

在市场营销和客户准入方面，客户经理获得相应的目标客户筛选和业务准入审核权限，针对不同类型和规模的客户群体，按照银行的客户准入标准和风险管理要求，开展客户资质审查和业务可行性评估，对于符合准入条件的目标客户，可以开展初步的业务洽谈和需求调研，提出合作意向和服务方案。在具体的业务合作中，根据授权范围提供相应的金融产品和服务组合，包括存贷款业务、结算业务、理财业务等基础金融服务。通过专业的市场调研和客户分析，识别目标客户的金融需求和合作机会，设计个性化的营销方案和服务策略，在授权范围内开展业务谈判和方案设计，推动业务合作关系的建立和深化，同时加强对客户信用状况和经营情况的持续监测，及时发现和防范潜在风险。

在授信业务管理领域，客户经理的权限范围涵盖授信调查、方案设计、贷后管理等环节。通过实地走访、财务分析、风险评估等工作，形成授信调查报告和业务建议，在规定的授信额度和业务品种范围内，提出授信方案和担保方式设计，参与授信审批会议并发表专业意见。在贷后管理阶段负责客户的跟踪检查和风险监测，包括定期走访、财务监测、担保物检查等具体工作。针对不同行业和企业类型，制订符合客户特点的授信方案和风控措施，通过科学的授信决策和贷后管理，防范信用风险和市场风险，确保信贷资产质量和风险可控性。在授信业务管理中，客户经理需要严格执行授权管理制度和操作规程，加强与风险管理部门的沟通协作，确保授信业务的合规性和安全性。

在结算业务和中间业务方面，客户经理在账户管理、结算方案设计、业务办理等环节拥有相应的操作权限，可以协助客户办理账户开立、变更和撤销等基础业务，根据客户的结算需求和业务特点，设计个性化的结算服务方案，包括现金管理、集团账户、银企直联等创新业务。在国际业务和投资银行业务领域，根据授权范围开展贸易融资、外汇结算、债券承销等中间业务，通过专业的方案设计和服务支持，满足客户在支付结算、投融资、风险管理等方面的多样化需求，提升中间业务收入和市场竞争力，同时加强对结算业务和中间业务的风险管控，防范操作风险和合规风险，确保业务发展的稳健性和可持续性。

产品创新和方案设计权限是客户经理业务拓展的重要支持。在银行产品创新和业务发展战略框架下，客户经理可以根据市场需求和客户反馈，提出产品创新建议和服务优化方案，参与新产品研发和业务流程改进，针对重点客户和战略客户，设计定制化的综合金融服务方案，包括投融资组合、财务顾问、供应链金融等创新业务模式，通过持续的产品创新和服务升级，满足客户不断变化的金融需求，提升市场竞争力和客户满意度。在产品创新过程中，客户经理需要充分考虑风险管理要求和合规管理要求，确保创新业务的可行性和风险可控性。

在风险管理和内控合规方面，客户经理需要在授权范围内严格执行风险管理制度和操作规程，加强对客户信用风险、市场风险和操作风险的识别和管控，通过授信审查、担保管理、贷后检查等工作，防范和化解各类业务风险，同时严格遵守内控制度和合规要求，规范业务操作和服务行为，防范违规操作和道德风险。针对不同业务领域的风险特点，制定相应的风险管理措施和控制流程，通过持续的风险监测和预警管理，及时发现和处置风险隐患，确保各项业务的安全性和规范性。

内部协调和资源调配权限使客户经理能够有效整合银行内部资源，通过与风险管理、产品研发、运营管理等部门的协作，推进业务方案落地和风险管控措施执行。针对重点项目和重大业务，组建专业服务团队，统筹调配相关资源和专业支持，确保客户服务质量和业务发展目标的实现。通过建立高效的内部协作机制和沟通渠道，提升业务办理效率和服务响应速度，同时加强与其他业务条线和管理部门的协同配合，实现资源共享和优势互补，推动综合金融服务能力的提升和业务发展目标的达成。

客户经理业务权限的规范化管理需要建立完善的制度体系和工作机制，通过制定详细的授权管理办法和操作指引，明确授权原则、权限范围、管理要求和责任追究机制，建立授权管理的电子化平台和监督检查机制，实现授权管理的标准化和透明化，同时加强客户经理的培训教育和职业道德建设，提升其合规意识和风险管理能力，确保在授权范围内规范开展各项业务。通过定期的权限评估和调整，对客户经理的业务权限进行动态管理，形成科学有效的授权管理体系，推动客户经理队伍的专业化发展和管理水平提升，为银行的稳健经营和可持续发展提供有力支持。

第三节　商业银行客户经理胜任能力

客户经理胜任能力是商业银行业务成功开展的重要保障，其专业胜任能力体系构建了全面的能力素质要求框架。胜任能力体系主要围绕专业知识、市场营销能力、管理协调能力、创新发展能力和风险管理能力展开，明确客户经理在服务客户、开拓市场和防控风险等方面的核心要求。

一、专业知识

客户经理的专业知识体系是其胜任工作的理论基础，涵盖金融知识、法律知识、财务知识、银行产品知识、风险管理知识和监管政策知识等。这些知识为客户经理的业务决策、客户服务和风险防控提供了重要支撑。

（一）金融知识

客户经理需要掌握宏观和微观金融理论，包括货币政策、金融市场运行机制、公司金融、风险管理等内容。此外，还需具备互联网金融、供应链金融、绿色金融等新兴领域的知识，以适应金融创新的发展需求。

金融知识在实际工作中的应用十分广泛。客户经理在开展对公信贷业务时，需要运用宏观金融知识分析经济形势和政策走向对企业的影响。货币政策的变化直接影响企业的融资成本和资金可得性。市场利率走势关系到企业的财务费用和投资决策。汇率波动对进出口企业影响尤为显著，要为企业提供汇率风险管理建议。在微观金融领域，公司金融理论指导授信业务的开展。企业融资理论帮助判断企业的资本结构和融资需求。投资决策理论用于评估企业投资项目的可行性。金融创新理论促进产品设计和业务模式创新。供应链金融理论应用于产业链融资业务，服务上下游企业。资产定价理论在债券承销、理财产品设计等业务中发挥重要作用。互联网金融知识日益重要。数字支付改变了企业的结算方式，线上融资拓宽了融资渠道。平台金融为小微企业提供了新的融资模式。区块链技术在贸易融资、跨境支付等领域的应用，要求客户经理掌握相关知识。大数据金融带来了新的风险评估方法，机器学习在智能营销、风险控制等方面得到广泛应用。

（二）法律知识

法律知识是客户经理合规展业的基础，熟悉《中华人民共和国商业银行法》《贷款通则》等银行业法律法规是客户经理合规展业的基础。同时，要掌握《中华人民共和国民法典》《中华人民共和国公司法》等法律在合同订立、担保设定、债务处理中的应用，并了解国际贸易法规以应对涉外业务。

法律知识在业务操作中发挥基础性作用。《中华人民共和国商业银行法》规定了商业银行的业务范围和经营规则，是开展各项业务的基本遵循。《贷款通则》对贷款业务的各个环节都有具体规定，包括贷款对象、条件、程序等内容。《征信业管理条例》要求规范征信活动，保护客户信息安全。《中华人民共和国反洗钱法》对客户身份识别、可疑交易报告等都有明确要求。民商事法律在日常业务中应用最为频繁。《中华人民共和国民法典》规定的合同订立、履行、变更、终止等基本规则，要熟练掌握。《中华人民共和国公司法》对公司设立、治理、变更、清算等事项的规定，关系到客户主体资格的认定。《中华人民共和国民法典》涉及保证、抵押、质押等担保方式的设立和实现，是信贷业务的重要法律保障。《中华人民共和国民法典》对动产、不动产抵押等规则作出的规定，影响押品的管理和处置。

此外，《中华人民共和国企业破产法》规定的破产程序和清偿顺序，在处置问题贷款时需要了解。《中华人民共和国证券法》对债券发行、信息披露等内容的规定，在开展投行业务时要注意。《中华人民共和国票据法》规定了票据的出票、背书、付款等法律关系，指导票据融资业务。《中华人民共和国拍卖法》的相关规定在抵债资产处置时要遵守。对于涉外业务，还要了解国际贸易规则。

（三）财务知识

财务知识是客户经理评估客户经营状况、制订授信方案的重要工具。客户经理需要熟练运用财务报表分析企业经营状况，包括资产负债、盈利能力、现金流等，通过数据判断信用风险并支持业务决策。此外，对行业财务特点和企业价值评估方法也需深入了解。

财务知识贯穿业务全流程。财务报表分析是企业授信的基础工作。资产负债表反映企业的资产结构和负债状况，要关注资产质量和负债期限。利润表展示企业的盈利能力，要分析收入的真实性和利润的稳定性。现金流量表最能反映企业的偿债能力，经营性现金流是关注重点。财务指标分析包括偿债能力、盈利能力、营运能力、发展能力等方面。对行业财务特点要有深入研究。对于制造业企业，要关注存货周转速度和应收账款管理；对于贸易企业，要分析资金周转速度和杠杆水平；对于房地产企业，要评估土地储备和预售资金情况；对于科技企业，要考虑研发投入和无形资产价值。此外，还要了解上市公司信息披露规则、会计准则变化等内容。

（四）银行产品知识

银行产品知识是客户经理服务客户的专业工具，涵盖传统业务与创新业务。客户经理需熟悉各类产品的特点和适用条件，并能结合客户需求提出针对性解决方案。

银行产品知识体系涵盖传统业务和创新业务。传统信贷产品中，流动资金贷款用于企业日常经营周转，要关注企业资金需求测算方法和营运资金测算公式。固定资产贷款支持企业项目建设，要掌握项目可行性分析方法，关注项目投资回报和还款来源。对于项目融资，要了解项目公司架构、资本金管理、工程进度监管等内容。贸易融资产品包括打包贷款、进口押汇、出口押汇等，要熟悉贸易背景审核和单据审核要点。供应链金融产品发展迅速。对于应收账款融资，要了解应收账款转让规则和系统操作流程。对于订单融资，需要审核订单真实性和履约能力。对于仓单质押融资，要掌握仓储监管和物流监控要点。保理业务涉及国际保理规则和双保理业务模式。供应链平台化发展要求了解区块链技术应用和数据共享机制。投资银行产品日益丰富。债券承销业务包括企业债、公司债、中期票据等品种，要了解发行条件、审批流程、信用评级要求。并购重组业务涉及并购贷款、银团贷款、过桥贷款等产品，要掌握尽职调查和交易结构设计方法。对于资产证券化，需要了解基础资产筛选、交易结构安排、信用增级措施等内容。

理财业务转型带来新要求。对于净值型理财产品，要了解估值定价方法和投资管理规则。结构性理财产品涉及衍生品定价和风险对冲技术。私募理财产品针对高净值客户，要掌握产品设计和销售管理要求。理财投资涉及多个资产类别，包括债券、股票、基金等，要了解各类资产的风险收益特征。中间业务产品不断创新。结算类产品包括账户管理、收付款、资金池等，要熟悉各类结算方式的特点和费率标准。代理类产品涵盖代理保险、基金、贵金属等业务，要了解代销资质要求和销售规范。咨询类产品提供财务顾问、投资顾问等服务，要具备专业分析能力。

（五）风险管理知识

风险管理知识是客户经理在业务全流程中防控风险的必备技能，包括信用风险、市场风险、操作风险等内容，客户经理需掌握风险识别、评估和控制方法，熟悉限额管理、押品管理、预警监测等工具。

风险管理知识是业务开展的保障。信用风险管理贯穿授信全流程。对于贷前调查，要掌握尽职调查方法，准确评估客户信用风险。对于信用评级，要了解评级模型和关键指标，合理确定客户信用等级。对于授信审查，要严格执行"三查"要求，做好交叉检验。对于贷后管理，要建立预警机制，及时发现风险信号。对于不良资产处置，要了解清收方式和处置程序。市场风险管理日益重要。对于利率风险管理，要分析利率敏感性，采用适当的定价方式。对于汇率风险管理，需要运用远期、掉期等衍生工具进行套保。在融资业务中要特别关注商品价格风险，要建立押品重估机制。金融市场波动加大，要增强市场风险防控意识。对于操作风险管理，要求严格执行制度规程。岗位设置要遵循分离制衡原则，明确岗位职责。业务操作要严格执行双人双档制度，确保审核到位。系统操作要注意权限管理和数据安全。档案管理要做到完整规范，便于追溯查询。

（六）监管政策知识

监管政策知识指导客户经理合法合规地开展业务，保障银行的稳健运营。客户经理需密切跟踪资本监管、宏观调控政策、行业准入等监管要求，确保业务合法合规，同时关注国际监管规则如巴塞尔协议等。

政策知识要及时更新掌握。监管政策变化较快，要及时学习领会政策精神。对于信贷政策，要重点关注授信政策和行业限额规定。资本监管政策影响信贷投向和规模安排。流动性监管要求关注存贷比、流动性覆盖率等指标。资产管理新规带来理财业务转型要求。房地产调控政策影响房地产信贷政策。普惠金融政策要求加大对小微企业支持力度。客户经理要特别关注跨境业务政策。外汇管理政策影响跨境融资和结算业务。共建"一带一路"为对外投资提供了机遇，自贸区政策带来金融创新空间，国际监管规则如反洗钱规定要严格遵守。

二、市场营销能力

市场营销能力是客户经理的核心竞争力之一，直接关系到银行业务的拓展与客户资源的维护。作为银行与客户之间的桥梁，客户经理需要具备强大的市场开发能力、客户关系维护能力和商务谈判能力，以实现业务目标并保持市场竞争力。

（一）市场开发能力

市场开发能力是客户经理识别业务机会、开拓新市场的关键技能。这项能力要求客户经理既能够从宏观层面识别市场趋势，又能从微观层面精准定位客户需求。客户经理需要通过与客户的深入沟通，全面了解客户在资金管理、融资需求、投资规划等方面的实际需求，并结合客户的行业特性、经营状况和发展阶段，设计个性化的金融解决方案，为初创企业提供灵活的融资支持，为成熟企业设计综合性的投资管理方案。客户经理需要定期进行市场调研，了解区域经济发展、行业趋势和竞争动态，识别潜在的市场机会与风险。客户经理需根据调研结果与客户需求，制定针对性的营销策略。通过数据分析锁定高潜力客户群体，设计差异化的产品推介方案，有效对接客户需求。借助智能化工具，客户经理能够从客户的交易习惯、资金流动和市场行为中挖掘潜在的业务需求。例如，通过分析一家公司资金流动频繁的时段，提前为其提供流动性支持方案。市场开发能力的培养需要客户经理具备敏锐的市场嗅觉、分析能力和资源整合能力，同时紧跟行业动态和政策导向，及时调整营销策略以适应市场变化。

（二）客户维护能力

客户维护能力是客户经理构建长期客户关系、提升客户满意度与忠诚度的核心能力，具体表现为以下几个方面：

（1）客户分层管理。根据客户的重要性和潜在价值，客户经理需对客户进行分层管理。

对战略客户，即对银行具有重要战略意义的大型企业客户，需配备专属服务团队，定期进行高层沟通，提供全方位、定制化的金融服务；对重点客户，即中型且具高成长性的客户，需保持稳定的业务支持，提供灵活的金融产品和快速响应的服务机制；对一般客户，即规模较小的客户，需通过标准化服务和定期跟踪，维持良好的合作关系。

（2）差异化维护策略。通过对客户需求和行为的深入分析，客户经理需要制定差异化的维护策略。例如，为零售客户提供个性化的理财规划服务，为企业客户设计专属的融资方案，针对不同层级客户设计独特的客户活动，如高端论坛、行业沙龙等，增强客户黏性。

（3）客户服务体验提升。客户经理需关注客户在服务过程中的体验，包括服务的响应速度、沟通的专业性和解决问题的能力。通过优化服务流程、缩短审批时间等措施，提升客户满意度。

（4）建立长期信任关系。客户经理需要持续关注客户的经营动态，主动提供专业建议，帮助客户解决实际问题，逐步建立深厚的信任关系。针对客户的紧急融资需求，快速设计应急方案，在为客户提供解决方案的同时提升银行的专业形象。

客户维护能力的核心在于"以客户为中心"，通过持续关注客户需求和提供优质服务，不断深化银企合作关系，最终实现客户与银行的双赢。

（三）商务谈判能力

商务谈判能力是客户经理在市场营销中实现业务目标的重要技能。这项能力要求客户经理在与客户的谈判过程中，既能平衡客户需求与银行利益，又能通过专业服务达成共赢。客户经理在谈判前要进行详细的资料收集和分析，包括客户的财务状况、行业背景、竞争环境等。例如，在为一家初创科技企业设计融资方案前，客户经理应充分了解其资金需求、未来现金流预测和行业政策支持情况。在谈判中通过观察客户言行举止，精准判断客户的真实需求和心理预期。通过对客户语气和行为的分析，判断客户对利率、还款期限等条件的接受度，从而调整谈判策略。客户经理需掌握多种谈判技巧，如利益交换、分步推进和风险共担等策略。在谈判中要善于通过让步非关键条件（如贷款期限），换取关键条件（如更高的信用额度）。在满足客户实际需求的同时，确保银行的风险可控和收益最大化。比如，在设计授信方案时，通过合理增加担保措施，降低银行的信用风险，同时满足客户的融资需求。客户经理需通过谈判展现专业性与服务意识，让客户感受到银行的价值，在谈判中为客户提供多套解决方案供其选择，并通过详细的风险收益分析帮助客户做出决策。针对谈判中的分歧，客户经理需具备快速反应能力和灵活应变能力。当客户对贷款利率持保留态度时，可提出附加服务（如财务顾问支持）以弥补客户的心理落差。

三、管理协调能力

管理协调能力是客户经理综合素质的重要体现，直接影响团队合作效率、项目推进质量以及业务执行效果。客户经理需要具备团队管理、项目管理、沟通协调、商务分析、时间管理和压力管理等多方面能力，确保各项工作目标的高效达成，推动银行业务发展。

（一）团队管理能力

团队管理能力是客户经理带领团队完成目标、培养团队成员、处理团队矛盾的综合素质，体现了客户经理的领导力和组织协调能力。客户经理需要根据银行的业务规划和客户需求，为团队设定明确的工作目标和绩效指标，并确保团队成员理解目标的重要性。通过培训、指导和提供实践机会，帮助团队成员提升专业技能和业务能力。定期组织业务研讨会或案例分析交流，帮助成员提高客户服务水平和风险识别能力。根据团队成员的专长和经验，合理分配任务，充分发挥每个人的优势，确保团队资源利用最大化。客户经理需具备化解冲突的能力，在团队中营造和谐的工作氛围。在团队内部出现分歧时，通过沟通明确职责和期望，消除误解，促进团队团结。通过正向反馈、奖励机制和职业发展规划，激励团队成员积极投入工作。表彰优秀员工或提供晋升机会，增强团队凝聚力和战斗力。

（二）项目管理能力

项目管理能力是客户经理确保项目从规划到执行高效推进的重要技能，涵盖项目规划、资源调配、风险控制等方面。客户经理需对项目的目标、范围和时间节点进行详细规划。在为客户设计融资方案时，明确项目的关键步骤和预期成果。根据项目需求，合理分配人力、物力和财力资源，确保每个环节顺利衔接。在项目融资过程中，协调内部产品、风险和运营部门共同推进。客户经理需识别项目执行中的潜在风险，并制订应对方案。在跨境业务中考虑汇率波动风险，通过套期保值等工具规避损失。通过定期检查项目进展，确保按计划推进，并根据实际情况调整策略。发现客户经营状况变化时，及时调整授信方案。高效的项目管理能力能够帮助客户经理合理利用资源，快速解决问题，确保项目按时高质量完成。

（三）沟通协调能力

沟通协调能力是客户经理在内外部构建协作机制、推动工作顺利开展的关键技能。沟通协调能力是客户经理连接各方的重要纽带，直接影响客户满意度和团队协作效率。客户经理需深入了解客户需求，准确传达银行的产品与服务信息。向客户详细说明融资条件、还款方式和风险控制机制，确保客户清楚了解业务细节。客户经理需跨部门协调，与银行的风险、产品、运营、法律等多个部门保持顺畅沟通，确保业务操作合规高效。在授信审批过程中，与风险部门协调评估客户信用风险，保障业务顺利推进。客户经理要定期向上级汇报项目进展或市场动态，并根据反馈调整工作方向，同时为下属提供清晰的指导。通过高效沟通和专业服务，客户经理与客户、同事和合作伙伴建立起长期信任关系，推动业务合作。在客户遇到紧急融资需求时，迅速协调相关资源并提供解决方案，赢得客户信任。

(四) 商务分析能力

商务分析能力是客户经理为业务决策提供科学支持的重要基础，包括财务分析、行业分析、市场分析等方面。通过对客户的财务报表（如资产负债表、利润表、现金流量表）进行分析，评估企业的经营状况和偿债能力。通过分析企业的现金流，判断其能否按期偿还贷款。客户经理要了解客户所在行业的市场趋势、政策导向和竞争格局。例如，在为新能源企业提供融资方案时，要分析行业的技术发展方向和政策支持力度。通过对宏观经济形势、区域经济特点和客户需求变化的研究，为业务拓展提供数据支持。分析某地区的消费增长趋势，挖掘潜在的零售金融业务机会。评估客户的商业模式是否具备可持续性，并判断其在市场中的竞争优势。例如，通过对一家科技企业的商业模式分析，发现其核心竞争力在于研发能力，从而制订适合的授信方案。商务分析能力能够帮助客户经理从多维度识别业务机会和潜在风险，为科学决策提供依据。

(五) 时间管理与压力管理能力

高效的时间管理和压力管理能力是客户经理保持工作效率和职业健康的关键。

（1）时间管理能力。要学会按照项目管理的方法进行计划制订和任务分解与执行。客户经理需根据业务优先级制订每日、每周的工作计划，确保重要任务优先完成。优先跟进重点客户的融资项目，确保按时交付授信方案。将复杂任务分解为可操作的具体步骤，并合理分配时间。在准备授信报告时，将时间分配到数据收集、分析和撰写各个阶段。通过优化工作流程、减少低效会议等方式，提高时间利用效率。

（2）压力管理能力。客户经理需以积极的心态面对工作压力，将挑战视为成长机会，避免过度焦虑。可以通过运动等方式释放压力，保持身心健康。在压力较大时，及时向上级或同事寻求支持，共同解决工作中的难题。同时要学会合理安排工作与休息时间，避免过度劳累带来的职业倦怠。高效的时间管理能够提升客户经理的工作效率，而良好的压力管理则有助于保持积极的职业状态，实现个人与工作的双赢。

管理协调能力是客户经理高效推动业务的核心能力，涵盖团队管理、项目管理、沟通协调、商务分析和时间与压力管理五大维度。通过培养这些能力，客户经理能够在复杂的业务环境中协调各方资源、提升执行效率、解决实际问题，从而为银行创造更高的价值。

四、创新发展能力

创新发展能力是客户经理在金融科技时代保持竞争力的关键，涵盖数字化能力、产品创新能力、服务创新能力、商业模式创新能力和学习创新能力五大维度。通过持续创新，客户经理能够主动适应行业变化，为客户提供更优质的服务，同时推动银行业务转型与升级。

（一）数字化能力

数字化能力是客户经理在银行数字化转型背景下必备的核心技能，要求熟练掌握金融科技工具和线上服务模式，提高工作效率和服务水平。客户经理需掌握银行内部数字化业务系统的使用方法，例如智能营销系统、客户关系管理系统、智能风控系统等，实现业务全流程的线上化管理。客户经理要学习并运用大数据分析、人工智能、区块链等新兴技术。通过大数据分析客户的交易行为，精准推荐适合的产品；利用人工智能技术优化风险评估和审批流程。客户经理要灵活利用移动银行、线上授信平台、远程视频会议等工具，为客户提供便捷的线上服务，为中小企业客户通过线上平台快速完成贷款申请和审批，减少时间成本。客户经理还要学会利用社交媒体、短视频平台等开展数字化营销活动，通过智能推荐和个性化推送触达更多目标客户。数字化能力的提升不仅能提高客户经理的工作效率，还能有效适应银行数字化转型的需求，为客户提供更加灵活、高效的金融服务。

（二）产品创新能力

产品创新能力是客户经理深入研究客户需求、推动金融产品设计与优化的重要能力，直接影响客户服务的针对性和吸引力。客户经理需通过市场调研、客户访谈等方式深入了解客户的痛点和需求。针对中小企业客户的资金流动性难题，设计灵活的短期融资产品。基于客户反馈，与产品研发团队协作，设计创新型金融产品。开发整合供应链金融、绿色信贷和碳中和债券的组合产品，满足客户的多元化需求。根据客户的行业特性和经营模式，为其提供定制化的金融解决方案。为科技型企业设计基于知识产权的融资方案。客户经理需紧跟市场趋势，如新能源、数字经济等领域的快速发展，设计符合市场需求的金融产品。通过产品创新，客户经理能够为客户提供更加灵活、个性化的产品和服务，提升客户满意度与市场竞争力。

（三）服务创新能力

服务创新能力要求客户经理不断优化服务流程和方式，以提升客户体验并形成独特的竞争优势。通过简化业务流程、缩短审批时间等方式提升服务效率；通过智能审批系统优化信贷流程，大幅缩短客户等待时间。客户经理要结合客户需求，提供多样化的服务方式。利用远程视频会议、移动端服务等技术手段，为客户提供全天候的金融服务支持；通过提供一站式综合金融服务，减少客户的操作流程；为企业客户整合融资、支付结算和投资管理服务，简化操作步骤，提升便利性；根据客户细分市场的特点，打造差异化的服务模式；为高净值客户提供专属财富管理服务，为小微企业客户提供便捷的线上融资服务。服务创新能力的核心在于"以客户为中心"，通过优化和创新服务方式，进一步增强客户的满意度和忠诚度。

（四）商业模式创新能力

商业模式创新能力是客户经理结合行业趋势与资源整合能力，推动银行业务转型升级的关键能力。结合行业趋势，客户经理需研究行业发展动态与政策导向，发现潜在的商业模式创新机会。针对"双碳"目标下的绿色金融需求，设计碳中和债券的融资模式。客户经理需协调银行内部资源与外部资源，构建创新型的商业模式。通过与互联网平台、物流企业等跨界合作，拓展业务场景。客户经理需探索新的盈利模式，如基于区块链技术的贸易融资模式，或基于数据驱动的精准营销模式，实现业务创新。商业模式创新能力帮助客户经理在竞争激烈的市场中找到新的业务增长点，推动银行业务的可持续发展。

（五）学习创新能力

学习创新能力是客户经理不断更新知识体系、适应行业变化的重要能力，在快速变化的金融环境中尤为关键。客户经理需养成主动学习的习惯，定期参加行业培训、专题研讨会等活动，更新专业知识和业务技能。客户经理要有开放创新思维，以开放的心态接受新知识和新技术。在实际工作中，客户经理需对成功案例和失败案例进行系统总结，提炼经验教训，用于指导后续工作。通过阅读行业报告、关注政策变化、参与行业交流等方式，保持对市场和行业的敏感度。学习创新能力能够帮助客户经理保持职业竞争力，快速适应行业变化，不断提升自身能力与服务水平。

创新发展能力是客户经理在金融行业立足与发展的重要保障，涵盖数字化能力、产品创新能力、服务创新能力、商业模式创新能力和学习创新能力五大方面。通过持续提升这些能力，客户经理不仅能够满足客户需求、推动银行业务创新，还能在激烈的市场竞争中保持优势，为银行创造更大的价值。

五、风险管理能力

风险管理能力是客户经理的重要职业素养，贯穿银行业务的全流程，是确保银行业务安全性与合规性的重要保障。客户经理需要具备全面的风险管理知识和实践技能，能够在业务拓展过程中识别、评估、防控和处置各类风险，从而为银行的稳健经营提供支持。

（一）信用风险管理能力

信用风险管理能力是客户经理风险防控工作的核心，涉及信贷业务的各个环节，包括贷前调查、授信审批和贷后管理。客户经理需具备财务报表分析能力，通过对资产负债表、利润表和现金流量表的解读，精准判断客户的经营状况、偿债能力和盈利能力。在审核企业授信申请时，通过分析其现金流情况判断是否具备按期还款能力。客户经理需熟悉信用评级模型和关键指标，合理评估客户的信用等级。针对不同信用等级的客户，制订差异化的授信方案和风险缓释措施。客户经理需建立动态风险监测机制，通过定期走访、财务跟踪、押品检查等方式，及时发现风险信号；利用智能风控系统对客户的税务记录、经营数据和现金流进行实时监控，发现异常情况时及时预警；在授信方案中，通过抵押、担保、信用保险等方式降低信用风险。同时，在供应链金融业务中，可通过核心企业的信用支持分散上下游企业的风险。信用风险管理能力的核心是建立全面的风险识别和监控机制，客户经理要确保授信业务的安全性与可控性。

（二）市场风险管理能力

市场风险管理能力要求客户经理关注外部市场因素（如利率、汇率、商品价格等）的波动对客户和银行业务的影响，并采取有效措施规避风险。客户经理需密切关注市场利率变化对客户融资成本和银行收益的影响。在利率上行周期中，为客户提供固定利率贷款以规避利率波动风险。针对进出口企业或跨境业务客户，客户经理需帮助其制订汇率风险管理方案，通过远期结售汇、外汇掉期等工具锁定汇率，降低汇率波动对客户的影响。在大宗商品相关业务中，客户经理需关注商品价格波动对客户经营的影响，为从事原材料采购的企业设计套期保值方案，降低价格波动风险。客户经理应根据市场风险特征，合理调整贷款期限、利率类型和还款方式，帮助客户实现融资结构优化，同时降低银行风险。客户经理需具备宏观经济和市场变化的敏感性，通过金融工具和合理设计授信结构，帮助客户和银行共同规避市场风险。

（三）操作风险管理能力

操作风险管理能力是客户经理保障业务流程规范性和操作合规性的关键能力。客户经理需严格按照银行的内控制度和操作规程办理业务，避免因操作失误导致的风险。在授信审批过程中，仔细核对客户提供的资料，确保信息真实、完整；强化对合同文本的审核能力，确保条款合法合规、风险可控。同时，严格管理授权范围，防范因超权限操作导致的风险。客户经理需妥善保管客户资料、凭证和档案，避免因管理不善导致信息泄露或业务中断；确保贷款合同、担保协议等文件的完整性和可追溯性。客户经理要提高合规意识，杜绝违规操作行为；在日常工作中要严格遵守制度，通过规范操作和强化内部控制，有效降低操作失误和违规行为的风险。

（四）合规风险管理能力

合规风险管理能力是客户经理确保业务合法合规开展的重要基础。客户经理需熟悉《中华人民共和国商业银行法》《贷款通则》等法律法规，确保业务操作符合法律要求。在反洗钱工作中，严格执行客户身份识别和可疑交易报告制度。客户经理要熟悉并严格执行银行的内部合规制度和业务规范，确保业务操作的合规性，同时严格按照监管机构的专项要求开展业务。客户经理需树立"合规优先"的职业理念，在业务开展过程中时刻关注潜在的合规风险，并主动采取防范措施。合规风险管理能力能够帮助客户经理在复杂的监管环境中保持业务操作的合法性，保障银行的声誉与市场形象。

（五）集中度风险与关联风险管理能力

集中度风险与关联风险管理能力要求客户经理在授信业务中关注客户之间的关联关系，防范系统性风险。客户经理需通过企业调查、股权结构分析等方式，识别客户之间的关联关系，防范因关联企业资金链断裂带来的连锁风险。在集团客户授信中，客户经理需严格执行银行的授信集中度政策，合理控制单一客户和关联客户的授信额度。针对重点行业或区域，客户经理需建立专门的风险管理机制。例如，在房地产行业授信中，严格控制资金投向，防范行业政策调整带来的集中度风险。客户经理需密切关注客户之间的关联交易，确保授信业务的独立性和真实性。集中度风险与关联风险管理能力能够帮助客户经理有效分散风险，避免因客户集中度过高或关联关系复杂而引发的系统性风险。

（六）风险处置与应急管理能力

风险处置与应急管理能力是客户经理化解存量风险和应对突发风险事件的关键能力。客户经理需通过智能风控系统和日常监测，及时发现客户可能出现的经营异常或违约风险。例如，通过监控客户的税务数据、电力消耗等信息，发现其经营状况恶化的早期信号。对于发现风险的客户，客户经理需迅速制订应对方案，通过调整还款计划、追加担保等方式降低风险。客户经理需熟悉贷款重组、资产拍卖、诉讼追偿等不良资产处置方式，尽可能降低损失。在完成风险处置后，客户经理需对风险事件进行复盘，提炼经验教训，用于完善后续的风险管理机制。风险处置与应急管理能力是客户经理风险管理工作的最后防线，通过快速反应和科学处置，将风险损失降至最低。

风险管理能力贯穿客户经理的工作全流程，是确保银行业务安全性与合规性的核心保障。通过提升信用风险、市场风险、操作风险、合规风险、集中度风险与关联风险管理能力，以及风险处置与应急管理能力，客户经理能够在复杂的业务环境中有效识别和防控风险，为银行的稳健发展提供强有力支持。

本章小结

本章系统介绍了商业银行客户经理的基本理论框架，从业务概论、角色定位、胜任能力等方面构建了完整的知识体系。商业银行业务概论部分阐述了不同类型商业银行的特点和业务内容。大型国有银行依托网点和资金优势，在对公业务领域占据主导地位；股份制银行注重差异化经营，在零售业务和创新业务方面表现突出；城市商业银行深耕区域市场，服务地方经济；农村商业银行立足县域，支持"三农"发展。从发展历程来看，我国商业银行经历了从计划经济向市场经济转型的深刻变革。改革开放初期我国确立了专业银行体系，20世纪90年代推进商业化改革，进入21世纪实施股份制改革，近年来加快转型发展。在这一过程中，商业银行的组织体系、经营机制和业务模式发生了根本性变化，现代商业银行制度逐步建立健全。

当前银行业正面临新的发展形势和挑战。利率市场化深入推进，互联网金融快速发展，金融科技创新活跃，对传统银行经营模式形成冲击。实体经济转型升级、居民财富持续增长、企业跨境经营扩张等因素，也给银行业带来新的发展机遇。在此背景下，商业银行正加快数字化转型、推进综合化经营、深化专业化服务，努力提升市场竞争力和经营效益。金融创新不断涌现，新型业务模式层出不穷，服务渠道日益丰富，银行业竞争格局发生深刻变化。银行需要主动适应新形势，把握发展机遇，通过业务创新和管理变革，增强核心竞争力。

客户经理作为连接银行与客户的重要纽带，其角色定位和工作职责日益重要。在组织架构中，客户经理通常隶属于公司业务部门或零售业务部门，接受条线部门和属地机构的双重管理。工作内容主要涵盖市场营销、客户服务和风险管理三大方面。客户经理需要深入市场调研，发掘目标客户，制订营销方案，完成业务指标；

建立和维护客户关系，了解客户需求，提供专业服务，协调解决问题；严格执行尽职调查要求，做好贷后管理，及时防范风险。客户经理的职业发展空间广阔，既可以在专业序列上不断提升，从初级客户经理晋升为高级客户经理，也可以向管理岗位转换，发展为团队主管、部门负责人，还可以选择投资银行、资产管理等专业化发展方向。

在胜任能力方面，客户经理需要具备全面的专业知识和技能体系。专业知识涵盖金融、法律、财务、银行产品、风险管理、法规政策等多个领域，这些知识相互关联、相互支撑，构成完整的知识体系。金融知识是核心基础，包括宏观金融理论和微观金融业务知识；法律知识是合规经营的保障，要精通银行业相关法律法规；财务知识用于分析评估企业经营状况；银行产品知识是开展业务的基本工具；风险管理和法规政策知识则贯穿业务全过程。在专业技能方面，重点包括协调沟通、客户维护、团队协作、业务拓展、风险管控等能力。这些能力要求客户经理能够有效处理内外部关系，建立长效的客户维护机制，在团队中发挥积极作用，具备创新思维，把握市场机会，同时确保业务健康发展。随着银行业务的不断创新和发展，客户经理还需要持续学习，不断提升专业素养，适应市场变化和客户需求。

课后习题

一、单项选择题

1.商业银行客户经理制度在我国开始引入的时间是（　　）。

A.20世纪70年代末　　　　　B.20世纪80年代末

C.20世纪90年代初　　　　　D.21世纪初

2.下列关于商业银行组织架构的说法，错误的是（　　）。

A.总行负责全行战略规划　　　B.分行具有完全的业务自主权

C.支行是具体业务经营单位　　D.条线管理贯穿总分支层级

3.客户经理在下列（　　）工作中承担第一道风险防线职责。

A.授信审批　　　　　　　　　B.贷后管理

C.信用评级　　　　　　　　　D.风险预警

4.以下不属于城市商业银行的主要特点的是（　　）。

A.立足本地经营　　　　　　　B.服务小微企业

C.跨境业务优势　　　　　　　D.决策链条短

5.客户经理专业知识体系中最基础的是（　　）。

A. 金融知识   B. 法律知识

C. 财务知识   D. 产品知识

二、多项选择题

1. 商业银行客户经理的主要职责包括（   ）。

A. 市场营销   B. 客户服务

C. 风险管理   D. 政策制定

E. 产品创新

2. 下列属于银行产品知识范畴的有（   ）。

A. 信贷产品知识   B. 结算产品知识

C. 投资银行业务知识   D. 理财业务知识

E. 中间业务知识

3. 客户经理进行企业财务分析时应关注（   ）。

A. 偿债能力   B. 盈利能力

C. 营运能力   D. 发展能力

E. 现金流状况

三、简答题

1. 简述商业银行不同类型客户经理的主要职责差异。

2. 客户经理的胜任能力包括哪些？

第一章课后习题答案

第二章 职业与形象管理

【导读案例】
一位客户经理的形象转变

李婷入职某股份制商业银行已经 3 个月,作为一名新晋客户经理,她在业务知识学习上进步很快,但客户拓展工作却遇到了瓶颈。一个偶然的机会,她听到一位客户在和同事交谈时说:"这个客户经理业务水平应该挺高,但给人感觉太随意了,不太专业。"这句话让李婷陷入思考。

经过观察,部门经理发现李婷在着装、举止、沟通等方面确实存在一些问题:深色牛仔裤配运动鞋去拜访客户、与客户交谈时经常不自觉玩手机、发给客户的邮件行文过于口语化。部门经理决定对李婷进行针对性指导。

案例思考

在接下来的一个月里,李婷系统改进了自己的职业形象:工作时统一着装正装套装,举止得体,注意倾听客户说话,书面沟通更加规范。这些改变带来了明显效果,客户对她的评价逐渐改观,业务开展也更加顺利。

第一节 职业形象塑造

客户经理职业形象塑造构建了专业化的外在表现与内在修养的统一体系,外在形象要求在着装仪表、言谈举止、办公环境等方面体现职业化特征,展现良好的个人风貌和职业素养。着装仪表要求整洁得体、符合场合,男士着装要穿正装西服、搭配得当,女士着装要端庄大方、富有品位,发型妆容要整洁自然、给人好感。言谈举止方面要谈吐文明、态度谦和,善于运用专业化的语言表达,对语气语调进行控制,保持积极向上的精神面貌。办公环境要整洁有序,合理布置办公空间,保持桌面整洁，文件资料归类存放，营造专业化的工作氛围。良好的外在形象能够给客户留下专业、可信赖的第一印象，有助于建立良好的业务关系。

职业素养修养作为内在形象的核心内容，反映在职业道德、专业素质、工作作风等多个方面。职业道德修养要求恪守职业操守，坚持诚信为本，严守合规底线，维护客户利益，践行社会责任，树立正确的价值观和职业观。专业素质体现在专业知识储备、业务能力水平、创新发展意识等方面，要求持续学习提升，保持专业竞争力。工作作风强调敬业奉献、严谨细致、主动担当，认真负责地完成各项工作任务。服务意识要求以客户为中心，提供优质专业的金融服务，建立良好的客户关系。团队协作精神体现在主动配合、资源共享、互帮互助方面，从而营造良好的团队氛围。

职业形象建设机制推动客户经理形象管理的规范化和制度化，从而建立完整的形象管理体系。形象管理制度规定了着装仪表、行为规范、服务标准等具体要求，明确了考核评价标准。培训教育体系通过专业培训、案例教学、经验交流等方式提升形象管理水平。激励约束机制将形象表现纳入绩效考核，推动形象管理要求落实。品牌建设强化个人专业品牌塑造，通过优质服务和专业能力展示提升市场影响力。文化建设营造良好的企业文化氛围，引导客户经理践行企业核心价值观，树立良好的职业形象。持续的形象管理推动客户经理在市场竞争中建立专业化的形象优势，提高客户认可度和信任度，实现更好的职业发展。通过完善的形象管理体系建设，客户经理能够在专业化、规范化的轨道上不断提升职业形象，为业务发展和职业提升奠定良好基础。

一、着装

商业银行客户经理作为银行窗口形象的重要代表，职业形象塑造尤为关键。职业着装管理要遵循"TPO"原则，即场合（Time）、场所（Place）、场面（Occasion）三要素，依据不同工作场景选择恰当着装方式（见表2-1）。

表2-1　　　　　　　　　　　　不同工作场景着装选择

日常办公	着装需体现职业特色，男士可选择深色西装搭配浅色衬衫，领带选择经典款式
客户拜访	男士必须着装全套西服，衬衫熨烫笔挺，领带系法规范。商务谈判时男士着装应选择正式的深色系西装，领带选择经典款式，体现专业素养
晚间宴请	男士可选择高档面料西装，搭配真丝领带，整体要略微提升档次但不失商务感
培训会议	着装要庄重得体，体现对会议的重视
签约仪式	需着装正式的深色系西装三件套，确保体现商业银行的专业形象
新闻发布	深色系西装为主，领带选择素色，注重整体效果

就男性客户经理而言，深色系西服最能体现商务气质，以黑色、深蓝色、深灰

色为主。西服选择应注重肩线与肩部自然线条的契合度，袖长需露出衬衫袖口1.5厘米，面料选用羊毛或羊毛混纺材质。西裤与西服外套应成套或色系相近，裤长前档轻触皮鞋，后档与鞋跟齐平。衬衫以纯白色和淡蓝色为主，领型选择商务领。领带图案应简约大方，宽度以7～9厘米为宜，领带结饱满对称。鞋履选择以牛津鞋或德比鞋为主，搭配深色袜子。着装日常管理方面，西装需定期干洗，保持清洁；衬衫每日更换并及时洗烫；鞋履需日常擦拭并定期保养。存放时西装应挂于专用衣架，衬衫需叠放整齐避免起皱，鞋履使用鞋撑以保持形状。更新周期上，西装建议一年更新1~2套，衬衫半年更换一批，鞋履根据磨损程度进行更换。

女性客户经理职业装以深色系为主，上装选择合身得体的套装，裙长宜及膝或膝下，面料选用垂坠感良好的羊毛或混纺面料。衬衫以白色、米色、淡粉色为主，领型选择圆领或V领。半身裙选择A型或H型，开叉高度不超过膝盖，西裤以直筒款式为主。工作鞋以黑色、米色为主，跟高3~5厘米最为得体。在日常办公场合，女士着装可在正装基础上增添适度装饰，如丝巾、胸针等。客户拜访时需着装端庄大方，妆容精致不浓艳。商务谈判场合下着装选择套装并搭配得体配饰，整体造型突出稳重与专业性。对于特殊商务场合，如签约仪式、新闻发布、跨文化商务交往等，着装要求更为严格。签约仪式需选择正式的套装，新闻发布场合着装需经得起镜头检验，跨文化商务交往中应充分考虑不同文化背景下的着装礼仪，确保专业形象展现。季节性着装调整方面，春秋季节选择轻薄型套装，面料要透气；夏季着装选择棉质、麻质等轻薄面料，注意遮盖得当；冬季可选择高领毛衣配西装，外套要兼顾保暖与美观。

在职业着装管理环节，面料选择标准、号型选择要点和工艺要求等细节同样重要。西装面料需选择含羊毛量60%以上的精纺面料，确保挺括性和质感；衬衫面料以精梳棉为主，含棉量80%以上，易打理防皱；夏季可选择天丝面料，兼具凉爽与体面。号型选择方面，西装肩线要准确，袖长适中，西裤裆部不紧绷，裤长适中。女士套装需根据身材特点选择合适版型，避免过于修身或宽松。工艺要求上，西装接缝要平整，纽扣缝线牢固，衬衫领角要对称，扣眼要工整，面料质感要细腻，手感要柔软。男士着装禁忌包括用黑色皮带配棕色皮鞋，选择艳丽色彩的领带，佩戴运动手表配西装等。女士着装禁忌包括裙装超短，高跟鞋超过7厘米，妆容浓艳等。这些细节性规范共同构成了商业银行客户经理职业着装的完整体系。

二、仪态举止

商业银行客户经理的仪态举止是职业素养的重要体现，规范的体态语言传递着银行的整体形象。仪态举止注意事项见表2-2。

表2-2　　　　　　　　　　　　　　仪态举止注意事项

仪表	注意事项
头部	保持清洁，尤其穿深色衣服时要留意头皮屑，发型要配合工作场合，口中无异味
眼睛	积极、平和地看着对方
面部表情	积极乐观，在谈公事时喜怒不形于色，表情温和
男士	浅色衬衫，深色西服，系领带，深色袜子；夏天衬衫系领带，不穿T恤短裤
女士	三色原则、三一定律，勤剪发，留发不掩耳

　　站姿要求身体挺拔，双肩自然放松，目视前方，下巴微收，双手自然下垂或交叉放于身前，双脚并拢或与肩同宽以保持重心平衡。站立时间较长时可采用丁字步以减轻疲劳。走姿强调抬头挺胸，眼睛平视，迈步稳健有力，步幅适中，双臂自然摆动。女士穿高跟鞋行走时重心适度前移，保持步伐均匀，行进路线要直，避免左右摇晃。坐姿标准要求入座动作轻柔，调整座椅与桌子距离适中，上身挺直，双肩放松，双腿并拢，双脚平放。女士着裙装时双腿可交叠斜放一侧，双手放于扶手或桌面，保持优雅。久坐时需注意调整姿势，但应始终保持端庄大方。仪态禁忌行为包括交谈时玩弄物品、站立时倚靠墙面或桌椅、行走时使用手机、坐姿跷二郎腿或斜靠、剪手指甲等私人动作以及咬指甲、抖腿等小动作。临场应变中，遇到意外打断时保持微笑，眼神交流自然，姿态沉稳；突发问询时转身优雅，倾听专注，回答冷静从容；设备故障时保持冷静，处理问题麻利，表情淡定，找人协助得体。

　　在商务接待过程中，迎接客户时需面带微笑，目光友好，伸手示意动作自然流畅。为客户开门、让路时动作要得体，递接文件或名片时采用双手持物并略微躬身，摆放茶水或资料时动作轻缓。谈话时身体微向前倾以表示专注，目光保持自然交流而不过分凝视，适时点头回应以展现倾听态度，手势文雅得体，保持恰当社交距离。商务场合礼节要求在会议室等候时保持端坐，与客户同行时位置适当靠后半步，电梯搭乘时注意男女先后次序，上下楼梯动作稳健，进出门注意前后顺序。商务宴请场合要求等候主人安排座位，拉椅子动作轻柔，入座优雅，调整座位安静，保持端正坐姿。取用餐具轻巧，食用速度适中，咀嚼细致安静，擦拭嘴角文雅，夹菜动作大方。交谈时说话音量适中，表情自然愉悦，手势不影响他人，避免在进食时交谈，关注其他客人发言。公共场所举止要庄重有度，行走姿态大方，不大声喧哗，乘坐电梯注意礼让，排队时保持秩序，时刻注意维护个人形象与银行声誉。

　　不同场合下对仪态举止的要求各有侧重。办公室环境下工位坐姿要端正，操作电脑时保持正确坐姿，接打电话态度专业，起身迎接同事或客户和递送文件姿态端庄，离开座位时整理仪容。走廊过道要求步伐稳健，身姿挺拔，与他人交错时礼让，视线朝向前方。在茶水间取用要有序，动作轻巧，保持环境整洁，与同事交谈适度，站姿自然。工位坐姿调整要轻声，起身优雅，整理物品规整，离开时转椅归位。会议场合要求轻步进入会场，按照职位级别入座，专心听讲避免使用手机，发言时起立示意，离场时轻声整理文件，严格遵守会议纪律。谈判现场坐姿要体现自信，目光专注有力，手势稳重大方，避免过度紧张的小动作，保持适度微笑，展现谈判风度与专业素养。

媒体采访时对仪态举止有着更高要求。面对镜头要求站姿挺拔，重心稳固，手臂姿势自然，表情真诚亲切，目光坚定有神，站位要适合取景。回答问题时语速适中，表情生动自然，手势得体有度，注视记者，身体语言积极，始终保持专业形象。镜头互动过程中转换角度要优雅，走位稳健，表情始终如一，动作配合拍摄，突发状况保持沉着冷静，展现良好职业风貌。培训授课场合下，站姿讲授要求站位居中，目光顾及全场，手势生动得体，走动自然流畅，表情富有感染力，姿态从容。板书动作要求转身优雅，书写工整，站位合适，动作流畅，擦拭黑板得体，保持整洁形象。互动引导时指引方向明确，回应学员热情，走近学员自然，表情亲切，动作大方，充分体现专业性与教学素养。长期坐姿养成方面，应注意定时调整坐姿，保持背部挺直，双脚平放，颈部放松，避免跷腿，时刻保持精神饱满的专业形象，展现银行客户经理应有的职业素养与个人修养。

三、个人形象管理

商业银行客户经理的个人形象管理是职业素养的关键要素，优质的个人形象直接影响客户信任度和业务拓展效果。个人形象管理注意事项见表2-3。

表2-3　　　　　　　　　　　个人形象管理注意事项

精神面貌管理方面	客户经理需保持面带微笑，展现亲和力，眼神清澈有神以传递自信，在谈吐时表情生动自然，倾听时眼神专注，与客户交流时保持适度眼神接触，避免作出夸张表情。精神状态应当保持充沛，举手投足富有活力，说话语气洪亮有力，处事保持积极态度，应对工作充满热情，展现职业化精神面貌。情绪管理强调控制情绪起伏，保持平和心态，遇事冷静处理，在压力下保持镇定，面对困难积极应对
容貌仪容管理方面	要求皮肤清爽干净，及时清洁面部，控制油光，对痘痘及时处理，避免面部留下疤痕。男士发型要整洁利落，发长适中并经常修剪；女士发型要干练大方，长发需盘起，短发要利落，发色庄重，发饰简约。牙齿护理方面要定期洁牙，保持洁白整齐，口腔清新无异味，确保与客户交流时展现专业形象
办公环境维护方面	个人工位要保持桌面整洁有序，文件分类存放，物品摆放规整，及时清理废物，体现工作严谨性和专业性

个人卫生习惯的养成对塑造专业形象至关重要，每日坚持沐浴，保持体味清新，使用淡香沐浴露，注意个人卫生。手部护理要求指甲修剪整齐，手部皮肤柔滑，不留死皮，勤用护手霜，保持清洁，握手有度。衣物清洁制度包括每日更换内衣，西装定期干洗，衬衫日洗，领带常清洗，鞋袜每日更换。会客区域的环境维护

同样重要，茶具要保持干净，座椅整齐，环境通风，摆件得体，营造舒适氛围。公共区域使用后需及时整理，爱护设备，保持环境卫生，配合保洁工作，维护共同环境，充分展现职业修养。形象提升方法包括养成晨检习惯，午间查看仪容，随身携带梳妆镜，及时整理仪表，保持最佳状态，注重细节管理。在着装搭配上要合理规划衣柜，按场合准备装束，定期更新服装，及时淘汰旧衣物，保持衣物挺括，随时准备替换装束，确保在各类商务场合均能展现恰当的职业形象。在与不同层次客户交往时，需要根据场合和对象调整个人形象管理策略，既要体现专业性，又要展现亲和力。例如，在正式商务谈判场合，着装和举止需要更加正式庄重；在日常客户沟通中，则可适当放松，展现亲切和蔼的一面。

客户经理的形象管理还需要从提升个人气质入手，良好的心态是保持专业形象的基础，坚持健身运动有助于塑造精神饱满的形象，培养高雅兴趣能够提升个人涵养，加强知识积累则能在与客户交流时展现专业素养。个人形象管理并非一蹴而就，需要通过不断自我提升和严格要求来实现。在日常工作中，客户经理应当建立科学的个人形象管理体系，从精神面貌、容貌仪容、个人卫生、环境维护等多个维度加以规范和提升。具体而言，精神面貌要保持饱满向上，容貌仪容要精心维护，个人卫生习惯要始终坚持，办公环境要时刻整洁。通过系统化、规范化的个人形象管理，树立良好的职业形象，在服务客户和开展业务时赢得信任和尊重，实现个人职业发展和银行业务拓展的双重目标。面对不同类型的客户和多样化的业务场景，客户经理应当根据实际情况灵活调整个人形象管理策略，在保持专业性的同时展现个性化的服务风格，使个人形象既符合银行的整体要求，又能凸显独特的职业魅力。

商业银行客户经理的形象管理工作需要建立长效机制，日常工作中应坚持执行个人形象管理规范，定期进行自我检查和评估，发现不足及时改进。在与客户交往过程中，要善于观察和总结，了解不同客户对银行从业人员形象的期待，有针对性地提升个人形象管理水平。积极参与银行组织的各类培训活动，学习先进的个人形象管理理念和方法，不断提高个人形象管理能力。注重培养良好的职业习惯，使规范的个人形象管理成为自觉行为。重视细节管理，从日常生活的点滴做起，保持良好的精神面貌和职业形象。建立个人形象管理档案，记录形象管理过程中的经验和教训，总结规律，形成适合自身特点的个人形象管理方法。将个人形象管理与职业发展规划相结合，认识到良好的个人形象对职业发展的重要作用，提高做好个人形象管理工作的主动性和积极性。通过持续努力，打造专业、得体、富有亲和力的职业形象，为银行业务发展和个人职业进步奠定坚实基础。

第二节　商务接待礼仪规范

　　商务接待礼仪作为客户经理日常工作的重要组成部分，构建了规范化的接待流程和服务标准，体现专业化的商务礼仪要求。会客接待礼仪要求在会客前做好充分准备，包括了解客户背景、准备会谈材料、布置会客环境等工作，会谈过程中注意座位安排、茶水服务、时间把控等细节，保持适度的目光交流和体态语言，展现专业和谦和的态度。电话接待礼仪强调使用规范的称谓和用语，语气亲切自然，注意语速和音量的控制，准确记录沟通内容，及时回应客户需求。上门拜访礼仪要求提前预约、准时到达、注意着装仪表，遵守客户单位的相关规定，把握拜访时间，做好沟通记录。来访接待礼仪包括迎送礼仪、介绍礼仪、引导礼仪等内容，要求热情周到、规范有序，注意细节服务，给客户留下良好印象。

　　商务宴请礼仪规范涵盖了宴请组织、餐桌礼仪、酒桌文化等多个方面的具体要求。宴请组织工作包括场所选择、菜品安排、座位布置等内容，要考虑客户喜好和饮食习惯，选择合适的就餐环境，提前确认参加人员。餐桌礼仪强调正确使用餐具，保持优雅得体的用餐姿势，注意用餐顺序和礼让原则，适时照顾客人的用餐需求。酒桌文化要把握适度，注意斟酒礼仪和敬酒顺序，避免强制劝酒，营造轻松愉快的氛围。交谈礼仪要求选择恰当的话题，保持积极的互动，注意倾听和回应，避免涉及敏感话题。时间控制要合理，不宜过长影响客户安排，送客礼仪要保持体贴周到。

　　商务谈判礼仪规范建立了专业化的谈判礼仪体系，推动谈判活动规范有序开展。谈判准备工作要求做好充分准备，包括谈判材料准备、策略制定、人员安排等内容。会议礼仪强调遵守会议纪律，规范发言用语，注意倾听和记录，保持良好的会议秩序。谈判技巧运用要把握谈判节奏，善用谈判策略，处理好分歧和矛盾，以便达成共识。着装礼仪要求正装出席，展现专业形象。商务礼品礼仪包括礼品选择、赠送方式、收礼礼仪等内容，要注意礼品的适当性和合规性。文件礼仪规范包括文件交接、签署、保管等环节的礼仪要求，确保文件处理规范有序。通过商务礼仪规范的执行，客户经理能够在商务活动中展现良好的职业素养，增进客户关系，推动业务发展。

一、会议礼仪

　　会议礼仪贯穿商业银行客户经理工作全过程，体现专业素养和职业修养。会前准备环节需重点关注会议材料的完整性与规范性，提前整理会议资料，确保文件按顺序排列，准备签字笔记本，资料装订整齐，电子设备充足电量，携带备用文具。着装要求上，正装必须熨烫平整，皮鞋擦拭光亮，领带系法规范，配饰简洁大方。

会议开始前15分钟到达现场，检查会议室布置，调试设备设施，摆放会议材料，准备茶水饮品，设置座位牌。会中表现方面，步入会场要稳重，按顺序就座，放置随身物品，准备记录工具，打开会议资料，保持端正坐姿。发言时起立要自然，语速适中，目光环顾全场，手势得体，论述简明扼要，注意控制时间。倾听态度上要专注聆听发言，记录重要内容，保持目光交流，适时点头回应，避免使用手机，展现对他人的尊重。茶水礼仪要注意添加，动作轻柔，为邻座添水使用茶杯垫，避免杯具碰撞，保持桌面整洁。突发情况的应对同样考验客户经理的会议礼仪素养。设备出现故障时，需保持冷静镇定，及时寻求技术支持，平稳处理问题，道歉得体，尽快恢复正常，最大程度减少影响。

不同类型会议对礼仪规范要求各有侧重，内部例会中，晨会要求提前5分钟到场，整理仪容着装，准备工作汇报，立姿挺拔，口齿清晰，发言简练，表情振奋。部门会议需带齐会议材料，就座有序，发言积极，记录翔实，提出建设性意见。工作总结会强调整理数据报表，制作汇报材料，PPT应精炼，报告言简意赅。客户洽谈会在场地布置上要求会议室整洁，座椅摆放整齐，准备纸笔茶具，摆放企业宣传册，调试设备设施。接待礼仪包括提前在楼下迎接，引导电梯乘坐，介绍会议室功能，为客户泡茶倒水。洽谈技巧强调倾听客户陈述，记录重点需求，语言真诚，方案具体，回应专业，态度诚恳。项目汇报会要求资料完整，数据准确，论据充分，着装正式。演示过程中语速适中，重点突出，数据清晰，图表明了，互动恰当，时间把控准确。问答环节需认真倾听问题，回答专业，对不了解的问题保持诚恳态度，有错及时改正。培训会议中，授课礼仪要求仪表整洁，精神饱满，表情亲切，声音洪亮，动作优雅，板书工整。互动环节注重鼓励学员参与，照顾每位学员，表扬及时，批评委婉，提问有引导性，回答富有耐心。会后工作要细致周到，包括整理会议材料，收拾个人物品，调整座椅位置，带走随身用品，清理废弃物，恢复会议室原貌。跟进事项包括记录会议决议，明确任务分工，落实后续工作，保持沟通联系，按时完成任务，及时反馈进度。

图2-1为会议座次图。商务谈判会议礼仪要求更为严格，谈判前需深入研究谈判对手，掌握行业信息，准备谈判策略，设定底线目标，准备让步空间，着装得体。谈判过程中坐姿端正，表情沉稳，语气平和，论据充分，态度诚恳，立场坚定。谈判后要及时总结要点，落实会议成果，保持礼貌往来，建立长期关系，跟进合作事项，维护客户关系。视频会议礼仪方面，设备调试要提前测试，确保网络稳定，调整摄像头位置，检查音频效果，准备备用方案，熟悉操作流程。画面要求背景整洁，光线充足，坐姿端正，目视摄像头，表情自然，着装规范。发言时要等待主持人示意，语速放慢，声音清晰，表达简明，避免杂音，严格控制时间。会议互动环节，提问时举手示意要得体，站立提问要挺拔，语言简练，态度谦虚，认真倾

听回答并表达感谢。即席发言要求思路清晰，表述简明，论据充分，语气平和，站姿稳重。分组讨论中要积极参与，尊重他人观点，补充建设性意见，控制讨论音量，记录重要观点，推进议题进展。会议结束后的工作总结需整理会议要点，归纳重要信息，分析讨论方向，提出工作建议，撰写会议纪要，分发相关人员，确保会议成果得到有效传达和执行。

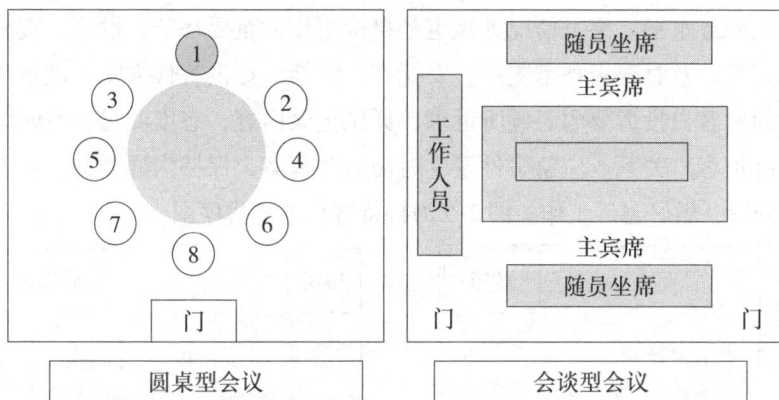

图2-1 会议座次图

迟到情况发生时，应轻声道歉，快速就座，避免影响他人，迅速进入状态，注意仪表整理。应提前将手机设置为静音状态，会议接到紧急电话必要时离场接听，动作轻轻，简短交谈，及时返回会场，补充错过内容。特别是在重要商务会议或客户洽谈会上，任何细微的不专业表现都可能影响银行整体形象，因此客户经理必须时刻保持高度的职业素养。在会议过程中，还需要注意根据会议性质和参会对象及时调整个人表现方式。例如，在内部会议中可以相对放松，但表达观点时仍需保持专业性；在客户会议中则需要更加注重仪态举止的细节，确保全程展现良好的职业形象。规范的会议礼仪不仅能够提升会议效率，还能增进与客户的信任关系，为业务发展创造良好条件。客户经理应当将会议礼仪作为提升职业素养的重要内容，在实践中不断积累经验，完善礼仪技能，打造专业的职业形象。

二、接待礼仪

接待工作是商业银行客户经理日常工作的重要组成部分，规范的接待礼仪直接影响服务质量和客户体验。来访客户接待环节，客户经理需提前了解客户背景信息，整理会客室环境，准备茶水和会议材料，确认参会人员，安排停车位置。迎接时应提前5分钟在门口等候，保持端庄站姿，面带微笑问候，称呼得体，引领得当，语气亲切。会客室接待中，安排客户就座主位，提供茶水服务，介绍在场人员，确认来访事由，合理摆放会议资料，注意调节空调温度。交谈过程中要专注倾听客户意见，记录重要信息，回应专业而诚恳，解答准确，把握谈话节奏。送别礼仪要求起身相送至门口，等候电梯到达，目送客户离开，表达感谢，约定下次见面。特殊客户接待中，VIP客户需最高规格接待，选择高端会客室，准备精致茶点，全程专人陪同，注意细节服务，建立贵宾档案。政府领导接待要突出仪式感，服务规范，用语严谨，态度庄重。集团总部领导接待强调工作准备充分，资料完整，问题掌握准确，汇报简明扼要。境外客户接待需注意文化差异，语言恰当，翻译准确，礼仪得体，体现国际化服务水平。突发情况处理也是接待工作的重要环节，设施出现故障时要保持冷静态度，及时寻求技术支持，安抚客户情绪，提供替代方案，诚恳道歉，迅速处理。面对客户投诉要耐心倾听诉求，详细记录内容，态度诚恳，及时解决，迅速反馈，维护客户关系。应急事件发生时需启动预案，保持沟通顺畅，采取得当措施，果断处置，做好善后工作。图2-2为接待客户电梯排序图。

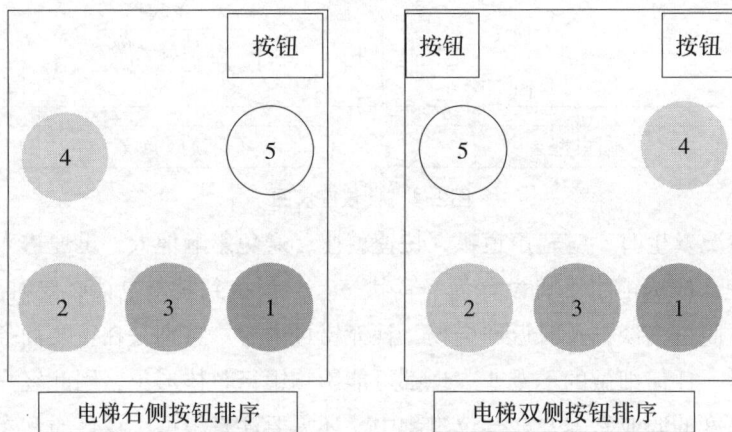

图2-2　接待客户电梯排序图

商务宴请、参观考察和商务谈判等特殊场合的接待工作要求更高。宴请接待时要选择合适场所，确定宴会规模，提前确认菜品，了解客户饮食禁忌，合理安排桌次，预留备用包厢。迎宾礼仪要求提前到达现场，核对宾客名单，分工明确，有序迎接，得体引领，周到介绍。座次安排需确定主宾位置，按级别排座，同级交叉而坐，注意照顾文化差异。用餐服务要把控菜品顺序，合理安排酒水服务，注意用餐节奏，随时关注需求。参观考察接待要求行程安排合理，时间适中，精选景点，交通舒适，适度休息，预留弹性时间。引导人员需熟悉路线，讲解生动，语速适中，注意互动，协助拍照，准确答疑。安全保障方面要关注天气，了解路况，准备应急方案，配备医药用品，购买保险。商务谈判接待中，会前需做好会议室布置，准备齐全资料，配备茶水点心，调试电子设备，安排翻译人员，制定紧急预案。谈判过程中要把控会议节奏，记录要点，协调各方意见，维持谈判氛围，妥善处理分歧，推进共识达成。签约仪式接待尤为重要，场地布置要庄重，签约台要醒目，座次安排得当，道具准备齐全，规划媒体区域流程要精准。仪式开始前要进行场地最后检查，确认人员就位，完成设备调试，摆放整齐资料，准备到位茶水，核对来宾信息。仪式进行中要引导嘉宾入场，控制节奏，协助签约，组织照相环节，配合媒体采访，妥善处理突发事件。仪式结束后要整理签约文件，组织合影留念，安排茶歇晚宴，确认新闻稿件，发送感谢信，做好资料存档工作。

接待工作中的礼品赠送、跨文化交流和安全管理工作同样重要。礼品选择要体现企业文化，突出地方特色，价值适中，注重实用性，包装大方，寓意美好。赠送时机包括重要节日、庆典仪式、开业庆典、项目签约等场合。赠送时要双手递送，语言简练，情感真挚，说明清晰，注意场合，把握分寸。跨文化接待中，欧美客户注重时间观念和个人空间，握手要有力，称谓正式，以直接沟通为主。日韩客户重视礼节和等级，双手递送名片，决策讲究群体，重视关系维护。中东客户需尊重宗教习俗，注意性别差异，时间安排灵活，场所考究。东南亚客户重视关系融洽，态度谦和，感情维系，礼节周到。安全管理涵盖人身安全、财产安全、信息安全和食品安全等方面。人身安全要了解健康状况，准备应急药品，熟悉医院位置，配备医护人员。财产安全包括贵重物品保管，证件妥善存放，现金集中管理，物品定期清点。信息安全强调涉密资料管理，通信安全防范，文件及时销毁，严格把控权限。食品安全要求严格挑选餐厅，检查食材新鲜度，把控卫生标准，了解饮食禁忌，标注过敏源，准备应急预案。重要客户维护工作需建立日常联络机制，提供增值服务，深化关系维系，实现互利共赢发展。公关危机处理能力也是客户经理必备的专业素质，面对投诉要耐心倾听对方诉求，及时回应问题，妥善解决矛盾，跟踪处理结果，总结经验教训，改进服务质量。媒体应对要统一口径发声，准确发布信息，及时回应质疑，避免不当言论，积极引导舆论，展现诚恳态度。意外事件发生时要快速启动预案，明确分工，及时控制局面，有效安抚情绪，妥善处理善后工作。关系修复过程中要真诚沟通对话，明确问题症结，提出解决方案，跟进落实结果，恢复互信关系，建立长效机制。通过规范化、专业化的接待工作，提升服务品质，提高客户满意度，推动银行业务持续健康发展。

团体客户接待有其特殊性，需要在团队欢迎环节布置欢迎横幅，选择合适的集合地点，配备引导人员，准备物料发放，确认分组名单，制订应急方案。团建活动中要提前踏勘场地，设计活动流程，合理安排分组，准备齐全道具，明确人员分工，落实后勤保障工作。通过系统化、规范化的接待工作体系，加强重要客户关系维护，提升服务质量和客户满意度，助力银行业务持续发展。银行客户经理要将接待工作作为提升专业能力的重要内容，在实践中不断积累经验，完善接待技能，提高服务水平，展现良好的职业素养和专业形象。

三、餐饮礼仪

商务宴请礼仪不仅体现客户经理的专业素养和服务水准，更是维护客户关系的重要纽带，需要在场地选择、座次安排和时间把控等方面严格遵守规范要求。场地选择需根据客户身份确定档次，考虑客户饮食习惯，选择环境安静幽雅、交通便利的场所。座次安排上，主宾座位应朝向大门，主陪位于主宾对面，其他人员按职级依次安排，同级交叉而坐。用餐时间应把控适度，午餐一般控制在2个小时内，晚餐不超过3个小时，注意照顾客人日程安排。中式宴请礼仪要求餐具使用规范，公筷公勺摆放整齐，夹菜转盘适度。敬酒环节主人先敬主宾，依次照顾其他客人，用语得体，姿势端正，不强制劝酒。菜品服务需按传统顺序上菜，注意温度和分量适中。宴会组织需做好前期准备工作，包括预订场地、确认菜单、核实人数、明确预算等。现场管理要求引导有序，服务周到，把控节奏。图2-3为餐桌位次安排。

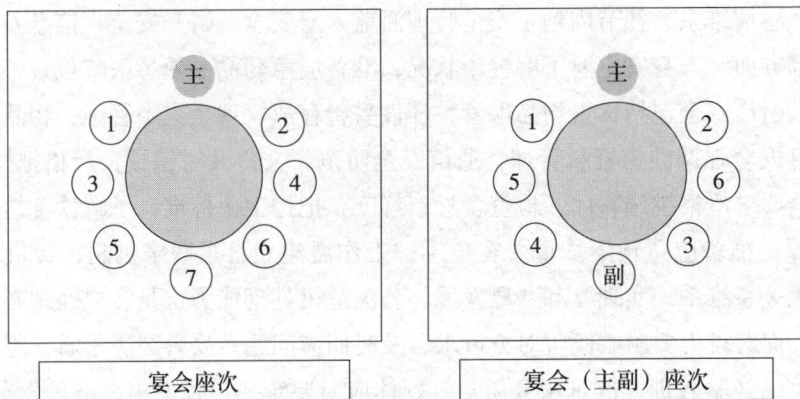

图2-3 餐桌位次安排

商务餐饮中的西式礼仪和酒水礼节作为国际化交往的重要组成部分，需要客户经理具备专业的礼仪知识和熟练的操作技能。西式餐饮礼仪强调餐具使用规范，遵循由外向内依次使用的原则，刀叉使用规范，餐巾使用得体。用餐时要求汤品食用安静，主菜切割规范，进餐速度均匀，保持餐桌整洁。与服务人员互动时，沟通要明确，特殊需求提前说明，结束时致谢有礼。酒水礼仪方面，选择需按客人喜好，档次适中得当，种类丰富适度。倒酒时遵循女士优先，按座次顺序，注意倒酒容量，动作轻柔，及时添加补充。酒桌交谈话题应轻松愉快，避免禁忌内容，照顾客人情绪，把握谈话分寸。对于餐桌社交关系的处理，应了解客户背景，把握交往分寸，建立信任基础，保持适度距离，维护长期关系，注意工作边界。在情感维系方面，需要真诚待人接物，用心服务客户，建立感情纽带，创造共同话题，分享成功经验，营造和谐氛围。

跨文化商务餐饮礼仪作为国际业务拓展的关键环节，要求客户经理深入了解不同地区的文化特点和饮食禁忌，以确保商务交往的顺利进行。在签约庆功宴上要注意菜品档次提升，准备充足酒水，营造热烈氛围；培训交流会多采用自助餐形式，注重时间把控和交流充分度；客户生日宴要体现温馨氛围，准备蛋糕和礼物；节日团圆饭需准备传统菜品，营造文化氛围。费用管理方面需要制定合理预算，依据客户级别，参考市场价格，控制人均标准，预留机动费用，明确支付方式，记录详细清单。费用控制要注意菜品合理搭配，酒水适度选择，人数精准控制，避免铺张浪费，执行费用标准，确保规范使用。

商务餐饮中的突发情况处理和风险防范机制的建立对维护良好的客户关系和银行形象具有重要意义。遇到食物问题要立即停止食用，诚恳道歉并及时更换；客人身体不适需及时送医处理，妥善安抚情绪；酒水失态情况要及时制止劝阻，妥善安置并保护个人隐私。餐桌谈话应选择轻松愉快的话题，围绕共同兴趣领域和行业动态展开交流，语速音量适中，用语得体，适当展现幽默。在风险防范措施方面，食品安全需要重视，应选择正规场所，食材严格把关，卫生要求严格，餐具消毒到位，制定突发情况预案，明确责任界定。舆情防范要把控聚餐范围，注意言行分寸，避免敏感话题，防止信息泄露，维护行业形象，遵守行为规范。饮酒管理要控制酒水种类，把握饮酒节度，安排代驾服务，防止酒后失态，关注身体状况，确保安全送达。

商务餐饮作为客户关系维护和业务拓展的重要平台，需要通过系统化的管理和长期的经营来实现价值创造和互利共赢的目标。通过定期聚餐交流、重要节日宴请、生日关怀等方式进行感情投资，实现行业信息交流、市场机会分享、业务合作对接等资源共享，提供专业建议、定制解决方案、供给增值服务，确立战略伙伴关系，实现持续价值创造。餐后礼仪要求恪守规范，在离席时要等候主人示意，起身动作轻缓，致谢问候得体，互道珍重再见，保持微笑礼貌，整理餐桌环境。后续跟进工作包括发送感谢信息，确认重要事项，征询意见建议，及时解决问题，约定后续安排，维护持续关系。通过建立完善的商务餐饮礼仪体系，提升客户经理的专业服务水平，提高客户满意度，推动银行业务持续发展，实现商业银行的经营目标和客户价值的共同提升。

第三节　电话及书面沟通礼仪

电话沟通礼仪作为客户经理日常工作的重要组成部分，建立了规范化的电话礼仪体系和服务标准。电话接听礼仪要求在铃响3声内接听电话，使用规范的问候语和称谓，语气亲切自然，注意语速和音量的控制，准确记录沟通内容并及时复述确认。电话拨打礼仪强调选择适当的通话时间，开场语简明扼要，说明身份和来意，注意通话时长的把控，结束语要礼貌得体。电话预约礼仪要求提前与客户沟通确认时间，说明预约事由和所需时间，做好相关准备工作。语音留言礼仪包括语音信箱使用规范，留言内容清晰明确，包含必要的联系信息。移动电话使用礼仪强调在公共场合控制通话音量，避免在不适当的场合接打电话，注意保持手机铃声的得体性，在重要会议场合将手机调至静音或振动模式。

书面沟通礼仪规范涵盖了各类商务文书的写作规范和使用要求，体现专业化的书面沟通标准。商务信函写作规范包括信头、称谓、正文、落款等各个部分的格式要求，内容表述要言简意赅、逻辑清晰、用语规范，注意标点符号的正确使用和段落划分的合理性。电子邮件礼仪强调邮件主题要简明扼要，正文内容结构完整，署名和联系方式规范，对邮件发送时间和回复时效性进行把控。商务报告写作要求格式规范，层次分明，数据准确，观点鲜明，提供有价值的分析和建议。会议纪要要求完整准确记录会议内容，整理归纳会议重点，及时发送会议纪要。合同文本书写规范强调条款表述严谨，用语专业规范，格式符合要求。

新媒体沟通礼仪规范适应了现代通信技术发展需要，构建了多渠道的客户沟通体系。微信沟通礼仪要求建立专业的朋友圈形象，发布内容要积极向上，互动交流要注意分寸，群聊要遵守群规，工作时间要保持及时回复。社交媒体使用礼仪强调发布内容要真实可靠，言论要理性客观，注意保护个人隐私和客户信息。在线会议礼仪包括视频会议着装要求、背景环境布置、发言秩序维护等内容，确保线上会议有序进行。即时通信工具使用规范要求工作交流用语专业，表情符号使用得当，重要信息及时确认。文件传输礼仪强调文件命名规范，格式要求统一，传输方式安全可靠。

通过规范化的电话及书面沟通礼仪的执行，客户经理能够在各类沟通场景中展现专业形象，提升沟通效果，增进客户关系。

一、语气语调

商业银行客户经理在日常工作中针对不同客户群体采取差异化的语气语调策略与沟通方式，是服务能力和专业素养的体现。对企业高管客户，语气要沉稳专业，展现对等地位，语速节奏平稳，重点内容突出，专业术语运用准确，观点表达简明扼要；对中小企业主，语气要亲切自然，专业知识通俗化表达，解决方案详细说明，业务优势重点突出；对个人贵宾客户，语气要谦和有礼，沟通节奏放缓，理财方案细致讲解，关注个性化需求；对普通零售客户，语气要亲和友善，产品介绍简单明了，服务态度积极主动，用语通俗易懂。在接待过程中，客户经理需要根据业务性质调整语气，确保专业形象的塑造和服务质量的提升，同时还要注意在不同场合下灵活调整语气语调，展现专业素养。不同场景的语气语调见表2-4。

表2-4　　　　　　　　　　　　　不同场景的语气语调

信贷业务办理	开场要专业规范，调查环节语气谨慎，风险提示语气严肃，额度测算语气精准，签约环节语气正式
理财产品销售	开场寒暄语气轻松，需求分析语气专业，产品介绍语气生动，风险提示语气谨慎，购买确认语气严谨
日常账户服务	问候语气温和亲切，业务办理语气严谨，等待过程语气平缓，完成服务语气愉悦，后续提醒语气贴心
投诉问题处理	接收投诉语气诚恳，问题分析语气客观，解决方案语气积极，进度通报语气及时，结果反馈语气负责

电话语气技巧的掌握和提升需要通过系统化的训练方法和持续的实践来实现。基础发声训练包括腹式呼吸练习、声音共鸣训练、咬字吐字练习、语速节奏控制、声调高低变化和情感投入训练；专业用语训练涵盖标准用语背诵、应急话术演练、礼貌用语运用、专业术语表达和客户话语解读；情境模拟训练需要覆盖日常业务接待、突发事件处理、投诉处理演练、产品销售情境和客户维护情境。通过系统化的训练，客户经理能够在电话沟通中展现专业的语气语调，提升服务质量。在日常工作中，要善于总结和积累电话沟通技巧，不断完善自身的语气表达能力，提高电话服务的专业水准。

商业银行客户经理在书面沟通中对语气的规范化要求涉及多个层面和具体标准。公文写作语气要文风严谨规范，措辞准确得当，层次分明清晰，表述客观理性，语气庄重平和，专业术语规范；商务邮件语气强调开场问候得体，事由表述清晰，内容陈述专业，请求表达恰当，结尾感谢自然；工作通知语气要内容表述明确，要求说明具体，时间节点准确，责任分工清楚；营销文案语气注重开场吸引注意，价值主张明确，情感共鸣适度，行动召唤明确，整体风格活泼。书面语气的把控需要在日常工作中不断积累经验，形成规范化的写作习惯，确保书面沟通的专业性和有效性。

商业银行客户经理在跨文化交际中的语气把控能力直接影响国际业务的开展效果和客户体验。面对欧美客户时，语气要开放直接，互动更为频繁，专业表述为主，决策传达清晰，强调时间观念；与日韩客户沟通时，语气要谦逊有礼，回应相对委婉，注重等级意识，强调集体决策，重视关系维护。团队协作语气方面，上下级沟通要恭敬有礼，执行态度明确，问题请教谦虚；同级协作要平等互助，理性协商，开放分享；跨部门沟通要明确专业，保持适度提醒，避免对立。在国际业务拓展过程中，要深入了解不同文化背景下的沟通特点，采取恰当的语气策略，建立良好的跨文化沟通氛围。

危机处理和特殊情况应对中的语气把控水平展现了客户经理的专业素养和应变能力。舆情危机处理中，信息发布语气要沉稳，回应质疑要理性，态度表明要诚恳，整改措施要坚决，后续跟进要负责；重大投诉处理时，接收投诉要平和，分析问题要客观，解决方案要积极，协调处理要谨慎，结果反馈要负责；突发事件应对中，情况通报要镇定，工作部署要果断，团队协调要坚定，进展通报要及时，总结反思要严肃。客户情绪激动时，回应要平和，询问要诚恳，解决要积极，反馈要及时，处理要负责；业务办理延误时，道歉要诚恳，说明要坦诚，补救要积极，承诺要谨慎，感谢要真诚；系统操作故障时，提醒要得体，等待要耐心，解释要专业，方案要积极，通知要及时。

客户经理的专业形象塑造和长期客户关系维护离不开语气技巧的灵活运用和持续改进。业务讲解要自信，方案建议要稳重，风险提示要严谨，问题解答要准确，态度要始终如一；在亲和力建立方面，问候要真诚，交流要平等，倾听要积极，帮助要真心，情感投入要适度。日常维护要求定期问候语气亲切，业务信息更新专业贴心，市场动态分享专业客观，节日祝福传递真挚温暖；重点维系工作中，重大节点要特别用心，困难时刻要体现共情，成功时刻要真诚祝贺，家庭关怀要温暖体贴，长期信任要始终如一。通过规范化、专业化的语气语调管理，提升客户服务质量，深化银行与客户的合作关系，实现共同发展。

商业银行客户经理在长期业务发展过程中需要建立完善的语气管理和提升机制。通过定期总结分析，找出语气问题；案例研讨交流，分享优秀经验；专项培训辅导，提升语气技巧；个性化指导，改进个人不足；持续跟踪反馈，巩固提升效果。在新人培养期，语气要规范标准，严格按照模板，用语要谨慎准确，态度要谦虚谨慎；成长成熟期，语气逐步自然，形成个人特色，用语更加灵活，处理更有经验；业务骨干期，语气特色鲜明，个人风格突出，用语精准到位。通过系统的培养机制，帮助客户经理在不同发展阶段树立良好的语气语调风格，提升专业服务水平。

二、用语规范

商业银行客户经理规范用语体系的建立和执行对提升专业服务质量具有重要意义，需要从礼貌用语、业务用语和特殊场景用语等多个方面进行系统化规范。基本礼貌用语中，问候语应使用"您好""早上好"等标准问候，道谢用语选择"感谢您的配合""谢谢您的理解"等，道歉语采用"抱歉让您久等""很抱歉给您带来不便"等措辞，告别语运用"再见""祝您生活愉快"等温馨话语。业务服务用语要求规范化表达，包括"请问有什么可以帮您""这边请""请您稍候片刻"等接待语，"请您出示有效证件""请您在这里签字"等业务办理指引语，以及"请您妥善保管密码""请注意防范电信诈骗"等安全提示语。电话沟通中要注意使用标准开场语"您好，这里是××银行"，交谈过程中使用"请问您是××先生/女士吗""您稍等，我帮您查询"等服务用语，结束时要说"还有什么可以帮您的吗""感谢您的来电"等礼貌用语。在日常工作中，还需要注意纠正不规范用语，避免使用口语化表达和不当称谓，保持用语的专业性和规范性。公文写作的注意事项见表2-5。

表2-5　　　　　　　　　　　　　公文写作的注意事项

标题	规范使用"关于""××通知""××报告"等表述
正文	采用"现通知如下""经研究决定"等措辞
结尾	运用"特此通知""此致"等标准格式
称谓	使用"尊敬的客户""亲爱的用户"等恰当称呼
工作通知	要使用"定于""预计""计划"等明确的时间用语，采用"务必""需要""请"等得体的要求用语，运用"请于××前回复""请按要求填报"等明确的反馈用语
签名	内部文件要注意职务完整标注，日期格式标准，签字工整清晰

特殊业务场景下的用语规范要求客户经理具备丰富的实践经验和灵活的应变能力，以确保服务质量和专业形象。客户投诉场景中，初次接待要用"请您详细说明具体情况"等语言了解情况，问题询问要使用"这个问题发生的时间是""影响的范围有多大"等具体问句，安抚用语要表达"您的心情我完全理解""我们一定会认真处理"等态度，解决方案的表述要使用"我们拟定如下处理方案""如果您觉得合适的话"等商议性语言。业务谈判场景中要注意使用"感谢贵公司一直以来的支持"等开场寒暄语，"我们的合作方案是这样考虑的"等条件商议语，"这一点我们可以进一步商讨"等分歧处理语，以及"我们对这个方案都比较认可"等共识达成语。贵宾接待场景要使用"欢迎莅临我行""让我为您介绍一下""请问您需要喝点什么"等体现尊重和周到的服务用语。在面对不同行业客户时，还需要掌握相应的专业术语和行业用语，如制造业客户的"生产线""设备改造""技术升级"，贸易企业客户的"信用证""提单""报关单"，科技企业客户的"知识产权""研发投入""技术壁垒"等专业用语。

商业银行的书面材料用语规范和团队用语标准需要通过系统化的管理和持续的改进来维护和提升。业务方案写作中要善用"鉴于""基于""根据"等项目背景引出语，"拟定""计划""设想"等方案内容规范用语，"首先采取""随后开展""最终实现"等执行步骤过程词，以及"预计达到""力争实现""确保完成"等目标语。调研报告用语需要在开篇使用"为了""通过""经过"等目的语，在调研过程描述中使用"实地走访""问卷调查""深入了解"等方法词，在问题分析中使用"主要表现在""具体存在""亟待解决"等分析语，在建议对策中使用"建议采取""可以考虑""有必要"等建议用语。在团队用语统一方面，要制定日常服务用语标准，规范业务办理用语，统一营销推广用语，确保团队整体的服务质量和专业形象。书面表达技巧的提升需要通过优化结构布局，使标题醒目规范，段落层次分明，重点内容突出，格式排版规范；同时要注意用词精准专业，句式简洁明了，过渡自然流畅，语气得体有度，符合商务规范要求。

特殊文书类型的用语规范要求客户经理深入掌握业务知识并严格执行相关标准和要求。授信业务材料中要规范使用"兹有""现申请""拟授信"等规范表述，"经调查""综合评估""风险可控"等专业用语，以及"同意授信""建议批准""风险可承受"等规范表达；理财产品说明书需要使用"本产品""该项理财""投资方向"等专业用语，"本金不保证""风险等级""最大损失"等风险提示用语，以及"业绩比较基准""实际收益率""收益支付方式"等专业术语；法律文书则需要严格使用"甲方""乙方""兹约定""双方确认"等法律用语，"申请人""被申请人""请求事项""事实理由"等规范表述，以及"逾期通知""履行义务""承担责任"等严谨用语。通过建立完善的用语规范体系，提升书面沟通效果，提高工作效率，推动业务发展，实现客户经理和银行的共同进步。

三、通话技巧

商业银行客户经理的电话通话规范作为服务体系和专业形象建设的核心内容，需要从基础规范、技巧提升和效果评估等多个维度建立完善的管理体系。电话接听要求在铃声响起3声内应答，语气明快饱满进行问好，准确报出本人姓名部门，认真倾听客户来意，简要记录重要信息。拨打技巧强调选择恰当时间，确认号码准确，准备所需资料，开场语简明扼要，表明来意言简意赅，注意通话时长控制。在通话过程中要保持耐心倾听，适时给予回应反馈，语速节奏适中，重要内容及时记录，结束时做好总结。通话质量的提升需要通过系统化的声音训练，包括腹式呼吸练习、声音共鸣训练、咬字吐字训练、声调高低控制和情感投入练习，同时要加强听说技巧的提升，培养积极倾听能力、快速反应能力、语言组织能力、问题分析能力和总结归纳能力。此外，通话工具的规范使用，包括固定电话功能熟悉、免提设备正确使用、录音系统操作掌握、通话记录及时填写等，都是提升通话质量的重要保障。

商业银行客户经理面对不同业务场景和客户群体时需要采取差异化的通话策略和服务技巧。业务咨询接听时要耐心了解客户需求，准确理解咨询重点，专业解答客户疑问，确保信息传递准确，提供延伸性建议；业务办理沟通中要详细告知办理流程，说明所需材料，解释注意事项要点，预估办理时间，约定具体办理时间；营销电话技巧则强调开场要引起客户兴趣，快速切入营销主题，突出产品核心优势，针对性回应客户疑虑，把握最佳营销时机。在面对不同客户群体时，高端客户通话要注重专业化表达，语气沉稳有度，问题解答准确，方案建议专业；企业客户通话要重视商务礼仪，把握主要诉求，解决方案明确，操作流程清晰；个人客户通话则需要态度亲切耐心，解释通俗易懂，重点内容及时复述，答疑细致周到。通话效果的评估标准包括客户满意度、业务达成率和规范达标率等多个维度，通过科学的评估体系不断提升服务质量。

特殊情况处理和突发事件应对作为考验客户经理通话技巧和应变能力的关键环节，要求建立完善的处理机制和标准流程。通话中断时要记录关键信息，主动回拨解释道歉，衔接上次通话内容，确认信息传达完整；遇到噪声干扰要礼貌提醒信号不佳，建议更换安静环境，放慢语速清晰表达，重要内容多次确认；情绪性通话需要保持冷静专业态度，适时安抚客户情绪，采取换位思考立场，寻找有效解决方案。投诉处理通话要求在初次接听时保持冷静理性，认真倾听诉求，记录投诉要点，表达理解同情；在问题分析阶段要梳理事件经过，核实相关信息，分析问题原因，评估影响程度；在解决反馈环节要及时沟通进展，解释处理方案，征求客户意见，达成解决共识。语言障碍处理需要使用简单用语，放慢语速节奏，适时使用数字辅助说明，重要内容反复确认；多方通话则需要明确各方身份，协调发言顺序，控制会话节奏，总结各方意见，达成共识。

团队协作通话和内部沟通效率提升机制的建立对提高银行整体服务水平和运营效率具有重要意义。内部沟通要求开场语简洁，重点直接明了，行动指示清晰，确认执行时间，反馈要求具体；跨部门协作强调明确协作事项，说明配合要求，确定时间节点，落实责任分工，保持信息同步；紧急事项处理需要快速说明情况，明确处理要求，指定责任人员，确定完成时限。通话记录管理规范要求完整记录通话时间、客户信息、联系方式、事项内容、处理过程和后续安排，建立分类存档管理制度，执行信息安全保护措施，防范泄露风险。通话质量监控体系包括实时监控要求、录音质检标准和改进提升机制，通过系统化的管理确保服务质量持续提升。

商业银行在通话技能提升方面应建立科学的培训体系和长效发展机制。基础训练包括标准用语背诵、情景模拟演练、录音回放分析、优秀案例学习和实战经验总结；提升训练涵盖难点问题演练、复杂情况处理、应急预案模拟、团队协作配合和创新方法尝试；专业化训练强调产品知识掌握、业务流程熟悉、风险意识培养、服务技能提升和沟通能力强化。通过系统化的培训和持续的实践，帮助客户经理形成良好的通话习惯，树立专业的服务形象，达到提升客户体验和推动业务发展的目标。在日常工作中，客户经理要注重通话细节的改进和服务品质的提升，通过定期总结、分析、改进，不断完善通话服务体系，提高通话效率和服务质量，实现个人成长和银行业务发展双赢。

本章小结

商业银行客户经理的职业形象管理和商务礼仪规范体系涵盖了职业着装、仪态举止和个人形象管理等多个维度，构成了完整的专业形象塑造体系。职业着装方面，男士需选择深色系正装、浅色衬衫搭配素色领带，展现稳重专业形象；女士着装要求职业套装，搭配统一，整洁大方。针对日常办公、客户拜访、商务谈判等不同场合，要进行相应的着装调整，确保职业形象的场合适应性。仪态举止要求行走姿态稳健有力，坐姿端正自然，站姿挺拔有气质，与客户交谈时保持适度眼神交流，手势自然得体，整体表现体现职业素养。个人形象管理强调精神面貌积极饱满，仪容整洁利落，个人卫生严格要求，通过细节管理树立专业形象。

商务礼仪规范系统地规定了会议、接待和餐饮等多个场景下的行为准则和服务标准。会议礼仪强调会前准备、会中表现和会后跟进的系统性，要求会前提前到场准备资料，会中遵守纪律专心参与，会后整理记录落实工作，针对内部例会、客户洽谈、签约仪式等不同类型会议制定相应的礼仪规范。接待礼仪体现服务的规范化和专业化，来访客户接待要做到迎送有礼、介绍得当、服务周到，拜访客户时注重预约、着装、谈话等环节的规范性，特殊客户接待需考虑客户身份特点，提供差异化服务。餐饮礼仪要求在商务宴请中严格把控座次安排，主宾位置合理设置，把握宴请节奏，遵守餐桌礼仪规范，针对不同文化背景的客户充分考虑其饮食习惯和文化禁忌，体现服务的专业性和文化敏感度。

沟通礼仪作为客户经理日常工作的核心内容，建立了完整的语言表达和交流规范体系。电话沟通要求保持声音明亮、语速适中、语气亲切，书面沟通强调使用规范用语，保持语气平和专业，不同场合需根据对象调整语气语调，确保沟通效果。用语规范包括礼貌用语、专业用语和书面用语三个层面，要求准确使用标准问候语、感谢语、告别语等礼貌用语，掌握银行专业术语，遵守公文写作规范。通话技巧体系涵盖基本通话规范、特殊情况处理和投诉处理技巧，通过建立通话质量的监控和改进机制，不断提升服务水平，树立银行专业服务形象。

课后习题

一、单项选择题

1.客户经理在日常工作中，着装应遵循的基本原则是（　　）。

A.追求时尚前卫　　　　　　　B.展现个人特色

C.符合职业特点　　　　　　　D.突出品牌价值

2.商务宴请中，座位安排错误的是（　　）。

A.主宾位于主人右手位置　　　B.主人面向门口就座

C.陪同人员按级别安排　　　　　D.女士优先安排靠门位置

3.接待客户时，正确的站姿是（　　　）。

A.双手抱于胸前　　　　　　　　B.双手背于身后

C.双手自然下垂或交叠于腹前　　D.双手插在口袋中

4.电话沟通中，接听座机的正确时间是（　　　）。

A.铃响1声内　　　　　　　　　B.铃响2声内

C.铃响3声内　　　　　　　　　D.铃响4声内

5.书面用语中，不规范的称谓是（　　　）。

A.尊敬的客户　　　　　　　　　B.贵公司

C.老板　　　　　　　　　　　　D.先生/女士

二、多项选择题

1.商务场合女士着装要求包括（　　　）。

A.正装套装优先　　　　　　　　B.裙装长度适中

C.妆容淡雅得体　　　　　　　　D.高跟鞋不超过7厘米

E.配饰简单大方

2.会议礼仪的基本要求包括（　　　）。

A.准时到场　　　　　　　　　　B.衣着整洁

C.带齐会议资料　　　　　　　　D.关闭通信工具

E.专心参会

3.接听客户电话应注意（　　　）。

A.语气亲切温和　　　　　　　　B.用语规范专业

C.重点信息记录　　　　　　　　D.解答耐心细致

E.及时回应反馈

三、简答题

1.客户经理日常工作中应如何塑造良好的职业形象？

2.试述商务接待的主要礼仪规范。

第二章课后习题答案

第三章 客户关系管理

一位优秀客户经理的成长故事

张丽入职某股份制银行已经五年，从一名普通客户经理成长为分行零售业务部的金牌客户经理。她管理的客户资产规模从最初的 5 000 万元增长到现在的 5 亿元，客户满意度始终保持在 95% 以上。谈到成功经验，她说："客户关系管理就像种树，需要选对土壤、合理播种、精心培育，才能收获丰硕成果。"

回顾工作历程，张丽拥有了一套完整的客户管理体系：建立客户档案，记录每位客户的需求特点；定期走访联络，了解客户近况；针对不同客户群体提供差异化服务；通过老客户介绍发展新客户。这些工作为她赢得了客户的信任和口碑。

案例思考

第一节 客户关系管理基本理论

客户关系管理作为商业银行经营管理的核心内容，构建了系统的理论框架和实践体系，体现了以客户为中心的经营理念。客户关系管理的基本理论包括客户价值理论、客户满意度理论和客户忠诚度理论等核心内容，揭示了客户关系发展的内在规律。客户价值理论强调通过分析客户对银行的贡献价值和银行为客户创造的服务价值，实现价值的双向交换和共同提升。客户满意度理论关注客户对银行产品和服务的感知评价，通过持续改进提升客户体验，满足客户不断增长的金融服务需求。客户忠诚度理论研究客户与银行之间的长期合作关系，通过提高客户黏性和信任度，培养稳定的客户群体，实现银行可持续发展。

客户关系管理的运行机制建立在科学的管理流程和完善的组织体系基础之上，推动客户关系管理工作规范化开展。客户信息管理机制要求建立完整的客户信息采集、存储、分析和应用体系，通过数据挖掘发现客户需求特征和行为规律，为精准营销和风险管理提供支持。客户分类分层管理机制按照客户规模、贡献度、发展潜力等指标进行客户分类，实施差异化的营销服务策略，优化资源配置效率。客户维护管理机制包括日常联系、定期拜访、节日关怀等维护措施，保持与客户的良好互动关系。客户投诉管理机制建立了投诉受理、处理、反馈和改进的闭环管理流程，及时解决客户诉求，提升服务质量。

客户关系管理的创新发展顺应金融科技发展趋势，运用新技术手段提升管理效能。数字化客户关系管理通过大数据分析、人工智能等技术手段，实现客户画像精准刻画，提供个性化产品推荐，优化服务流程体验。社交化客户关系管理利用社交媒体平台开展客户互动，建立多渠道沟通机制，增强客户联系黏性。场景化客户关系管理围绕客户生活场景和业务场景，嵌入金融服务功能，提供便捷的一站式服务体验。智能化客户关系管理应用智能客服、智能营销等工具，提高服务响应效率，降低运营成本。通过客户关系管理的持续创新，推动银行建立更加紧密的客户关系，创造更大的客户价值，实现银行与客户的共同发展。

一、客户关系管理的定义和目标

（一）客户关系管理的基本定义

商业银行客户关系管理作为现代银行经营管理的核心理论和实践体系，通过建立系统化的客户维护机制和服务流程，实现银行与客户的长期互利共赢。从银行经营管理的实践数据来看，维系现有客户的成本显著低于开发新客户，而稳定的客户群体能够带来持续的业务增长和客户推荐，这凸显了客户关系管理对提升银行核心竞争力的重要意义。从管理理论角度来看，客户关系管理强调以客户为中心，通过对客户信息的全面收集、系统分析和深度应用，实现精准的客户识别和服务。从实践角度来看，客户关系管理需要通过标准化的业务流程、专业化的服务团队和信息化的管理工具，为客户提供全方位的金融服务解决方案。

客户关系管理系统还包含风险管理、价值评估、资源配置等多个维度的系统工程，需要银行建立完整的管理体系和工作机制。通过持续监测和分析客户行为数据，银行可以准确把握需求变化，调整服务策略，提升客户满意度和忠诚度。在管理实践中，客户关系管理需要建立科学的评估体系，对客户价值进行动态评估，实现资源的优化配置。同时，客户关系管理还要注重风险防控，建立完善的风险预警机制，确保业务发展的稳健性和可持续性。

商业银行在建立客户关系管理体系时需要充分考虑金融市场环境变化和科技发展趋势。随着金融科技的快速发展，客户关系管理逐渐向数字化、智能化方向转型，通过大数据分析、人工智能等技术手段提升管理效率和服务水平。在管理模式上，强调多渠道整合和场景化服务，通过线上线下融合为客户提供无缝服务体验。在风险控制方面，运用科技手段加强交易监测和风险预警，建立全方位的风险防控体系。通过创新发展，推动客户关系管理向更加精细化、智能化的方向发展。

（二）客户关系管理的主要内容

客户关系管理的主要内容包括客户信息管理、业务往来管理和日常维护工作三大基础模块。客户信息管理要求建立完整的客户基础信息档案，记录客户的行业背景、经营状况、财务数据等基本信息，实时更新客户的业务需求变化，掌握客户的产品使用情况，通过系统化的信息收集和分析，形成全面的客户画像。业务往来管理强调对客户各类金融业务的全程跟踪，包括存贷款、理财投资、中间业务等服务使用情况，通过分析客户的业务贡献度，评估客户综合价值，建立预警机制，防范潜在风险。日常维护工作包括制订走访计划，定期开展主动拜访，节假日问候关怀，组织客户活动，提供市场信息服务，推送产品信息，保持持续沟通联系。同时，针对不同类型客户建立分层分类管理体系，根据客户规模、业务贡献、发展潜力等维度进行科学分类，实施差异化服务策略。

客户关系管理的深度开发利用要注重挖掘客户各类金融需求，提供综合服务方案，根据客户特点设计个性化产品组合，整合内外部资源，满足客户多样化需求，创新服务模式，培育忠诚客户群体。在产品服务体系建设方面，要根据客户需求特点构建多层次的产品线，涵盖存贷款、理财投资、支付结算、投资银行等各类金融服务，通过产品创新满足客户个性化需求。同时，要注重产品的组合营销和交叉销售，提高客户产品覆盖度和使用深度。在风险管控体系方面，需要建立客户信息保密制度、交易监测预警、投诉处理机制等多个方面的管理制度，确保客户关系管理工作的规范性和安全性。通过建立完善的客户信用评级体系、交易监控系统和风险预警机制，实现对客户关系风险的全面管控。要加强客户投诉管理，建立快速响应机制，及时处理客户诉求，维护客户关系。

客户关系管理工作还需要建立专业的服务团队和技术支持系统。在团队建设方面，要加强客户经理的专业培训，提升产品知识水平和风险管理能力，培养创新服务意识，建立协同高效的团队合作机制。设立专门的培训体系，通过内部培训、外部交流、案例研讨等多种形式，提升团队的专业服务能力。在绩效考核方面，建立科学的评价指标体系，包括业务发展、风险控制、客户满意度等多个维度，通过量化考核推动管理水平的持续提升。在系统支持方面，要充分运用信息技术手段，建设功能完善的客户管理系统，实现客户信息的集中管理和共享应用。通过大数据分析、人工智能等技术手段，提升客户需求分析和服务响应能力。建立客户关系管理数据平台，实现客户信息的全面采集、深度分析和价值挖掘。同时，要注重系统的安全性和稳定性，确保客户信息安全和业务连续性。

（三）客户关系管理的目标体系

客户关系管理的目标体系涵盖战略发展、经营管理和客户服务三个层面的系统性目标规划。战略发展目标强调通过优质的客户关系管理扩大市场份额，提升品牌影响力，推动业务规模持续增长，实现经营效益稳步提升，构建差异化竞争优势，巩固市场领先地位，建立长期合作伙伴关系，培育高质量客户群体。在经营管理目标方面，着重提升客户服务质量，提高客户满意度，降低维护成本，提升经营效率，扩大综合金融服务范围，加强风险管控能力，优化资源配置效率。客户服务目标聚焦满足客户多样化需求，提供个性化服务，建立专业服务体系，创新服务模式，加强关系维护，提升客户忠诚度。通过目标的合理设定和分解，形成完整的考核评价体系，建立科学的激励约束机制，推动客户关系管理工作的规范化和标准化。

针对不同客户群体制定差异化的管理策略和服务标准，构建层次分明的客户服务体系。对战略客户配备专业服务团队，提供一揽子金融服务，建立高层互访机制，深化战略合作关系；对重点客户制订培育计划，提供综合金融产品，开展定期走访服务，挖掘业务潜力；对一般客户提供标准化服务，建立常态化维护机制，提升服务效率。具体考核指标设计包括客户规模增长率、产品渗透率、客户满意度、风险管控水平等多个维度的量化指标，通过科学的考核机制促进客户关系管理工作的专业化发展。同时，建立客户价值评估体系，从客户贡献度、发展潜力、战略价值等方面进行综合评估，实现资源的优化配置。在服务标准化建设方面，制定详细的服务规范和操作流程，确保服务质量的一致性和可持续性。通过制度建设和流程优化，不断提升客户服务的专业化水平。

在长期发展目标方面，要注重客户关系管理创新，积极运用金融科技手段提升服务效率和客户体验。通过大数据分析、人工智能等技术创新，实现精准营销和智能服务，提高客户需求响应速度和服务准确性。构建开放银行生态系统，拓展服务场景，满足客户多样化金融需求。在风险管理方面，加强全面风险管理体系建设，建立健全风险预警机制，确保业务发展的稳健性。推动管理机制持续优化，完善考核评价体系，建立长效发展机制。在价值创造方面，注重银行与客户的互利共赢，通过优质服务和专业支持，助力客户业务发展，实现双方价值的共同提升。同时，要加强品牌建设和市场影响力提升，通过树立良好的服务口碑，扩大市场份额，巩固竞争优势。通过目标引领实现客户关系管理体系的不断完善和创新发展，为银行的可持续发展提供有力支撑。在长期目标实现过程中，要注重战略调整和创新突破，适应市场环境变化，把握发展机遇，实现客户关系管理工作的持续优化和升级。

二、客户生命周期管理

商业银行客户生命周期管理作为一套贯穿客户开发、成长、成熟到衰退全过程的系统化经营管理体系，通过科学化、规范化和精细化的管理方法实现银行与客户的共同发展。在客户开发期，商业银行需要通过深入的市场调研锁定目标客群，分析行业发展前景，筛选优质企业，评估客户发展潜力，制定针对性的开发策略。营销方案设计要突出银行产品优势，整合综合金融资源，提供差异化服务方案，在价格和服务方面形成市场竞争力。同时，要建立多元化的拓展渠道，包括发挥存量客户资源获取业务转介绍，参与行业商会活动扩大社交网络，举办市场推介活动扩大品牌影响，对接政府招商项目把握优质资源，形成完整的客户获取体系。在开发策略执行过程中，要坚持价值导向和风险管控并重的原则，通过专业化的营销手段和标准化的服务流程，建立完善的客户准入标准和风险评估机制，实现高质量的客户拓展。

商业银行在客户成长期的经营管理工作中需要建立全面的需求分析和产品服务配置体系，通过系统化的企业调研和专业化的金融服务推动客户业务发展。针对企业经营特点和发展阶段，深入分析财务报表数据并评估发展态势，研究行业发展趋势预判未来机会，收集客户反馈意见改进服务方案，建立动态评估机制并及时更新信息。产品服务配置方面，要设计完整的授信支持方案，提供结算便利化服务，推荐理财投资产品，开展供应链金融，提供专业咨询服务，满足客户在业务发展过程中的多样化金融需求。同时，要注重风险管理，建立贷前、贷中、贷后的全流程风险管控机制，加强授信审查和贷后管理，通过定期监测和动态预警，及时发现和化解风险隐患。通过综合营销扩大业务合作面，加强产品渗透提升客户贡献度，创新业务模式挖掘增长潜力，优化服务流程提升客户体验，建立长期合作关系巩固业务基础。

针对成熟期客户的经营管理策略着重在深化合作关系和提升客户价值方面下功夫，通过系统化的服务方案实现互利共赢的发展格局。在价值提升方面，重点开展综合金融服务，包括投资银行、财富管理、跨境金融、供应链金融等多元化业务，满足客户的高端金融需求。同时，提供投行顾问服务，协助企业开展资本运作，支持企业兼并重组，推进产业整合升级。在跨境金融领域，要围绕客户国际化经营需求，提供全方位的跨境金融服务方案，包括国际结算、外汇管理、海外投融资等业务。创新资管服务模式，通过资产证券化、资产管理、财富管理等业务，帮助企业盘活存量资产，实现价值提升。建立高层互访机制，开展专题研讨会，组织客户联谊会，提供培训咨询服务，通过多层次的交流互动增进双方了解和信任。风险管控方面要实施动态监测预警，加强授信审查力度，监控资金流向变化，关注行业发展趋势，建立快速响应机制。

商业银行对于衰退期客户的管理重点在于建立完善的风险识别、分类处置和帮扶纾困机制，通过科学的方法实现风险的有效防控和化解。风险识别方面要建立多维度的监测体系，密切关注经营指标变化，包括销售收入、利润水平、资产负债、现金流量等关键指标，跟踪行业发展态势，分析竞争格局变动，收集上下游反馈信息，建立早期预警机制及时发现风险隐患。针对不同类型的衰退期客户制定差异化处置策略，对暂时困难客户给予政策支持和融资帮扶，包括调整还款计划、提供过桥资金、增加授信支持等措施；对结构性问题客户推动业务转型升级，协助企业优化经营模式，调整业务结构，提升市场竞争力；对高风险隐患客户督促风险化解和债务重组，包括资产处置、债务重组、引入战略投资者等方式；对丧失竞争力客户适时退出服务，通过法律手段维护银行权益，将损失控制在最小范围。通过建立完善的风险处置机制，确保问题资产得到有效管理和处置。

客户转化升级管理作为生命周期管理的重要环节，是通过专业化的金融服务实现客户的持续成长和价值提升。对于具有发展潜力的成长型客户，要制订专门的培育计划，通过加大授信支持力度、开展综合金融服务、提供专业化咨询等方式，助力企业做大做强。重点支持企业技术创新和产业升级，包括研发投入、设备更新、产能扩张等领域，通过多元化的融资方案满足企业发展需求。对于准备上市的企业，要开展针对性的辅导服务，在规范治理、财务管理、信息披露等方面提供专业支持，协助企业对接资本市场。在存量客户经营方面，要通过深化业务合作关系，扩大服务范围，推进产品交叉销售，不断提升客户价值贡献水平。对于创新领域客户，要重点关注新兴产业、科技创新企业、专精特新企业等领域，通过创新服务模式满足其特色化金融需求，培育新的业务增长点。

生命周期管理的工具方法和考核机制作为重要的管理手段，需要建立系统化的管理平台和科学的评价体系。在工具应用方面，要充分运用金融科技手段，通过大数据分析、人工智能等技术构建客户画像模型，实现对客户行为特征、需求变化、风险状况的精准分析。建立完善的客户评级系统，从经营状况、财务表现、发展潜力、风险水平等多个维度进行综合评估，为差异化服务和精细化管理提供依据。同时，要建立标准化的业务操作流程和服务规范，通过流程再造和系统优化提升管理效率。在考核评价方面，要建立全面的指标体系，包括规模效益类指标如客户数量增长、业务规模提升、收入贡献度等，质量效益类指标如产品覆盖度、客户活跃度、风险控制水平等，以及服务质量类指标如客户满意度、问题解决率、服务响应速度等，通过量化考核推动管理目标的实现。

生命周期管理的创新发展需要紧跟市场变化趋势，不断优化和升级管理模式。在数字化转型方面，要加快智能化服务平台建设，通过线上化、自动化手段提升服务效率和客户体验。建立数字化营销体系，运用精准营销工具，实现个性化服务和产品推荐。在场景金融创新方面，要深入产业链、供应链场景，嵌入消费、支付场景，对接投资理财场景，布局生活服务场景，通过场景化服务满足客户的多样化金融需求。建设开放银行体系，通过API接口等技术手段实现与合作伙伴的系统对接和业务联动。加强金融科技创新应用，在区块链、物联网、云计算等领域开展探索，为客户提供更加智能和便捷的金融服务。通过持续创新推动生命周期管理体系的优化升级，增强市场竞争力，实现银行与客户的可持续发展。

第二节　客户需求分析与差异化服务

商业银行客户需求分析构建了系统的分析框架和评估体系，可以从客户类型、金融需求、行为特征等多个维度展开深入研究。个人客户需求分析围绕客户生命周期和财富积累阶段，研究不同群体在理财投资、消费信贷、支付结算等方面的金融服务需求，结合年龄、职业、收入等特征进行客户画像，为产品设计和营销策略提供依据。企业客户需求分析基于企业经营周期和发展阶段，研究企业在融资结算、现金管理、投资理财等方面的金融服务需求，结合行业特点、经营规模、发展战略等因素进行综合评估，为提供全方位金融服务方案奠定基础。金融同业客户需求分析着眼市场合作和业务协同，研究同业机构在资金交易、资产管理、科技创新等领域的合作需求，推动优势互补和资源共享。

差异化服务体系建设推动银行实现精准化服务和价值创造，建立了多层次的服务策略和标准。客户分层服务体系按照客户价值贡献程度和发展潜力进行分层，对不同层级客户提供差异化的产品组合和服务内容，实施差异化的定价策略和服务标准。私人银行客户服务突出专业化、个性化特征，配备专业投资顾问团队，提供定制化理财方案和增值服务，满足高净值客户的财富管理需求。公司金融客户服务强调综合化、专业化方向，围绕企业价值链提供一揽子金融解决方案，配备专业客户经理团队，深入企业经营实际开展服务。小微企业客户服务着重便利化、普惠化特点，优化业务流程提高服务效率，创新产品模式降低融资成本，提供更多元的金融服务支持。

　　服务管理机制建设保障差异化服务策略有效落地，推动服务质量持续提升。服务标准体系建设明确不同层级客户的服务内容、服务频率和服务质量要求，规范服务流程和操作规范。资源配置机制优化根据客户分层情况配置营销服务资源，合理分配客户经理队伍，提升资源使用效率。考核评价机制创新将客户服务质量纳入绩效考核体系，设置差异化的考核指标，强化服务导向。客户反馈机制完善通过满意度调查、需求反馈等方式收集客户意见，持续改进服务质量。创新服务机制建设依托科技手段提升服务能力，运用智能化工具提供便捷服务，创新服务模式满足客户需求。通过差异化服务体系的持续优化，银行建立起竞争优势，实现客户价值和银行价值的共同提升。

一、客户群体分析与分类

　　商业银行客户群体分析与分类作为精准营销和差异化服务的基础工作，通过系统的分析方法建立科学的客户分类体系。企业客户分析维度包括规模指标、经营状况、财务指标和发展潜力等多个方面。规模指标方面关注年销售收入、资产总额、员工人数、固定资产投入和纳税总额等要素，全面反映企业的经营规模和市场地位；经营状况分析重点考察营业收入增长率、利润率水平、资产周转率、现金流状况、产能利用率、市场占有率和产品研发能力，评估企业的经营质量和发展态势；财务指标分析主要包括资产负债率、流动比率、速动比率、应收账款周转率、存货周转率和资本回报率，判断企业的财务结构和经营效率；发展潜力分析则从行业前景、产业政策、技术创新、管理团队、市场竞争和供应链关系等角度进行综合评估，预判企业的未来发展空间。

　　个人客户分类标准涵盖财富规模、职业特征、年龄阶段和生活方式几个主要维度。财富规模维度重点考察金融资产总量、收入水平、房产情况、投资理财规模和信用记录等要素，评估客户的资产实力和金融服务价值；职业特征维度关注工作单位性质、职务级别、工作年限、薪酬结构和行业前景，分析客户的职业发展和收入稳定性；年龄阶段维度结合客户的年龄特征、婚育状况、子女教育、养老规划和医疗需求进行分析，把握客户在不同生命周期阶段的金融需求特点；生活方式维度则从居住状况、出行方式、休闲爱好、消费场景和社交圈层等角度进行画像，深入了解客户的行为特征和价值偏好。通过建立完整的个人客户分类体系，实现精准画像和分层服务，提升客户服务的针对性和有效性。

　　客户分类的具体方法包括战略价值分类、综合贡献分类、风险等级分类和合作深度分类等多个维度。战略价值分类重点关注行业龙头企业、上市公司、高新技术企业和区域重点企业等战略客户群体，评估客户的示范效应和带动作用；综合贡献分类从存款规模、贷款规模、中间业务规模、理财投资规模等方面评估客户贡献度，计算各类业务收入；风险等级分类通过信用评级、担保方式、授信额度、不良记录等指标进行风险评估，实现风险的精准识别和有效管控；合作深度分类则考察结算渠道、产品使用、业务合作年限和互动频率等要素，评估客户关系的紧密程度。同时，针对不同类型客户建立差异化的服务策略，战略客户和重点客户要配备专业服务团队，提供全方位金融服务方案；基础客户和潜力客户则通过标准化产品和专项营销活动实现客户培育和价值提升。

银行还需要建立完善的客户画像系统和大数据分析平台，通过系统化的工具实现客户特征的深度挖掘和价值发现。客户画像系统需要整合基础信息、经营状况、金融业务和行为特征等多维度数据，构建完整的客户信息图谱。大数据分析平台通过描述性统计、相关性分析、聚类分析等方法，在客户价值评估、风险预警监测、营销策略制定等多个应用场景实现应用。在行业特征分析方面，重点研究产业链位置、行业周期、竞争格局、技术发展趋势等要素；在区域特征研究方面，关注区域经济发展水平、产业集群态势、资源禀赋优势等因素；在经营模式研究方面，分析生产模式、销售渠道、供应链管理、资金周转等特点；在管理特征研究方面，评估组织架构、决策机制、内控体系、人才队伍等要素。通过全方位的数据分析，为客户分类管理和精准营销提供科学依据和决策支持。同时，要注重数据安全管理，建立严格的数据分级分类和权限控制机制，防范数据泄露风险。

客户分类管理的创新发展需要依托科技手段不断提升管理效能。通过人工智能、区块链、移动互联等技术的应用，提升客户分析的深度和精准度。建立智能营销平台，实现客户需求的精准识别和产品推荐。优化风控模型，提高风险预警的准确性和及时性。完善线上服务体系，拓展客户服务的广度和深度。同时，要持续优化客户分类标准，完善评分体系，细化差异化政策，提升资源配置效率，改进服务流程，加强团队协作，推动客户分类管理水平的整体提升，实现银行经营效益的持续增长。

商业银行客户分析体系通过深入研究不同行业场景特点和区域差异性，构建精准的客户画像和差异化服务策略。制造业客户普遍具有固定资产投入大、生产周期长、库存规模大、应收账款账期长等特点，在产业链中议价能力差异明显，同时面临技术创新、成本控制、环保转型等多重压力，需要量身定制综合金融服务方案。贸易业客户特征表现为资金周转速度快、融资需求频繁、采购资金需求大，在市场竞争加剧和利润空间收窄的背景下，需要加强风险控制和运营管理，建立灵活的授信支持机制。科技企业则采用轻资产运营模式，具有研发投入大、人才成本高、产品更新快、知识产权价值突出等特点，其商业模式创新性强，融资需求具有特殊性，要求银行创新服务模式满足其发展需求。房地产企业因土地储备和开发周期的特点，存在资金需求集中、现金流压力大、政策敏感度高等特征，需要实施审慎的风险管理策略。

各区域的经济发展特征和金融需求呈现出显著的差异性特征，要求银行深入把握区域特点制定针对性的服务策略。沿海发达地区具有外向型经济特征，产业集群效应强，创新动力充足，但面临综合成本上升和市场竞争加剧的挑战，金融服务需要向专业化、特色化方向发展。中部地区在产业转移承接和资源禀赋方面具有优势，市场空间广阔，但创新驱动不足，环保压力加大，金融服务体系仍需完善，重点支持产业转型升级。西部地区拥有资源能源优势，市场潜力巨大，但产业基础相对薄弱，创新能力和人才吸引方面存在短板，金融服务的普惠性需要加强，要充分发挥政策性金融工具的引导作用。区域金融服务策略需要与区域发展规划紧密结合，发挥金融对实体经济的支持作用。

银行客户分析的管理提升需要通过完善内部机制和强化团队建设来实现持续优化和创新。客户维护机制要建立分层走访制度，保持高层定期互访交流，实现业务动态跟进和市场信息共享，对重大项目进行深度对接，建立快速的风险预警和问题处理机制。团队建设方面要完善专业人才培养体系，推进梯队建设，优化培训机制和考核激励制度，加强团队协作能力。科技应用要充分运用大数据、人工智能等技术手段，提升数据分析能力，优化风控模型，提高营销效率，改善服务体验，增强管理效能。通过建立科学的管理机制，提升团队的专业能力和执行力，实现客户分析工作的规范化和精细化。

银行未来的客户分析工作需要围绕数字化转型和专业化发展两大方向持续推进创新升级。数字化转型要加快数字化营销体系建设，完善智能风控平台，拓展线上服务渠道，实现场景金融创新突破，优化数据治理体系，深化科技赋能应用，打造智能化的客户服务体系。专业化发展要求提升行业研究能力，加快产品创新突破，优化服务模式，提高风控技术水平，提升团队专业素质。同时，要加强与政府部门、行业协会、专业机构的合作，拓展信息和资源渠道，增强研究的广度和深度。建立动态的客户分析和评估机制，及时把握市场变化和客户需求，调整优化服务策略，持续提升市场竞争力和品牌影响力。

客户分析和服务创新需要在实践中不断总结经验和发现问题，持续推进管理优化和服务升级。要建立健全的内部评估和反馈机制，定期评估客户分析的有效性和服务策略的针对性，发现存在的问题和不足。加强内部的经验分享和案例研究，促进先进经验的推广和复制。重视市场研究和竞争分析，把握行业发展趋势和竞争态势变化，适时调整发展策略。通过持续的管理创新和服务优化，推动银行经营质效的全面提升，实现可持续发展。

二、客户群体与业务适配

（一）不同客户群体业务适配模式

商业银行根据不同客户群体的特点和需求，构建层次化的产品服务体系和匹配的业务方案。大型企业客户服务体系包括信贷支持、资金管理和投资银行业务三大板块，通过综合授信、流动资金贷款、固定资产贷款、银团贷款、项目贷款等多元化融资工具满足企业发展需求；现金管理系统、票据池业务、投资理财服务、结算服务等资金管理工具提升企业资金运营效率；债券承销、并购重组、资产证券化、股权融资等投行业务拓展企业发展空间。中型企业金融服务以融资服务和结算服务为主，包括信用贷款、抵押贷款、质押贷款、保理融资、贸易融资等融资产品，以及对公账户管理、网银服务、现金管理等结算工具。小型企业服务突出普惠金融特点，通过线上信用贷款、循环贷款、税务贷款、设备贷款等产品降低融资门槛，结合基础结算服务和增值服务提升服务体验，同时提供财务顾问咨询、市场信息分享、政策解读、专家讲座等配套服务，帮助企业提高经营管理水平。

个人客户业务适配遵循分层服务原则，针对不同层次客户提供差异化服务方案。高净值客户服务以理财投资服务为主，包括私人银行专业化服务、全权委托资产管理、定制化投资理财产品、资产配置咨询、家族信托、保险规划等专业服务；同时配备私人顾问和专属理财师团队，提供投资策略咨询、市场信息推送、医疗健康、子女教育等增值服务；在品质生活方面提供高端商务活动、艺术鉴赏、健康管理等专属服务。中产阶层客户服务围绕综合理财、消费信贷和生活服务三个维度展开，通过个人资产配置、理财产品组合、基金定投、保险保障等满足理财需求；住房按揭、汽车消费、装修分期、教育培训等贷款服务支持消费升级；商户优惠、积分兑换、生活缴费等服务提升客户体验。基础客户服务主要提供日常结算、基础理财和便民服务，包括借记卡基础服务、手机银行、网上银行、自助设备使用等结算服务，储蓄存款、货币基金、低风险理财等基础理财产品，以及公共事业缴费、话费充值、交通卡充值等便民服务。

商业银行针对特殊客群制订专门的金融服务方案，满足其特定的业务需求和发展特点。创业企业服务聚焦初创期企业的融资和发展需求，提供创业贷款、创业担保贷款、股权融资对接等金融支持，同时配套创业导师辅导、管理咨询、政策信息共享等增值服务，帮助企业度过创业初期。科技企业服务围绕科技创新企业的特点，设计知识产权质押融资、研发费用贷款、投贷联动、科技保险等专项产品，并通过产业基金对接、上市培育等服务支持企业发展。"三农"客户服务针对农村地区金融需求，开发农户小额信贷、农机具贷款、种植养殖贷款、农产品保险等产品，配套惠农补贴代发、农村支付结算等基础服务，构建普惠性的农村金融服务体系。

客户群体与业务适配需要建立动态的评估和优化机制，通过科技手段提升服务效能。运用大数据分析技术，深入研究客户需求特点和行为模式，实现产品精准推荐和服务场景匹配。建立客户反馈机制，定期评估产品使用情况和客户满意度，及时发现服务短板，持续改进产品设计和服务流程。加强内部协同，提升跨条线、跨部门的业务协作效率，为客户提供一站式综合金融服务解决方案。同时，要注重风险管理，建立差异化的风险评估标准和管理措施，确保业务发展的稳健性和可持续性。通过产品创新和服务优化，不断提升客户体验，增强市场竞争力，实现客户价值与银行价值的共同提升。

在业务适配的基础上，银行要持续强化科技赋能和服务创新，推动业务模式的升级转型。加快数字化转型步伐，通过智能化手段提升服务效率，拓展线上服务渠道，优化业务流程。深化场景金融布局，将金融服务嵌入客户生产生活场景，提供便捷的场景化金融解决方案。加强产品创新研发，根据市场变化和客户需求及时推出新产品和服务方案。建立专业化的服务团队，通过持续培训提升团队的专业能力和服务水平，为客户提供高质量的金融服务。通过业务模式的创新发展，增强银行的市场竞争力和可持续发展能力。

在科技企业成长服务领域，商业银行通过创新金融服务模式推动企业快速发展和转型升级。以下我们通过案例来说明。针对人工智能企业处于快速成长期、技术领先但缺乏抵押物的特点，某银行创新设计了综合服务方案，通过知识产权质押贷款3 000万元支持企业研发投入，同时实施科技投贷联动模式对接创投资源，开展供应链金融服务缓解企业回款压力。在企业资本运作方面，通过专业的上市培育服务，协助企业完善公司治理、规范信息披露、对接资本市场，最终助力企业估值提升至10亿元并成功登陆科创板。这种综合金融服务模式充分体现了银行在支持科技创新企业发展方面的专业能力和服务水平。通过建立专业化的科技金融服务团队，深入研究科技企业特点，创新金融产品和服务模式，有效满足了科技企业在不同发展阶段的金融需求，推动了科技创新和产业升级。同时，通过投贷联动、股债结合等综合金融服务方案，分享企业发展成果，实现银企共赢。[①]

针对高净值客户群体，某银行通过私人银行团队提供全方位的专业化服务和个性化解决方案。对于资产规模达5亿元且具有强烈投资理财需求的企业主家庭，私人银行团队为其量身定制专属服务方案，在资产配置方面设计全球资产配置策略，

---

① 袁春. 数字金融对商业银行创新能力的影响研究［J］. 现代商业，2025（4）：99-102.

通过多元化投资组合实现风险分散和收益优化；在财富传承方面，协助设立3亿元家族信托，通过专业的信托架构设计和资产管理，满足家族财富管理和代际传承需求；在风险保障方面，配置高端医疗险和养老险产品组合，建立全面的保障体系；在增值服务方面，提供子女留学规划、艺术品投资等专属服务内容。通过组建专业化的投资顾问团队，定期开展策略研讨和投资诊断，实时跟踪市场变化，动态调整投资策略，确保客户资产的保值增值。同时，在医疗健康、子女教育、养老规划等方面提供专业咨询和资源对接，全方位满足高净值客户的综合金融需求和品质生活需求。

在普惠金融服务领域，某银行面向小微企业主群体构建了系统化、标准化的产品服务体系。通过线上信用贷款产品实现贷款秒批，单户最高授信额度50万元，运用大数据风控模型实现快速审批；推出经营性物业贷款，最高可贷1 000万元，盘活存量资产价值；设计税务数据贷款产品，根据企业纳税额度进行授信，支持诚信经营企业发展；开展设备融资租赁业务，支持企业技术改造升级。通过线上化、标准化的产品体系，大幅提升了小微企业融资的可得性和便利性，服务小微客户超过1万户，贷款余额突破50亿元，有效解决了小微企业"融资难、融资贵"的问题。在产品服务的基础上，还为小微企业提供财务顾问、政策咨询、市场信息等增值服务，帮助企业提升经营管理水平。通过建立专门的普惠金融服务团队，下沉服务重心，优化业务流程，提高服务效率，全面提升小微企业的金融服务体验，充分彰显了银行服务实体经济的社会责任。

（二）业务适配的创新发展

商业银行业务适配的创新发展需要建立科学的服务效果评估体系，通过多维度指标实现精准评估和持续优化。业务规模方面关注存款规模增长率、贷款投放完成率、中间业务收入增幅、产品覆盖面提升等量化指标；收益贡献方面监测存贷利差收入、中收占比提升、综合收益率、户均贡献度等效益指标；风险控制方面重点考核不良贷款率、拨备覆盖率、资本充足率、流动性比例等风险指标；客户满意度评价包括服务质量评分、投诉处理率、业务办理效率、问题解决及时率等服务指标。在客户满意度管理方面，要定期开展问卷调查、实地走访、电话回访等形式的需求调研，监测服务标准执行情况、业务办理时效性、问题处理及时性等质量指标，通过问题分析和改进措施落实，建立长效的服务改进机制。

业务适配的创新发展需要针对细分行业客户特点设计专门的服务方案。新能源行业客户服务包括设备融资、碳信用融资、技改贷款、供应链金融等产品，并提供碳排放权交易、绿色债券承销等专业服务，支持企业绿色转型和技术升级；医药健康行业服务涵盖研发费用贷款、设备购置融资、药品采购融资、医保结算等业务，同时提供知识产权质押、股权融资等创新服务，助力企业研发创新和产业升级；文化旅游行业服务通过景区开发贷款、文旅项目融资、票务结算、商户收单等产品，满足行业特色需求。在工程建设领域，提供工程项目贷款、保函业务、农民工工资监管等服务；在制造业转型升级方面，开展技术改造贷款、智能制造贷款、研发费用支持等业务；在农业产业化服务领域，设计农业产业基金、农地流转融资、农机具贷款等产品。通过深入的行业研究，准确把握客户需求，持续创新产品和服务模式。

场景化服务创新是业务适配发展的重要方向。供应链场景服务包括核心企业票据池、在线供应链融资、订单融资、仓单质押等产品，通过区块链等技术创新提升服务效率，实现供应链金融的数字化转型；消费场景服务涵盖商圈支付、教育医疗分期、旅游消费金融等业务，通过场景获客和会员积分计划增强客户黏性，打造一站式消费金融服务平台；政务场景服务提供政府采购融资、财政资金监管、医保结算、惠民补贴发放等专业服务，深化政银合作关系，构建智慧政务金融服务体系。在渠道建设方面，推进物理网点智能升级，完善电子渠道功能，创新移动服务模式，优化自助设备布局，提高远程服务能力，加强渠道协同。

科技赋能和管理创新是推动业务适配持续发展的核心动力。通过大数据分析、人工智能、区块链、云计算等技术应用，提升服务智能化水平，实现精准营销和风险控制；在产品创新方面，不断完善产品结构，优化功能配置，简化业务流程，提升服务体验；在服务模式创新上，推进线上线下融合，深化场景金融应用，发展智能化服务，加强专业化和标准化建设。优化管理机制，完善资源配置和考核激励，建立创新驱动的长效机制。同时，要加强行业研究，把握发展趋势，前瞻性布局重点领域，持续提升专业服务能力和市场竞争力。构建完整的创新发展体系，推动银行业务适配工作向更高水平迈进，实现高质量可持续发展。

在业务优化改进方面，要持续推进产品创新优化，完善产品结构，优化功能配置，简化流程设计，灵活定价机制，提升风控精准度和服务体验。创新服务模式，推进线上线下融合，深化场景金融应用，发展智能化服务，加强个性化定制和专业化服务能力。优化渠道建设，推进物理网点转型，完善电子渠道功能，创新移动服务模式，优化自助设备布局，提升远程服务能力。通过系统化的业务优化和创新，全面提升银行的市场竞争力和服务能力，为客户提供更加优质、高效的金融服务。

三、差异化营销策略

（一）客户群体差异化营销体系

商业银行根据不同客户群体的特点和价值贡献，构建系统化的营销服务体系和专业化的团队支持机制。战略客户营销要求配备总分行联动的专业服务团队，包括高级客户经理重点配备、产品专家全程支持、风控人员专项配置等专业团队，为客户提供综合金融服务方案定制、全球金融服务体系对接、投资银行业务深度合作等全方位服务。营销策略实施过程中要建立高层互访机制，实现重大项目及时对接，业务需求快速响应，配置优先的资源支持和创新服务试点，确保战略客户获得优质的金融服务。通过专业化的服务团队和高效的营销机制，深化与战略客户的合作关系，实现银行效益和品牌价值的双重提升。

重点客户营销方案强调专业团队支持和综合化服务方案。通过客户经理团队专人对接、产品经理重点支持、风控人员专项配置等团队配备，提供融资服务全面覆盖、结算服务便利高效、理财服务个性定制、跨境服务便利支持等综合性服务，定期评估客户需求，及时把握业务机会，重点支持产品创新，持续跟进风险防控，不断提升服务质量。在客户维护方面，通过定期调查、动态调整维护计划等方式，确保服务体系的持续完善和客户满意度的稳步提升。

中小企业客户营销策略以标准化产品服务和批量化开发模式为主要特点。产品服务方面提供线上信用贷款快速审批、抵押贷款标准化作业、应收账款融资便利、供应链融资服务等标准化产品，结合便捷高效的结算服务和优惠的中间业务支持，满足中小企业的多样化金融需求。营销开发采取产业园区整体营销、商圈客户批量开发、供应链企业整体营销、产业集群客户开发等批量化模式，提升营销效率和覆盖面。同时，通过精细化管理措施，实施客户分层分类管理，进行需求特征精准分析，开展产品精准投放，加强风险预警监测，持续优化客户体验。

个人客户差异化营销针对不同层次客户提供层次化的服务方案。私人银行客户配备专业的财富管理团队，提供投资顾问一对一服务、资产配置专业规划、全球资产配置服务、家族信托专项服务、保险规划个性定制等高端服务，打造专属的增值服务体系。财富管理客户提供理财产品组合配置、基金定投计划制订、保险保障需求配套、资产配置建议等综合服务，配套专属优惠政策和增值服务方案。零售客户通过代发工资客户营销、商圈消费客户开发、小微企业主营销、社区居民整体营销等批量营销模式扩大客户规模，满足客户基础金融服务需求。

客群差异化营销的有效实施需要建立完善的组织保障体系和资源配置机制。在组织架构方面，要优化条线管理体系，配备专业团队，加强产品研发、风控、运营、科技等团队建设；在资源配置方面，加大人力资源投入，提供营销费用支持，保障培训资源投入，支持系统建设和创新项目开展。建立科学的考核激励机制，将业务发展、风险管理、服务质量等指标纳入考核体系，通过差异化的绩效分配和职级晋升通道，调动团队积极性。同时，要加强团队文化建设，深化企业文化融合，培育团队精神，强化服务理念，提升创新意识和风险意识，营造良好的学习氛围和进取精神，增强团队凝聚力和战斗力。

（二）场景化营销策略

场景化营销作为商业银行创新发展的重要方向，通过深入客户生产生活场景，构建场景化的金融服务生态体系。教育场景营销通过校园一卡通服务对接、教育缴费便捷通道、学费分期付款产品等服务满足教育消费需求；同时提供留学金融专项服务、教育基金投资理财、校园生活服务支持等增值服务，打造完整的教育金融服务体系。医疗健康场景提供就医支付便利服务、医保结算快捷通道、医疗分期专项产品等服务支持，并通过健康管理账户服务、医疗保险产品配套、养老金融服务方案等产品满足居民全生命周期的健康需求。生活服务场景则包括商超支付便利服务、餐饮消费快捷支付、休闲娱乐场景对接、旅游度假分期产品等多元化服务内容，通过场景服务的深度布局，实现金融服务与场景需求的无缝对接。

产业场景营销重点布局供应链场景、产业园区场景和商圈场景三大领域。供应链场景通过核心企业系统对接、上下游企业批量营销、订单融资服务创新等方式服务产业链客户，提供存货质押融资、应收账款融资、预付款融资等产品，构建完整的供应链金融服务体系。产业园区场景针对园区企业提供创新创业企业服务、科技金融服务支持、产业基金投资对接等综合服务，通过结算服务便利化、融资服务优先支持、增值服务方案配套，打造一站式服务体系。商圈场景营销通过商户收单服务拓展、商户经营贷款支持、商圈消费场景对接等服务，结合会员营销体系对接、积分权益服务创新等方式，构建完整的商圈生态圈。

银行通过智能化手段提升场景营销效能，构建数字化营销服务体系。运用大数据客户画像、精准客户定位、智能产品推荐等工具实现精准营销，通过移动展业平台应用、社交媒体营销推广、直播带货模式创新等线上营销工具拓展获客渠道。在风险管理方面，运用智能评分模型、风险画像自动生成、反欺诈模型识别等技术手段加强风险管控，实现风险预警自动监测、贷后预警智能化、催收策略智能化，提升风险管理的智能化水平。同时，建立完整的数据分析体系，通过营销线索转化率、产品销售达成率、客户转介绍效果等指标评估营销效果，持续优化营销策略。

场景营销的持续发展需要通过产品创新和服务模式创新实现突破。在产品创新方面，重点开发场景金融产品、科技金融产品、普惠金融产品等创新产品，推进投行业务、资管业务、跨境金融、绿色金融等领域的创新发展。在服务模式创新上，推进线上线下融合服务、场景化服务深度嵌入、智能化服务全面推进，提升专业化服务水平，优化个性化服务方案，完善标准化服务体系，打造差异化服务特色。通过建立规范高效的决策机制、优化资源配置、完善监督考核机制，推动场景营销持续优化升级，实现银行经营效益的稳步提升。

通过场景化营销体系的建设，银行建立起完整的风险防控体系和科技支撑平台。在全面风险管理方面，建立风险预警机制、完善风险监测体系、优化风险评估模型、健全风险处置机制、完善风险考核体系，培育风险文化，推动风险管理创新发展。在科技赋能方面，深化大数据风控模型应用、人工智能技术运用、区块链技术创新应用，建设智能风控平台，优化实时监控系统，完善风险预警系统，应用智能决策系统，持续深化科技创新，为场景化营销提供有力的技术支撑。

（三）营销效果评估体系

商业银行营销效果评估体系通过定量和定性指标的科学设置，全面衡量营销工作成效和发展质量。业务规模指标包括存款规模增长情况、贷款投放达成率、中间业务收入增长、产品覆盖率提升、客户数量净增长、市场份额占比变化等关键指标，反映营销工作对业务发展的直接贡献；营销效率指标通过营销线索转化率、产品销售达成率、客户转介绍效果、营销成本投入比等数据，评估营销工作的效率和质量；风险控制指标重点监测授信业务不良率、逾期贷款管控率、风险预警反应度、问题贷款清收率等指标，确保营销发展与风险管理的平衡。通过多维度的定量指标评估，科学衡量营销工作的规模效益和质量效益。

定性评估体系着重考察服务质量和团队能力的综合表现。服务质量评价通过客户满意度调查、服务投诉处理率、服务响应及时性、问题解决有效性等指标，全面衡量服务水平和客户体验，同时关注服务规范达标率、增值服务满意度、品牌形象提升度等方面，评估服务体系的完整性和有效性。团队能力评估包括专业知识掌握度、营销技能熟练度、风险管理能力、创新服务水平等维度，反映团队的综合实力和发展潜力。在客户需求调研方面，通过定期开展问卷调查、实地走访座谈、电话回访意见征集等方式，深入了解客户需求和服务体验，为服务改进提供依据。服务质量监测重点关注服务标准执行情况、业务办理时效性、问题处理及时性等要素，通过持续监测发现问题并及时改进。

营销效果评估需要建立科学的考核机制和激励约束体系，通过完善的制度设计推动营销工作质效的持续提升。考核指标设置涵盖业务发展、风险管理和服务质量三个维度，将存款规模增长、贷款投放完成、中间业务收入等业务目标，不良贷款管控、逾期贷款清收等风险指标，以及客户满意度、服务规范达标等质量要求纳入考核范围。建立差异化的绩效分配机制，将工资总额与效益、业务贡献度、营销创收度等挂钩，实施绩效工资差异化分配。同时，建立问责机制，对于考核不达标、出现重大风险问题的情况实施严格的问责处理。

评估体系的运行需要配套完善的组织保障和资源支持。在组织架构方面，要建立专门的评估管理团队，负责评估标准制定、数据收集分析、结果应用等工作；在资源配置方面，要保障评估工作所需的人力、物力和财力支持，建设完善的评估系统平台。建立评估结果的反馈和应用机制，将评估发现的问题及时反馈给相关部门和人员，制定改进措施并跟踪落实。加强评估方法的创新，运用大数据分析、人工智能等技术手段提升评估的科学性和效率，为营销决策提供准确的数据支持。

营销效果评估体系要注重长期效果和可持续发展。在评估指标设计上，既要关注短期业绩表现，也要重视长期发展能力的培养；在评估周期设置上，要结合不同业务特点和市场环境，确定合理的评估频率和时间跨度。通过评估体系的建设，推动营销团队形成良性竞争和持续进步的氛围，促进营销能力的整体提升。同时，要加强评估结果的分析和运用，提炼成功经验，总结工作亮点，推广优秀做法，实现评估工作对营销管理的实际指导作用。通过科学完善的评估体系，推动银行营销工作迈上新台阶，实现市场竞争力的持续提升。

（四）营销团队管理机制

商业银行营销团队管理机制通过专业能力培养、考核激励和组织保障等系统化管理体系，实现团队能力的持续提升和工作效能的有效发挥。

在专业能力培养方面，重点加强产品知识培训深化、行业研究能力提升、风险管理技能强化、营销方法创新探索，通过系统化的培训体系提升团队的专业素质水平。实战技能训练通过业务案例实操演练、营销技巧现场指导、风险识别实例分析等方式，强化团队的实践能力。创新思维培育着重培养市场洞察力、创新意识、问题解决能力，通过创新项目实践锻炼、创新成果转化应用等方式，提升团队的创新能力和市场竞争力。

考核指标体系设置涵盖业务发展、风险管理和服务质量三个维度的综合评价标准。业务发展考核包括存款规模增长目标、贷款投放完成率、中间业务收入增长、产品覆盖提升率等量化指标；风险管理考核关注不良贷款管控率、逾期贷款清收率、风险预警处置率、贷后管理达标率等风险控制指标；服务质量考核通过客户满意度指标、服务规范达标率、响应及时性指标等衡量服务水平。职级晋升通道包括专业序列和管理序列双通道发展机制，通过创新能力激励、专家评定机制、项目制激励等多元化方式，为团队成员提供清晰的职业发展路径。

组织保障体系建设要求优化条线管理体系，配备专业的产品研发团队、风控团队、运营团队和科技团队，形成协同高效的业务支持体系。在资源配置方面加大人力资源投入，提供充足的营销费用支持，保障培训资源投入，支持系统建设和创新项目开发。制度体系建设包括完善营销制度体系、规范授权管理、优化风控制度、设计科学的考核制度、制定合理的激励制度等，通过制度建设规范团队管理工作。运行机制优化强调决策机制规范高效、分级管理有序推进、资源配置持续优化、监督机制有效运行、考核机制充分发挥，确保各项管理措施的有效落实。

团队文化建设在营销团队管理中发挥重要作用。通过企业文化深度融合、团队精神持续培育、服务理念深入人心等方式，塑造积极向上的团队文化氛围。强化创新意识、风险意识和合规意识，营造持续学习和进取的团队氛围。团队凝聚力建设通过开展团队建设活动、组织业务交流、培养团队协作意识等方式，增强团队的向心力和战斗力。创新驱动发展要求在产品创新、服务模式创新等方面实现突破，通过科技赋能提升团队的创新能力和服务水平。

营销团队管理的长效机制建设需要建立完善的风险防控体系和创新发展机制。创新发展方面重点推进场景金融产品创新、科技金融产品突破、投行业务创新、普惠金融产品开发等，同时优化服务模式，推进线上线下融合服务、场景化服务深度嵌入、智能化服务全面推进，持续提升团队的市场竞争力和服务能力。

通过系统化的团队管理机制建设，推动营销团队不断发展壮大，为银行的可持续发展提供有力支撑。

第三节　有效的客户沟通

客户沟通能力作为客户经理的核心竞争力，构建了系统的沟通理论体系和实践框架，体现在沟通策略制定、沟通技巧运用和沟通效果评估等多个层面。沟通策略制定要求深入了解客户背景和需求特征，选择合适的沟通方式和时机，制订有针对性的沟通计划。面对面沟通作为最直接的沟通方式，要求把握沟通场合和氛围，运用专业的语言表达，注意体态语言的使用，保持适度的眼神交流，展现良好的沟通风度。电话沟通作为重要的日常联系方式，强调语气语调的控制，用语规范专业，注意倾听和互动，准确记录沟通内容。书面沟通包括商务信函、电子邮件、工作报告等形式，要求文字表述准确规范，结构层次分明，重点突出，便于客户理解和接受。一般情况下，客户经理应掌握一定的沟通技巧，利用共同的话题拉近彼此之间的关系，善于制造双方感兴趣的话题，见表3-1。

表3-1　　　　　　　　　　　　　适合制造共同话题的范围

适合的话题范围	个人兴趣、孩子、交通、天气状况
	汽车、房屋、经营管理、投资理财
	美食
	新闻、热门话题、流行信息
	旅游、休闲娱乐、运动、体育比赛、电影、电视剧、综艺
需要避免的话题	政治、宗教信仰
	客户隐私（包括客户婚姻、收入、家庭）
	负面或悲观话题
	过于专业晦涩的行业术语

　　沟通技巧应用推动客户沟通效果提升，体现专业化的沟通能力要求。倾听技巧强调认真听取客户表达，理解客户真实需求，把握客户关注重点，适时作出恰当回应。提问技巧包括开放式提问和封闭式提问的灵活运用，通过有效提问深入了解客户情况，引导沟通方向。说服技巧要求运用专业知识和案例经验，采用逻辑清晰的论述方式，打消客户疑虑，获得客户认可。谈判技巧体现在商务谈判过程中的策略运用，把握谈判节奏，化解分歧矛盾，达成共识。情绪管理技巧要求在面对客户投诉或负面情绪时，保持冷静理性，妥善处理矛盾，维护良好关系。

　　沟通创新发展顺应金融科技发展趋势，运用新技术手段提升沟通效能。数字化沟通工具应用包括移动银行、微信银行等线上渠道，提供便捷的沟通服务体验。智能化沟通手段运用智能客服、智能营销等工具，提升服务响应效率。社交化沟通方式利用社交媒体平台开展客户互动，建立多渠道沟通机制。场景化沟通创新围绕客户生活场景和业务场景，嵌入金融服务功能，提供一站式服务体验。沟通效果评估机制建立了客户满意度调查、需求反馈等评估方式，持续改进沟通质量。通过沟通方式的持续创新，推动银行建立更加高效的客户沟通机制，提升客户服务体验，维护客户关系。

一、沟通方式与技巧

　　在商业银行客户经理的日常工作中，有效的沟通能力是成功的关键要素。合适的沟通方式不仅能够帮助客户经理准确传达银行产品和服务信息，更能够建立和维护长期的客户关系。本节将详细探讨客户经理在工作中应掌握的各类沟通方式与技巧。

（一）语言沟通技巧

　　语言沟通是客户经理最基本也是最重要的沟通方式，在与客户交流时，需要注意语言表达的准确性、专业性和亲和力。客户经理在介绍产品时应使用清晰易懂的语言，避免过多专业术语。当必须使用专业术语时，要适时补充解释，确保客户理解。语速要适中，声音要温和有力，展现专业自信。专业术语的运用需要把握恰当的时机和分寸。面对金融专业背景的客户，可以适当增加专业术语的使用频率，展现专业深度。而对于缺乏金融专业背景的客户，则需要善用类比和举例的方式，将复杂的金融概念转化为易懂的日常语言。例如，在解释利率互换时，可以类比为"将浮动房租转换为固定房租"的概念，让客户更容易理解。

在语言表达中，积极倾听同样重要。客户经理要学会通过倾听并捕捉客户的真实需求和潜在需求。在客户发言时保持专注，适时点头示意，展现充分的尊重。通过复述关键信息确认理解准确性，这样能够避免沟通偏差，提升服务质量。积极倾听还包括对客户言语中情绪的捕捉，这对于理解客户的真实诉求具有重要意义。

提问技巧是语言沟通中的重要组成部分。开放性问题有助于收集更多信息，封闭性问题则适合确认具体细节。在沟通过程中要善于运用不同类型的问题，引导客户表达需求。同时要注意问题的措辞，避免给客户带来压力或不适。例如，"您对这个产品有什么想法？"比"这个产品不错吧？"更容易获得客户的真实反馈。

（二）非语言沟通技巧

非语言沟通包括面部表情、眼神交流、体态语言等要素，良好的眼神交流能够传递真诚和专注，适度的微笑能够营造温暖友好的氛围。恰当的体态语言如适度前倾的姿势能够展现积极的倾听态度。在与客户交谈时，应保持适当的社交距离，既不过分亲近造成压迫感，也不过分疏离显得冷漠。面部表情管理需要特别注意。微笑是最基本的友好表示，但要注意微笑的程度和时机。在讨论严肃话题如风险提示时，应适当收敛笑容，展现专业严谨的态度。在倾听客户抱怨时，面部表情要体现同理心，避免显得漠不关心或不耐烦。

肢体语言往往能传递比言语更丰富的信息，双手放置于桌面，展现开放和真诚的态度。适当的手势可以辅助语言表达，增强说服力。但要避免过分夸张的动作，保持稳重大方的形象。在交谈中保持适度前倾的坐姿，体现专注倾听的态度。服装仪表也是非语言沟通的重要组成部分。客户经理应着装整洁得体，展现专业形象。男士应穿着正装，打好领带，皮鞋要擦拭清洁。女士应着装典雅大方，妆容自然，避免浓妆艳抹。配饰要简约得体，避免过于张扬。良好的仪表能够给客户留下专业可靠的第一印象。办公环境的布置同样传递着非语言信息，会客区域要整洁有序，摆放适量的绿植可以营造温馨的氛围。桌面要保持整齐，重要文件应妥善摆放。在与客户会面时，手机要调成静音，避免会谈被打断。这些细节都能体现对客户的尊重。

（三）书面沟通技巧

在数字化时代，书面沟通的重要性与日俱增，客户经理需要掌握各类书面沟通方式，包括商务邮件、产品说明书、方案建议书等。书面材料应当结构清晰，重点突出，语言简洁专业。在撰写商务邮件时，开头要简明扼要点明主题，正文部分要层次分明，结尾要有明确的期望或下一步行动建议。商务邮件的写作需要特别注意格式规范和语言技巧。邮件主题要简明扼要，能够让收件人一目了然。正文开头要根据收件人身份选择恰当的称谓，展现尊重。内容要分段明确，每段表达一个重点。重要信息可以通过加粗或项目符号的方式突出。结尾要写明期望的回复时间和后续行动建议。产品说明书和方案建议书的撰写要突出专业性和可读性，文件结构要层次分明，善用目录导航。在描述产品特点时，要突出与客户需求的匹配度。通过图表展示数据，增强文件的直观性。风险提示要醒目清晰，避免引起争议。方案的可行性分析要有理有据，能够打消客户疑虑。在准备书面材料时，要注意措辞的严谨性，避免承诺无法兑现的内容。对于数据的引用要注明来源，保证准确性。合同文本要请法律部门审核，防范法律风险。在发送重要文件前，要进行多轮校对，确保没有错误。

（四）数字化沟通技巧

随着科技发展，客户经理需要掌握通过各类数字化平台进行沟通的技巧。在视频会议中，要注意画面构图和背景环境，确保光线充足，背景整洁专业。说话时要正对摄像头，创造眼神交流感。在使用即时通信工具时，要注意回复的及时性和专业性，使用得体的表情符号可以增加亲和力。视频会议已成为重要的沟通方式，需要掌握相关技巧。会前要测试设备，确保网络通畅。背景环境要选择安静整洁的场所，避免干扰。着装要得体，注意整体形象。在发言时要注意语速适中，声音清晰。重要内容可以通过共享屏幕展示，增强表达效果。即时通信工具的使用要把握分寸。工作时间要保持在线，及时回复客户消息。措辞要专业得体，避免过于口语化。表情符号的使用要适度，保持专业形象。对于复杂问题，建议转为电话或面谈方式沟通，避免产生误解。社交媒体平台也是重要的沟通渠道，客户经理要学会运营个人社交账号，定期分享金融知识和市场动态，展现专业形象。在发布内容时要注意措辞，避免违反银行的宣传政策。要善于利用社交平台扩展人脉网络，但要注意保持适当距离，维护职业形象。

（五）危机沟通技巧

在处理投诉或危机事件时，沟通技巧显得尤为重要。面对情绪激动的客户，要保持冷静和同理心。要运用积极倾听技巧，让客户充分表达诉求。在回应时要以解决问题为导向，清晰说明解决方案和时间表。即使面对无理要求，也要保持专业的态度，适时寻求上级支持。危机处理的第一步是情绪安抚。要理解客户的不满情绪，展现同理心。可以使用"我理解您的心情"等话语，但要避免过度承诺。在客户情绪稳定后，才能理性分析问题并寻求解决方案。整个过程中要保持专业冷静，避免被客户的情绪感染。问题解决要讲究方法和技巧。要仔细询问事件经过，收集关键信息。制订解决方案时要考虑可行性和时效性。向客户说明解决步骤时要具体明确，避免模糊表述。定期向客户反馈进展，维持良好沟通。在问题解决后要做好回访，防止类似事件再次发生。在危机沟通中，要注意信息的及时性和透明度，对于自己能够解决的问题要立即着手处理，对于需要协调的问题要及时向客户反馈进展。真诚的态度和专业的处理方式能够将危机转化为提升客户满意度的机会。

（六）跨文化沟通技巧

在经济全球化背景下，客户经理可能需要与不同文化背景的客户打交道。这就要求客户经理了解不同文化中的禁忌和习惯，注意沟通方式的调整。比如，在与外籍客户交流时，要注意握手、称谓等礼仪细节。在谈判时要理解不同文化中的决策方式和时间观念。文化差异体现在多个方面。有些文化重视直接表达，有些则习惯含蓄委婉。有些文化注重个人决策，有些则强调集体共识。客户经理要学会识别这些差异，调整沟通策略。在跨文化沟通中，要保持开放和包容的心态，避免文化偏见。语言表达要更加谨慎，避免使用俚语或容易产生歧义的词句。在书面沟通中要注意格式符合国际惯例。必要时可以寻求专业翻译的协助，确保沟通准确无误。对于重要文件，建议请专业翻译机构把关，避免出现理解偏差。

（七）团队协作沟通技巧

客户经理的工作常常需要跨部门协作，这就需要具备良好的团队沟通能力。在寻求同事协助时，要清晰说明请求内容和期望时间。在传达客户需求时，要确保信息完整准确。在遇到部门间意见分歧时，要以客户利益为重，寻求建设性的解决方案。跨部门协作要注意方式方法。请求协助时要选择恰当的时机，表达要礼貌得体。要充分尊重其他部门的专业判断，善于整合不同意见。在遇到分歧时，要以建设性的态度寻求共识，避免对立情绪。定期与相关部门保持沟通，建立良好的协作关系。信息传递要注意及时性和准确性。重要信息要通过正式渠道传达，并做好记录。对于紧急事项要特别标注，确保得到及时处理。在信息传递过程中要注意保密要求，遵守信息安全规定。定期参加部门会议，及时了解工作动态。良好的团队沟通还包括及时分享市场信息和客户反馈，参与部门会议时积极建言献策。要主动与其他客户经理交流经验，实现资源共享。在团队中树立合作共赢的理念，共同提升服务水平。表3-2为客户经理日常沟通中应避免的体态行为。

表3-2　　　　　　　　　客户经理日常沟通中应避免的体态行为

错误行为	存在的问题	整改
未经许可擅自坐下	在没有征得客户同意的情况下径自坐下，显得缺乏礼貌和尊重	与客户见面时，邀请对方、等对方邀请或双方示意后再落座，展现对客户的尊重
女士穿短裙坐姿不当	着装不当或坐姿不规范，容易显得不够端庄和职业	在正式场合着装应得体，穿短裙时注意坐姿，双腿并拢或交叉叠放，保持优雅
坐姿不规范	坐下时双腿交叉或抱着胳膊，可能显得防备、冷漠或放松过度；坐时抖动腿，让客户感到不专注和紧张	坐下时保持自然端庄的坐姿，双手放在桌面或膝盖上，避免任何小动作
不当站姿	站立时手插裤袋或双手握在背后，显得随意、不专业；手交叉抱在胸前，给人一种防备和拒绝沟通的感觉	站立时双手自然下垂或轻松放在身前，身体直立但不过于僵硬，展现自信和亲和力
小动作过多	一边说话一边互搓双手或手指交缠，显得不自信或紧张；用手抠牙齿，让客户觉得不卫生或不礼貌	避免任何不必要的小动作，双手保持自然，专注倾听和沟通，注意举止得体
距离感不当	交谈时离客户太近，令对方感到不适；交谈时动作夸张显得不稳重	与客户保持适当距离，动作幅度适中，展现专业和稳重形象

二、客户需求洞察与满足

客户需求洞察与满足是商业银行客户经理工作的核心内容，准确把握客户需求不仅能够提供更精准的金融服务，还能够建立长期稳定的客户关系。本节将详细探讨如何深入洞察客户需求并提供相应的解决方案。

（一）需求洞察的基本方法

需求洞察需要建立在深入了解客户的基础之上。客户经理需要全面收集客户信息，包括企业基本情况、经营状况、行业特点、发展战略等。通过企业实地走访，可以直观了解企业的生产经营情况，观察设备状态、库存水平、员工状态等细节信息。在走访过程中，要善于与企业各层级人员交流，收集多维度信息。财务分析是需求洞察的重要工具，要深入分析企业的资产负债表、利润表和现金流量表，识别企业的财务特点和潜在风险。关注企业的营运资金需求、负债结构、现金流特点等关键指标。通过纵向比较分析企业的发展趋势，横向对比了解行业水平。在分析过程中要注意财务数据的真实性和完整性。行业研究同样不可或缺，要了解行业的发展周期、竞争格局、技术变革、政策环境等因素。关注行业的上下游关系，了解供应链特点。通过行业协会、研究报告、新闻媒体等渠道获取行业信息。要特别关注行业的创新动向和发展趋势，预判行业机遇和风险。数据分析是需求洞察的重要工具，通过分析客户的交易数据、资金流向、融资记录等信息，可以发现客户的业务特点和金融需求。要关注资金收付的规律性、季节性特点，了解客户的资金运作模式。通过分析融资记录，了解客户的信用状况和融资偏好。市场调研能够帮助了解客户在市场中的地位，通过走访客户的上下游企业，了解客户在供应链中的位置和影响力。通过市场调查了解客户产品的市场认可度和竞争优势。调研过程中要注意信息的真实性，避免以偏概全。

（二）深层需求挖掘技巧

深层需求往往隐藏在表层需求之下，客户经理要学会通过观察和交流发现客户的深层需求。在与客户交谈时，要注意捕捉客户的情绪变化和语气细节。有时客户的一句无意抱怨可能反映出重要的业务痛点。要学会"听话听音"，理解言外之意。提问技巧在需求挖掘中起着重要作用，开放性问题有助于了解客户的整体情况，封闭性问题则适合确认具体细节。要善于设计有层次的问题，由浅入深了解客户需求。在提问过程中要注意语气友善，避免让客户产生被审问的感觉。

观察法也是重要的需求挖掘手段，在实地走访时，要注意观察企业的生产现场、办公环境、员工状态等细节。这些细节往往能反映企业的管理水平和发展潜力。通过观察企业主的办公室布置，也能了解其个人风格和决策特点。深度访谈能够帮助了解客户的战略意图，要选择合适的时机和场合，与企业决策者进行深入交流。访谈要准备充分，设计好谈话提纲。在交谈中要善于引导，让客户畅所欲言。要特别关注客户谈到的发展规划和面临的困难。

（三）显性需求识别与满足

显性需求是客户明确表达的服务需求，通常包括融资需求、结算需求、理财需求等。对于融资需求，要详细了解资金用途、期限、金额等具体要素。要分析企业的还款来源和担保方式，评估贷款可行性。在设计融资方案时，要考虑企业的经营周期和现金流特点。结算需求要关注企业的资金收付特点，了解企业与上下游企业的结算方式和周期，设计合适的结算产品。对于有跨境业务的企业，要考虑外汇结算和汇率风险管理的需求。要善于运用科技手段，提升结算效率，降低企业成本。理财需求要根据企业的资金特点来设计方案，要了解企业闲置资金的规模和期限，平衡流动性和收益性的需求。在产品推荐时要充分考虑企业的风险偏好，做好风险提示。对于大额资金，可以考虑定制化的理财方案。在满足显性需求时，要注意方案的完整性，要考虑企业整体的金融服务需求，设计综合解决方案。方案要具有可操作性，考虑企业的实际执行能力。要做好售后跟踪，及时了解方案执行情况，适时优化调整。

（四）潜在需求发掘与创造

潜在需求往往隐藏在客户的经营活动中，通过分析企业的业务模式，可以发现供应链融资、贸易融资等潜在需求。要了解企业与上下游企业的合作关系，设计适合的供应链金融产品。对于有稳定上下游关系的企业，可以推荐订单融资、应收账款融资等产品。企业的转型升级往往蕴含着金融服务机会，要关注企业的技术改造、产能扩张、并购重组等战略行为。这些行为往往需要长期资金支持，可以设计相应的融资方案。在方案设计时要考虑项目的可行性和风险状况。

国际化经营带来的需求值得关注。随着企业走出去，会产生跨境结算、外汇管理、海外投资等需求。要了解企业的国际化战略，提供相应的金融服务支持。要特别关注汇率风险管理的需求，推荐适合的金融衍生品。创新业务往往能创造新的需求，要及时了解银行的产品创新，思考如何与客户需求匹配。在推荐创新产品时要注意把握时机，确保客户具备相应的认知水平和风险承受能力。通过创新服务提升客户体验，培养新的业务增长点。

（五）个性化需求解决方案设计

个性化需求解决方案设计要立足客户实际，充分考虑企业的经营特点、财务状况、管理水平等因素。方案要具有针对性，避免照搬其他案例。在设计过程中要多听取客户意见，根据反馈及时调整，让最终方案得到客户的认可和配合。产品组合设计要注意协同效应，不同产品之间要形成互补，提升整体服务效果。例如，将结算和融资产品结合，既能满足企业资金需求，又能增强业务黏性。在设计组合方案时要考虑成本效益，确保方案的经济性。

方案可行性分析要全面深入，要评估企业的接受程度和执行能力，预判可能遇到的困难。对于创新性较强的方案，要考虑试点推行的可能性。在方案执行前要做好风险评估工作，制定应对预案。定价策略要体现差异化，要根据客户的贡献度和合作潜力，设计差异化的价格方案。定价要考虑市场竞争状况，保持合理的利润空间。对于战略性客户可以采取优惠策略，但要建立退出机制。

（六）需求满足的持续优化

需求满足是一个持续优化的过程，要建立客户回访机制，定期了解服务效果。通过满意度调查收集客户意见，找出需要改进的地方。对于客户反映的问题要及时处理，避免影响服务质量。服务流程要不断优化，要关注客户体验的痛点，简化办理流程。充分运用科技手段提升服务效率，降低客户等待时间。对于频繁发生的业务建立标准化流程，提高办理效率。产品创新要贴近客户需求，要及时了解市场变化和客户需求的新趋势。根据客户反馈优化产品功能，提升客户体验。在创新过程中要注意风险控制，确保产品安全性。客户教育也是优化服务的重要环节，要帮助客户了解新产品和服务，提升其金融认知水平。通过培训和交流增进了解，培养客户的金融意识。在服务过程中要注意引导客户合理使用金融产品。

（七）需求管理中的风险控制

风险控制是需求管理的重要组成部分，要建立完善的风险评估体系，对客户需求进行合规性审查。在产品推荐时要遵循适当性原则，确保产品与客户风险承受能力相匹配。对于复杂产品要做好风险提示，确保客户充分理解。信用风险管理要贯穿始终，要持续监控客户的经营状况和财务指标，及时发现风险信号。建立预警机制，对异常情况及时处置。在授信管理中要注意担保措施的有效性，定期评估押品价值。市场风险要重点关注，对于涉及利率、汇率的业务要建立监测机制。帮助客户建立合适的风险对冲策略，避免市场波动带来的损失。在方案设计时要考虑最坏情况，预留风险缓冲空间。操作风险不容忽视，要规范业务操作流程，建立内控机制。加强员工培训，提升风险意识。对于重要环节要实行双人复核，避免操作失误。定期开展风险排查，及时发现和整改问题。

（八）客户价值提升与关系维护

客户价值提升是需求管理的终极目标，要建立客户价值评估体系，定期评估客户贡献度。根据客户价值进行分层管理，提供差异化服务。对于高价值客户要投入更多资源，提供个性化服务。关系维护要注重方式方法，要建立定期走访机制，保持与客户的沟通联系。在重要节点送去问候，展现人文关怀。参加客户的重要活动，增进感情交流。但要注意把握分寸，维护职业形象。增值服务能够提升客户满意度，要定期举办市场交流会，分享行业信息。为客户提供培训服务，提升经营能力。搭建客户交流平台，促进资源共享。通过优质服务赢得客户信任和推荐。客户生命周期管理要立足长远，要关注客户的成长性，培育潜力客户。对于困难客户要给予必要支持，帮助其度过难关。建立客户分类管理机制，实现精准服务。在服务过程中要注意维护客户关系，避免客户流失。

（九）数字化工具在需求管理中的应用

面对数字化转型带来新的机遇，要善于运用大数据技术分析客户需求，实现精准营销。通过人工智能技术提升风险管理水平，实现智能决策。利用区块链技术提升业务效率，降低运营成本。客户关系管理系统是重要工具，要善于运用系统记录客户信息，跟踪服务进度。通过系统分析客户行为特征，预测潜在需求。利用系统管理客户档案，实现信息共享。但要注意信息安全，保护客户隐私。移动金融服务日益重要，要推广手机银行、网上银行等线上渠道，提升服务便利性。开发移动端功能，满足客户随时随地办理业务的需求。通过电子渠道降低服务成本，提升效率。数字化营销要注重效果，要善于运用社交媒体等新渠道开展营销。设计线上产品，满足客户的自助服务需求。通过数字化手段提升客户体验，增强服务黏性。但要注意风险防控，确保业务安全。

（十）行业特色需求管理方法

不同行业的客户需求呈现出不同特点，客户经理要掌握行业特色的需求管理方法。在制造业领域，要重点关注企业的设备投资、技术改造、产能扩张等需求。了解企业的生产工艺和技术特点，评估设备的先进性和产能利用率。关注原材料采购和产品销售的季节性特征，合理安排融资方案。在贸易行业，要关注企业的库存周转情况和资金需求。了解企业的采购周期和销售模式，设计合适的贸易融资产品。关注上下游的结算方式和账期，帮助企业优化资金使用效率。对于进出口贸易，要熟悉信用证、托收等结算方式，提供专业的贸易融资服务。房地产行业要特别关注政策变化和市场周期，了解企业的土地储备和开发计划，评估项目可行性。关注销售回款情况，合理安排融资期限。对于商业地产，要关注租金收入的稳定性，设计合适的经营性物业贷款方案。在农业领域，要考虑生产的季节性特点。了解农产品的生长周期和市场行情，设计灵活的融资方案。关注天气等自然因素的影响，做好风险防范。对于农业产业化龙头企业，要关注其带动农户发展的作用，提供产业链金融服务。

（十一）客户分层服务策略

客户分层服务是提升服务效率的重要手段，要建立科学的客户分层标准，综合考虑客户的资产规模、贡献度、成长性等因素。对于战略客户，要配备专业服务团队，提供一对一服务。定期召开联席会议，及时了解客户需求，快速响应服务请求。对于重点客户，要保持定期走访和沟通。了解客户的经营状况和发展计划，主动设计金融服务方案。提供差异化的产品和价格政策，培养客户忠诚度。建立快速响应机制，确保重要需求得到及时满足。对于一般客户，要提供标准化的产品和服务。通过科技手段提升服务效率，降低服务成本。建立客户成长机制，发掘潜力客户，实现客户价值提升。定期进行客户回访，维护客户关系。对于小微客户，要设计简单易用的产品。简化业务流程，提高服务效率。充分利用线上渠道，实现自助服务。通过批量营销降低获客成本，提升服务覆盖面。

（十二）客户经理的能力建设

客户需求管理对客户经理的综合能力提出了较高要求，专业知识方面，要精通银行产品和业务流程，了解相关法律法规和监管政策。要持续学习行业知识，掌握客户所在行业的特点和发展趋势。通过参加培训、考取职业资格等方式提升专业素养。沟通能力至关重要，要善于倾听客户需求，准确理解客户诉求。要具备良好的语言表达能力，能够清晰传递专业信息。要掌握谈判技巧，在业务谈判中争取有利条件。培养同理心，站在客户角度思考问题。分析判断能力不可或缺，要善于收集和分析信息，具备较强的洞察力。要能够准确判断企业的经营状况和发展前景。具备风险识别能力，能够及时发现潜在风险。培养创新思维，善于发现业务机会。执行力直接关系到服务质量，要有较强的计划和组织能力，确保工作有序开展。要注重时间管理，提高工作效率。具备较强的协调能力，善于整合内外部资源。保持工作热情，主动服务客户。

（十三）团队协作与资源整合

客户需求管理需要团队协作支持，要建立良好的跨部门协作机制，加强与风险、运营、产品等部门的配合。建立客户需求响应机制，明确职责分工，提高服务效率。定期召开协调会议，及时解决问题。资源整合能力很重要。要善于整合行内外资源，为客户提供全方位服务。与政府部门、行业协会等建立良好关系，拓展信息渠道。建立专家顾问团队，为客户提供专业咨询服务。通过战略合作强化综合服务能力。项目制管理可以提升效率，对于重大项目要成立专项服务团队，制订详细的工作计划。明确时间节点和责任人，加强过程管理。定期总结项目经验，形成最佳实践。通过项目带动提升团队能力。知识管理要常抓不懈，要建立客户服务案例库，积累服务经验。通过经验分享促进团队学习，提升整体水平。建立激励机制，鼓励创新实践。营造良好的学习氛围，促进团队成长。

本章小结

本章系统阐述了商业银行客户管理的基本理论框架，包括核心理论、周期管理、差异化关系、服务与营销、客户沟通等内容。关系管理理论部分首先阐述了其核心基础与目标体系。客户价值、客户满意度和客户忠诚度三大理论构成了客户管理的基石，揭示了银行与客户实现价值共创的内在逻辑。在此基础上，银行需要构建涵盖战略发展、经营管理和客户服务三个方面的目标体系，通过科学的客户信息管理、分类分层管理及维护管理机制，推动客户管理规范化开展，并顺应金融科技趋势，向数字化、标准化方向持续创新。

客户管理的核心实践在于对客户生命周期的精细化运营。从客户的开发期、成长期、成熟期到衰退期，银行需要制定贯穿始终且动态调整的管理策略。在开发期，重点放在精准定位和有效拓展；在成长期，重点放在深度满足需求与提供综合化服务；在成熟期，目标是深化合作关系与提升客户价值；而在衰退期，则必须建立完善的风险识别与分类处置机制。通过科学的工具方法与考核机制，银行能够实现对客户全生命周期的价值管理与风险控制，最终实现与客户的共同成长。

在周期管理的基础上，需求分析与差异化服务是实现精准化经营的关键环节。银行需要从规模、经营、财务、职业等多个维度，对企业及个人客户进行系统化的群体分析与客户分类，形成精准的客户画像。针对不同的客户类别，银行应构建层次化的产品服务体系，实现业务与客户的精准装备，无论是为大型企业提供综合化投行服务，还是为高净值个人客户提供定制化财富管理，亦或是为小微企业提供普惠化金融支持，其本质都是为了优化资源配置，提升服务效能。

为将服务策略转化为市场成果，差异化营销与有效的客户沟通成为必要的手段。银行应根据战略客户、重点客户、中小企业及个人客户的不同特点，建立差异化的营销体系和专业的团队支持。尤其在当前，场景化营销已成为发展的重要方向，通过将金融服务深度嵌入教育、医疗、产业供应链等具体场景，实现与客户需求的无缝对接。而这一切的实现，都需要有效的客户沟通。客户经理必须掌握多种沟通技巧，通过深度沟通洞察客户的显性与潜在需求，最终提供超越客户期望的解决方案，建立长期的信任关系。

课后习题

一、单项选择题

1.客户关系管理强调的是以（   ）为中心。

A.客户   B.银行

C.风险经理   D.产品经理

2.在客户生命周期管理中，对处于衰退期的客户管理重点是（   ）。

A.风险识别与防控   B.深化合作达成共赢

C. 分析需求配置产品服务   D. 制定开发策略

3. 场景化营销主要通过深入（   ）的生产生活场景来构建金融服务。

A. 银行   B. 客户

C. 新媒体平台   D. 金融基础数据库

二、多项选择题

1. 客户关系管理的核心内容包括（   ）。

A. 客户信息管理   B. 业务往来管理

C. 日常维护工作   D. 数据分析管理

2. 客户生命周期管理作为一套系统化经营管理体系，包含（   ）阶段。

A. 开发   B. 成长

C. 成熟   D. 衰退

3. 客户经理差异化服务的目的是（   ）。

A. 满足客户多样化需求   B. 提升客户忠诚度

C. 挖掘客户价值   D. 提升市场竞争力

4. 商业银行营销效果的定量衡量指标包括（   ）。

A. 业务规模指标   B. 营销效率指标

C. 风险控制指标   D. 服务质量指标

三、简答题

1. 简述非语言沟通的特点。

2. 客户分层服务的策略有哪些？

第三章课后习题答案

第四章 客户信息采集

第一节 客户信息收集的重要性

客户信息收集作为商业银行客户经理开展业务工作的基础性环节，构建了完整的信息收集理论体系和实践框架。客户信息收集的重要性体现在多个层面，全面准确的信息收集能为客户营销、风险管理和业务决策提供数据支撑。在市场营销方面，客户信息收集有助于深入了解客户需求特征和行为偏好，为制定营销策略提供依据，实现精准营销和产品推荐。在风险管理层面，客户信息收集为客户信用评估、风险识别和预警监测提供基础数据，保障业务安全运行。在客户服务方面，客户信息收集帮助银行更好地了解客户需求变化，优化服务流程，提升服务质量，提高客户满意度。

客户信息收集的内容体系涵盖了客户基本信息、业务信息和发展信息等多个维度。基本信息收集包括客户身份信息、联系方式、职业背景、家庭状况等基础资料，为建立客户档案奠定基础。业务信息收集涉及客户的收入状况、资产负债、交易记录、信用记录等经营财务信息，反映客户的经营状况和信用水平。发展信息收集关注客户的发展规划、投资意向、理财需求等前瞻性信息，把握客户未来发展方向。行业信息收集包括行业政策、市场环境、竞争态势等宏观信息，为业务决策提供参考。关联信息收集涉及客户的关联企业、上下游企业、合作伙伴等相关方信息，构建完整的客户关系网络。

客户信息收集的方法体系建立了多渠道的信息获取机制。直接收集方法通过客户拜访、电话沟通、问卷调查等方式直接获取客户信息，确保信息的真实性和及时性。间接收集方法包括行业研究报告、市场调查数据、媒体报道等渠道的信息采集，扩充信息来源。公开渠道收集利用税务、海关等部门的公开信息，增强信息的权威性。数据分析方法运用大数据技术对客户交易数据进行深度分析，挖掘客户行为特征。信息验证机制通过多渠道交叉验证确保信息的准确性，建立信息质量控制标准。通过系统的信息收集工作，客户经理能够全面掌握客户情况，为业务开展提供有力支持，推动银行与客户建立更加紧密的合作关系。

一、信息采集的作用和功能

在商业银行竞争日益激烈的环境下，客户满意度已成为衡量客户经理工作成效的关键指标。通过系统性地收集和分析客户信息，客户经理能够准确把握客户需求，提供更专业、更贴心的金融服务，从而持续提升客户满意度。首先，充分的客户信息能够帮助客户经理进行精准的客户分层。以中国工商银行为例，客户经理通过收集客户的资产规模、收入水平、职业背景等信息，将零售客户划分为普通客户、财富客户和私人银行客户三个层级。不同层级的客户配备不同级别的服务团队，享受差异化的增值服务。数据显示，实施精细化分层服务后，中国工商银行财富客户的满意度提升了15%，产品渗透率提高了23%。

其次，翔实的客户信息有助于客户经理开展个性化金融服务，中国建设银行2022年的实践表明，通过深入收集客户的投资经验、风险偏好、流动性需求等信息，客户经理能够为客户制订更契合需求的理财方案[1]。例如，对于稳健型客户，重点推荐中低风险的固收类产品；对于平衡型客户，推荐混合型理财产品；对于进取型客户，则可以推荐权益类产品。这种基于客户特征的精准营销，使得产品销售成功率提升了35%，客户满意度达到93分。在提供日常服务时，客户信息的完整性直接影响服务质量。招商银行要求客户经理建立完整的客户档案，记录客户的重要时间节点、资金使用计划、家庭结构等信息。这些信息使得客户经理能够提供更具前瞻性的服务。比如，在理财产品到期前主动与客户沟通续投方案，在客户企业收到大额回款时及时提供现金管理建议，在获知客户子女留学计划时预先介绍跨境

---

① 罗乐. 商业银行授信审批中的问题及应对策略分析［J］. 乡镇企业导报，2025（3）：30-32.

金融服务等。这种主动式服务极大提升了客户体验。据统计，实施主动服务的客户经理，其管户的客户满意度平均高出不实施主动服务的客户经理12个百分点。

问题解决能力是影响客户满意度的重要因素。中国银行在对1万名客户的调查中发现，86%的客户非常重视银行在遇到问题时的处理效率和服务态度。这要求客户经理建立快速响应机制，并做好相关信息的收集工作。具体来说，要记录客户反映的每个问题，包括问题类型、发生原因、解决方案等，建立问题库，用于提升服务效率和质量。同时，要跟踪记录问题解决过程中的客户反馈，及时调整服务方式。

专业化服务水平的提升离不开持续的客户信息积累。中国农业银行在2022年的业务实践中，通过收集整理客户的行业背景、经营状况、上下游企业等信息，帮助客户经理深入了解客户所在行业特点，提供更专业的金融建议。例如，对于外贸企业客户，了解其进出口结算需求、汇率避险需求等，提供专业的国际业务服务方案；对于制造业客户，了解其产业链特点，提供供应链金融解决方案。[①]

满意度评估是改进服务的重要依据，浦发银行建立了多维度的满意度评估体系，定期收集客户对服务态度、专业能力、响应速度、问题解决效率等方面的评价。评估采用多种方式，包括满意度调查表、电话回访、现场走访等。针对评分较低的项目，客户经理需要深入分析原因，制订改进计划。实践证明，建立科学的评估体系，能够帮助客户经理不断提升服务水平。客户信息的收集和运用必须注意合规性，根据监管要求，商业银行在收集客户信息时必须获得客户授权，并确保信息安全。交通银行在实践中采取了严格的信息保护措施，包括建立信息访问权限管理制度、实施加密存储、定期进行内部审计等。同时，要求客户经理签署保密承诺书，定期参加合规培训。

数字化转型为客户信息收集提供了新的途径，平安银行开发的移动展业平台能够帮助客户经理实时记录客户拜访情况，收集客户需求信息，跟踪服务进度等。通过移动终端，客户经理可以随时查询客户资料，提供更便捷的服务。数据显示，使用移动展业平台的客户经理服务效率提升了40%，客户满意度平均提高8个百分点。建立长期的信任关系是提升客户满意度的关键，这需要客户经理持续收集和更新客户信息，保持与客户的有效沟通。兴业银行的实践表明，定期与客户保持联系、及时了解客户需求变化的客户经理，其客户的忠诚度明显高于其他客户经理。数据显示，高频互动客户的产品持有量是低频互动客户的2.3倍，存款规模高出45%[②]。

团队协作对提升客户满意度同样重要，中国民生银行推行"客户经理+"服务

① 卜建峰. Z银行中小企业客户服务营销策略研究［D］. 济南：山东财经大学，2024.
② 金融创新与新质生产力——2024银行家金融创新论坛发言集锦［J］. 银行家，2025（1）：21-49.

模式，要求客户经理与产品经理、风险经理等密切配合，共同服务好客户。这要求客户经理不仅要收集直接服务过程中的信息，还要及时与团队成员共享相关信息，确保服务的连续性和专业性。实践证明，团队协作模式能够显著提升复杂业务的办理效率和服务质量。定期的培训和学习是提升服务水平的必要手段，中国光大银行建立了完善的培训体系，定期组织客户经理学习新产品知识、行业动态、服务技能等。通过案例分析、角色扮演等方式，提升客户经理的服务能力。同时，通过开展经验交流会，分享优秀客户经理的服务心得，促进整体服务水平的提升。综上所述，提升客户满意度是一项系统性工程，需要客户经理在日常工作中不断积累和运用客户信息，持续优化服务流程，提升专业能力。只有真正了解客户需求，才能提供令客户满意的金融服务，建立长期稳定的业务关系。

二、支持产品创新与服务优化

客户信息是产品创新和服务优化的重要基础，通过系统收集和分析客户信息，商业银行能够准确把握客户需求，开发更具针对性的金融产品，优化服务流程。中国银行业协会2023年的调查结果显示，基于客户信息进行产品优化的商业银行，其产品渗透率平均提升了28%，客户满意度提高15个百分点。中国建设银行的实践表明，通过深入收集和分析客户信息，不仅能够设计出更符合市场需求的金融产品，还能显著提升产品的市场竞争力。例如，该行通过收集中小企业的纳税信息、电费数据、交易流水等多维数据，建立了"信用画像"模型，开发了线上融资产品"云义贷"，从申请到放款最快只需30分钟，有效解决了中小企业"融资难、融资慢"的问题，截至2023年底，该产品服务中小企业超过50万户，累计投放金额突破3 000亿元，体现了准确的客户信息对产品创新的重要支撑作用。

在公司业务领域，客户信息的收集和分析直接支持了产品创新和服务优化的落地实施。中国工商银行通过收集企业的经营数据、资金流水、上下游交易等信息，能够准确判断企业的融资需求和结算特点，为不同类型企业设计差异化的融资方案，如针对季节性采购的制造业企业，设计"银票+流贷"的组合融资方案；对销售回款集中的商贸企业，提供现金管理和理财配套服务，2023年的相关数据显示，采用精准画像的企业客户，其融资需求满足率提升至92%，较此前提高了15个百分点。招商银行在对公业务创新方面同样取得显著成效，该行通过分析企业客户的业务办理记录，发现授信材料准备和审批流程是影响客户体验的主要痛点，针对这一问题，该行优化了授信申请材料清单，简化了小额授信审批流程，将贷款审批时间缩短了40%，同时建立重要客户绿色通道，提供加急审批服务，这些优化措施使得企业客户的续做率提升至85%，较优化前提高了20个百分点。

供应链金融服务的创新优化更加依赖全面深入的客户信息收集和分析，中国银行通过深入分析核心企业及与其上下游客户的交易关系、资金流向等信息，开发了一系列针对性强的供应链金融产品，如针对汽车行业的"车商贷"、针对电商平台的"平台贷"等特色产品，这些产品通过核心企业信用的传导，有效解决了上下游中小企业的融资难题。中国民生银行则通过收集梳理客户投诉数据，启动了"服务效能提升"项目，重点优化了开户、理财购买、贷款申请等高频业务流程，如将对公开户材料由原来的26项精简至16项，提供理财产品"一键续投"，贷款额度测算"秒批"等创新服务，优化后的业务办理时间平均缩短了50%，大幅提升了客户服务体验，这些创新优化措施的落地实施都离不开对客户需求的深入分析和准确把握。

科技赋能为产品服务优化提供了新的发展路径，中国光大银行开发的智能营销系统能够基于客户的交易数据和行为特征，自动生成个性化产品推荐方案，系统还具备客户画像分析、产品匹配度评估等功能，显著提升了产品营销的精准度和客户经理的工作效率，2023年的相关数据显示，使用智能系统后，产品营销的成功率提高了35%，客户经理的工作效率提升了40%。在风险控制方面，中国农业银行要求客户经理在设计产品方案时，全面收集分析客户的经营风险、财务风险、管理风险等信息，并开发了"风险预警系统"，通过分析客户的交易数据、舆情信息等，及时发现潜在风险，系统上线后，大额授信客户的预警准确率达到85%，不良贷款率下降了0.5个百分点，体现了客户信息在风险防控方面的重要价值。

产品创新与服务优化是一个持续改进的过程，需要建立健全相关的工作机制。兴业银行制定了详细的服务规范，将客户服务流程细分为88个关键节点，并明确了每个节点的服务标准和质量要求，要求客户经理在服务过程中详细记录客户需求、沟通过程、解决方案等信息，这些记录既是服务改进的依据，也是服务质量考核的标准，标准化管理实施一年后，服务投诉量下降了30%，客户满意度提升了15个百分点。平安银行则建立了"客户之声"反馈机制，要求客户经理定期收集整理客户对产品和服务的意见和建议。2023年，该行基于客户反馈开发的供应链融资产品在上线3个月内实现投放50亿元。同时，针对客户反映的产品易用性问题，优化了线上操作界面，并将产品使用培训纳入客户经理的日常工作中，这些措施的实施都充分体现了客户信息对产品创新与服务优化的重要指导作用。

三、精准营销和风险管控

在商业银行的经营管理中，客户信息采集对实现精准营销和有效风险管控具有重要意义。银保监会2023年的统计数据显示，建立在全面客户信息基础上的精准营销，其转化率比传统营销高出3倍；而基于客户信息的风险预警准确率达到85%，有效降低了信贷资产的不良率。因此，客户经理必须重视客户信息的系统性采集工作。

在精准营销方面，中国工商银行通过建立"四维信息采集模型"取得了显著成效。该模型要求客户经理系统采集客户的基础信息、金融信息、需求信息和行为信息。在基础信息方面，不仅包括传统的人口统计特征，还包括职业发展轨迹、家庭结构变化等动态信息；金融信息覆盖了资产负债状况、产品使用习惯、交易行为特征等；需求信息则关注客户的金融服务诉求、风险偏好、投资理财目标等；行为信息主要采集客户的渠道使用习惯、服务响应特点等。2023年的数据显示，采用该模型后的营销成功率从12%提升至35%。中国建设银行在对公业务领域开发了"企业客户信息地图"系统。客户经理通过该系统采集企业的经营信息、财务数据、交易记录等，形成完整的企业画像。系统特别关注企业的资金流向信息，通过分析企业的收付款记录，自动识别其上下游客户，为供应链金融营销提供目标客户。同时，系统还对接了税务等外部数据源，实时更新企业的变更信息、纳税状况等。这种全方位的信息采集使得该行2023年供应链金融业务增长了45%，新增对公客户3.2万户。在个人业务营销中，招商银行创新采用了"场景化信息采集"方法。客户经理根据客户在不同场景下有针对性地采集信息。对即将步入婚姻的青年客户，重点采集其置业计划、婚庆开支预算等信息；对有子女的家庭，则关注教育基金需求、海外留学规划等信息。这种贴近生活场景的信息采集，使得客户需求预测的准确率达到80%，产品营销的成功率提升至42%。

中国银行在小微企业营销中特别注重产业链信息的采集，客户经理通过走访产业园区、专业市场等小微企业聚集地，系统采集企业的经营特点、行业动态、融资需求等信息。同时，通过政府部门、行业协会等渠道，补充产业政策、市场前景等信息。这种多层次的信息采集为小微企业营销提供了有力支撑。2023年，该行小微企业贷款增长32%，客户续做率达到78%。在风险管控方面，中国农业银行建立了"全维度风险信息采集体系"。该体系要求客户经理定期采集企业的经营数据、财务指标、管理状况等信息，并通过实地走访、视频监控等方式验证信息的真实性。系统还对接了征信、司法等外部数据源，及时掌握客户的信用状况和涉诉情况。2023年，基于该体系的风险预警准确率达到88%，为银行避免潜在损失约60亿元。

浦发银行在零售信贷风控中创新运用了"交易行为分析"。客户经理通过采集客户的账户交易信息，分析其收入稳定性、消费特征、信用履约等情况。系统会自动标注异常交易，如大额现金提取、跨境转账等，提示客户经理关注潜在风险。同时，通过分析客户的消费结构变化，及早发现客户的财务状况变化。这种基于交易行为的风险监测，使得个人贷款的逾期率降低了0.3个百分点。

交通银行在对公风控中特别重视关联风险信息的采集。客户经理需要全面采集企业的股权结构、关联交易、担保关系等信息，绘制企业关联图谱。通过分析关联企业的经营状况、资金往来等信息，识别潜在的关联风险。2023年，该行通过关联风险分析，成功预警了15起集团客户风险事件，避免了重大损失。

中国民生银行创新采用了"产业链风险信息采集"模式。客户经理不仅关注核心企业的经营状况，还要采集上下游企业的经营信息、行业动态等。通过建立产业链数据库，及时掌握产业链的整体风险状况。当上游原材料价格大幅波动或下游需求明显下降时，系统会自动发出风险提示。这种产业链视角的风险管理，使得供应链金融业务的不良率控制在0.5%以下。

中国邮政储蓄银行在县域市场建立了"网格化信息采集"机制。客户经理按照地域划分网格，定期走访辖区内的企业和个人客户，采集经营动态、融资需求等信息。同时，与乡镇政府、村委会保持密切联系，及时了解当地经济社会发展情况。这种接地气的信息采集方式，既支持了精准营销，又强化了风险管控，使得县域贷款不良率保持在1.2%的较低水平。

中国光大银行在风险管控中特别强调预警信息的采集。客户经理建立了"七个必访"制度，即每月必须实地走访重点客户，采集经营场所、存货状况、员工规模、生产订单、上下游评价、市场口碑、融资情况七个方面的信息。同时，要求客户经理及时采集舆情信息、诉讼信息、行业动态等，做到风险早发现、早预警、早处置。

在精准营销和风险管控的实践中，信息采集的质量直接影响工作效果。华夏银行要求客户经理对采集的信息进行"三验证"，即交叉验证（通过多个渠道验证信息的真实性）、实地验证（通过现场走访确认信息的准确性）、数据验证（通过系统分析验证信息的合理性）。只有经过严格验证的信息，才能用于营销决策和风险判断。兴业银行创新建立了"信息共享激励机制"。客户经理采集的有价值信息，如潜在业务机会、风险预警信号等，可以通过系统共享给其他客户经理。对于产生实际业务效果的信息提供者，给予一定的绩效奖励。这种机制调动了客户经理采集和分享信息的积极性，促进了全行信息资源的有效利用。从以上实践可以看出，精准营销和风险管控的效果在很大程度上取决于客户信息采集的质量。客户经理要树立"以信息为本"的理念，建立系统化的信息采集框架，善于运用科技手段提升信息采集的效率和准确性。同时，要注重信息的更新维护，确保信息的时效性和有效性，为业务发展和风险防控提供可靠的数据支撑。

四、提高客户黏性和忠诚度

通过系统性的客户信息采集，商业银行能够精准把握客户需求变化，提供更有针对性的服务，从而提高客户黏性和忠诚度。中国银行业协会2023年的调查数据显示，在客户信息管理较好的银行中，零售客户的平均保持期达到8年，而信息管理较差的银行仅为3年。中国工商银行通过建立"客户生命周期信息管理体系"，显著提升了客户忠诚度。该体系要求客户经理在不同阶段系统采集客户信息：开户阶段重点采集客户的基本情况、金融需求等信息；交易阶段关注客户的资金使用特点、产品偏好等信息；深化阶段则采集客户的家庭结构、子女教育、养老规划等信息。基于这些信息，客户经理能够提供更贴心的服务。例如，2023年该行发现一位资深客户的子女即将留学，提前3个月为其规划跨境金融服务方案，不仅满足了客户需求，还带来了200万美元的境外理财业务。银行信息采集内容与金融服务成效对比见表4-1。

表4-1 银行信息采集内容与金融服务成效对比

银行	业务	信息采集内容	提供服务	成效
中国建设银行	"场景信息采集法"	采集客户在教育、医疗、居住等方面的需求信息	开发"智慧校园""智慧医疗""智慧社区"等场景化金融服务	使用两个以上场景服务的客户，其资金沉淀率提高了25%，流失率降低了40%
交通银行	对公业务"企业成长信息档案"	企业发展规划、融资需求、结算特点等信息	建立动态跟踪机制；设计综合金融解决方案	2023年，公司客户的续做率达到85%，其中超过一半的客户增加了新的业务合作
招商银行	在私人银行业务中采用"家族信息图谱"	高净值客户的家族结构、资产配置、传承需求、客户兴趣爱好、社交圈层等信息	提供定制化的财富管理方案	客户的保持率达到95%以上
中国农业银行	对县域特色客群建立"三农"信息库	农户的种植规模、收入结构、农机装备、农产品市场行情、种植技术等信息	提供综合性服务	平均每户使用3.2个银行产品
中国银行	对公业务实施"产业链信息协同"	核心企业及其上游客户的业务往来、资金需求等信息	为产业链上的企业提供结算、融资、财务管理等一揽子服务	2023年，该行供应链金融客户的保持率达到88%
浦发银行	"企业成长伙伴计划"	中小企业的经营状况、发展瓶颈、融资困难等信息	为企业对接上下游资源、提供培训咨询、组织交流活动	中小企业客户的年流失率降至5%以下
中国光大银行	在财富管理领域推行"客户需求全景图"	客户的资产结构、投资目标、风险偏好、客户生日、结婚纪念日等信息	定期提供资产配置建议；适时送上祝福和关怀	财富客户的续期率超过90%

续表

银行	业务	信息采集内容	提供服务	成效
中国民生银行	对小微企业客户建立"经营信息预警系统"	企业经营数据、现金流状况、市场变化等信息	及时发现企业经营困难，提供融资支持或经营建议	提高了客户信任度，小微企业客户的忠诚度显著提升
华夏银行	"客户圈层信息管理"	客户社交网络、商业关系等信息	通过关系网络延伸服务范围	稳定性明显高于其他渠道客户
平安银行	建立"智能客户关怀系统"	分析客户交易行为、服务反馈、投诉建议等信息	自动识别客户需求和情绪变化	重点客户的流失率降低了30%
兴业银行	零售业务中实施"家庭金融顾问"战略	客户的家庭结构、收支状况、资产负债等信息	为每个家庭制定个性化的理财规划；根据家庭成员年龄特征，提供教育金融、养老金融等专项服务	提升了客户满意度和忠诚度
广发银行	零售业务推出"全生命周期信息追踪"模式	刚参加工作的年轻客户的职业发展规划、购房意向等信息；已婚客户的子女教育、家庭理财等信息；中年客户的养老规划、财富传承等信息	动态跟踪	2023年该行零售客户的平均合作年限达到6.8年
渤海银行	实施"产业专家"战略	产业政策、市场趋势、技术革新等信息	为企业提供更专业的金融建议；帮助企业制订绿色转型融资方案	重点行业客户的合作深度不断提升
北京银行	采用"商圈生态信息系统"	经营特点、资金需求、上下游关系等信息	开发了"商圈通"系列产品，为商户提供收单、融资、现金管理等一体化服务	2023年商圈客户的活跃度达到85%
恒丰银行	在对公业务中推行"集团客户联系人制度"	组织架构、业务布局、发展战略信息、业务需求等	定期召开银企座谈会、高层互访；提供综合化金融服务方案	集团客户的合作范围不断扩大

银行	业务	信息采集内容	提供服务	成效
东莞银行	在县域市场创新推出"小微企业成长伙伴"计划	小微企业主的创业历程、经营困难、发展愿景等	根据采集的信息为企业对接政府资源、组织培训交流、提供经营建议等增值服务	2023年的数据显示,参与该计划的小微企业客户平均使用该行4.2个产品,明显高于普通客户的2.1个
江苏银行	对高科技企业建立"创新企业服务档案"	企业的研发投入、专利技术、人才团队、行业技术发展趋势等信息	设计了知识产权质押、股权质押等创新型金融资产;组织科技企业沙龙、对接创投资源	科技型企业客户的续约率达到92%
南京银行	私人银行业务"家族传承服务计划"	高净值客户的家族构成、资产结构、传承意愿	提供家族信托、保险规划等金融服务,还协助客户进行家族企业治理、财富教育等非金融服务	2023年该行私人银行客户的资产配置率超过85%,家族信托规模突破100亿元
宁波银行	推出"产业链金融服务师"制度	核心企业及其上下游企业的业务关系、资金需求等信息	设计供应链融资、票据池、现金管理等一揽子解决方案	2023年该行供应链金融项下的客户稳定率达到90%
青岛银行	对进出口企业建立"外贸客户服务档案"	企业的贸易伙伴、结算方式、汇率风险、国际市场动态、贸易政策等信息	外贸金融服务	外贸企业客户的业务量年均增长超过20%
上海农商银行	在社区金融服务中推行"全家总管家"模式	居民家庭收入来源、消费习惯、养老医疗等需求信息	对老年客户开发了代发养老金、适老理财等产品;针对年轻家庭推出了住房贷款、子女教育基金等服务	亲民化的服务方式赢得了社区居民的普遍信任
徽商银行	面向制造业企业推出"智造贷"服务体系	企业的设备投入、生产效率、技改需求、转型升级等信息	帮助企业把握智能制造发展机遇	与制造业客户的合作深度不断提升
成都银行	在商圈金融服务中实施"商圈管家"战略	商圈的经营特点、商户构成、客流特征等信息	开发了收单服务、商户贷款、会员营销等特色产品	2023年商圈客户的日均存款较上年增长35%
深圳农商银行	推出"科创企业成长营"项目	科创企业的技术特点、融资需求、发展瓶颈等信息	除提供金融服务外,还根据企业需求组织路演对接、开展创业培训等活动	增强了科创企业客户的黏性

通过以上实践可以看出，提高客户忠诚度的关键在于深入了解客户需求，提供有温度的金融服务。客户经理要建立系统的信息采集机制，善于发现客户需求背后的深层次信息，用专业的服务和真诚的关怀赢得客户的长期信任。同时，要注重信息的持续更新，及时调整服务策略，不断提升客户体验。只有建立在充分信息基础上的服务，才能真正打动客户，形成长期稳定的业务关系。

第二节　常用的客户信息收集方式

商业银行客户信息收集作为客户关系管理的基石，主要通过内部信息系统整合、外部数据获取以及直接沟通等多维度渠道进行信息汇总与分析，借助银行业务系统记录的交易数据、账户信息、理财产品购买记录等历史信息，结合客户在银行的资产配置、融资需求、结算行为等业务往来特征，深入挖掘客户金融服务偏好与潜在需求，为精准营销和个性化服务方案设计提供数据支撑。通过银行内部征信系统、中国人民银行征信系统以及外部评级机构的信用评价报告，全面了解客户的信用状况、违约风险和担保能力，建立科学的客户信用评级体系和风险预警机制，确保信贷资产质量和金融风险可控性。在信息收集过程中严格遵守客户信息保密原则，建立完善的信息安全管理制度和保密协议，保护客户隐私权益，维护良好的银企信任关系。

在企业客户信息收集方面，重点关注企业的工商登记信息、股权结构、组织架构、管理团队背景、财务报表、纳税记录、重大合同、市场份额、行业地位、上下游客户关系等基础信息，通过实地走访、财务报表分析和同业调研等方式，深入了解企业经营状况、发展战略和融资需求，准确把握企业价值链定位和竞争优势。对于上市公司客户，充分利用公开信息披露平台获取企业定期报告、重大事项公告和市场分析报告，持续跟踪企业经营动态和行业发展趋势。在供应链金融业务中，通过核心企业信息系统对接，实现上下游企业订单、物流、资金流等信息的实时共享，提升供应链金融服务的精准性和效率。

对于个人客户信息收集，主要围绕客户的职业背景、收入来源、家庭状况、消费行为、投资偏好等维度展开，通过手机银行、网上银行等电子渠道记录的交易数据，分析客户的资金流向、消费习惯和理财需求，精准识别客户生命周期阶段和金融服务需求，有针对性地开展财富管理和个人信贷业务营销。在高净值客户服务中，通过定期客户拜访和财富沙龙等互动形式，深入了解客户的资产配置诉求和风险承受能力，为客户提供专业的投资顾问服务和个性化的理财方案。借助大数据分析技术，对客户行为特征进行多维度画像，建立客户分层分类服务体系，实现客户关系的精细化管理和价值最大化。在服务过程中注重客户体验反馈，通过满意度调查和需求分析，持续优化服务流程和产品创新，提升客户忠诚度和市场竞争力。

一、网络查询

在商业银行客户经理的日常工作中，网络查询已经成为收集客户信息最基础且最重要的手段。中国银行业协会2023年的调查数据显示，95%的客户经理将网络查询作为首要的信息采集渠道。对于企业客户信息的收集，国家企业信用信息公示系统是最基础也是最权威的查询平台，客户经理可以通过该系统查询企业的工商登记信息、股东及出资信息、年报信息、行政处罚记录等官方数据，这些信息构成了企业尽职调查的基础，例如中国工商银行苏州分行的张经理在办理一笔500万元授信业务时，通过公示系统发现该企业存在多笔行政处罚记录，及时调整了授信方案，有效规避了潜在风险。同时，企查查、天眼查等第三方信息平台为客户经理提供了更全面的企业信息查询服务，这些平台整合了工商、司法、知识产权、招投标等多个领域的数据，并通过关联分析生成企业关系图谱，中国建设银行南京分行的客户经理团队就通过定期检索这些平台，监测客户的经营动态和风险信号。2023年，该团队通过系统预警成功发现风险信号180余条，有效防范了潜在风险。在行业资讯获取方面，中国钢铁网、中国建材网等垂直门户网站提供了翔实的行业数据和市场分析，同花顺、东方财富等金融资讯平台则提供上市公司研究报告和市场评析，中国银行的行业研究团队通过定期整理这些专业网站的信息形成行业分析报告，为客户经理提供决策支持。在个人客户信息收集方面，LinkedIn、微博等社交媒体平台提供了独特的视角，可以帮助客户经理了解客户的职业经历、社交关系、个人兴趣等信息，招商银行私人银行中心的理财经理通过分析高净值客户的社交媒体信息，精准匹配投资产品和增值服务，使得产品推荐的转化率提升了35%。新闻媒体网站是了解重点客户动态的重要渠道，浦发银行建立了重点客户网络信息监测机制，定期搜索整理客户在主流媒体上的相关报道，及时掌握客户的最新发展动态和业务机会。客户经理在进行网络信息查询时必须严格遵守合规性原则。中国农业银行制定了详细的网络查询操作规范，要求客户经理只能采集公开渠道的信息并需要对重要信息进行交叉验证，同时建立了完整的信息更新机制确保掌握的客户信息始终保持时效性。信息的真实性验证是网络查询中的关键环节，交通银行要求客户经理建立"三重验证"机制：首先使用官方数据源核实基础信息，然后通过多个渠道交叉印证，最后通过实地走访确认，只有经过严格验证的信息才能用于业务决策。对于不同类型的客户，网络查询的重点也有所不同，中国光大银行建立了"产业链信息查询模板"，要求客户经理重点关注客户的上下游企业信息、行业集中度、技术发展趋势等，通过系统梳理这些信息帮助客户经理更好地理解企业的市场地位和发展潜力。2023年该行制造业客户的授信准确率提升至92%。

在电商平台和社交媒体数据应用方面，中国邮政储蓄银行通过分析小微企业客户在各大电商平台的经营数据，包括店铺评分、销售规模、客户评价等信息，为授信决策提供依据，这种基于经营数据的分析方法使得小微企业贷款的审批效率提高了40%，不良率保持在1.5%以下。在舆情监测领域，中国民生银行开发了"智能舆情监测系统"，通过设置关键词自动抓取客户在各类网络媒体上的相关信息，当出现重大舆情事件时系统会及时向客户经理推送预警信息。2023年，该系统成功预警了25起重大风险事件，帮助银行有效控制风险。在征信查询领域，华夏银行制定了严格的征信查询制度，要求客户经理在查询个人或企业征信信息前必须取得客户书面授权，同时建立查询日志制度详细记录查询目的、操作人员、查询内容等信息，确保查询行为合规合法。

网络查询效率的提升离不开科技手段，兴业银行开发了"智能信息采集平台"，通过API接口对接多个数据源实现一键式查询，系统还具备智能分析功能，可以自动生成客户画像报告，这大大提高了客户经理的工作效率，单笔授信调查时间平均缩短了30%。在监测机制方面，平安银行建立了上市公司监测机制，要求客户经理定期查阅上市公司公告、研究报告等公开信息，通过对企业经营数据、重大事项、市场评价等信息的跟踪分析，及时把握业务机会和风险信号。北京银行则建立了"信息定期更新机制"，根据客户重要性和风险程度设定不同的信息更新频率，对于重点客户要求每周更新一次市场信息，每月更新一次财务信息，每季度更新一次行业信息，这种动态管理确保了客户信息的时效性。

对于新成立企业的信息查询，深圳农商银行采用"信息拼图法"。新企业的公开信息较少，客户经理需要通过查询股东背景、关联企业、从业经历等信息逐步构建对企业的认知，这种方法在科技创新企业的准入评估中取得了良好效果。在网络信息查询的基础上，杭州银行创新采用"多维交叉验证法"，客户经理将从不同渠道获取的信息进行比对分析，发现信息中的差异和疑点，对于重要信息要求至少通过3个不同渠道进行验证确保信息的准确性。在国际业务方面，南京银行针对进出口企业建立了"跨境信息查询体系"，通过海关数据库、国际贸易平台等渠道查询企业的进出口记录、国际信用评级、境外合作方情况等信息，为跨境金融业务的开展提供了重要支持。

总的来说，网络查询作为客户信息收集的基础手段，要求客户经理既要掌握系统的查询方法也要具备专业的分析能力，通过建立规范的查询流程和科学的验证方法确保收集信息的真实性和有效性，同时要注意信息收集的合规性并保护客户的信息安全，只有这样才能为客户营销和风险管理提供可靠的信息支持。广发银行建立了标准化的信息分类体系，将收集的信息按照基础信息、经营信息、信用信息、行业信息等类别进行归档，同时建立了信息共享机制便于其他客户经理查阅和使用。东莞银行则特别注重数据安全，建立了严格的信息保密制度，对客户信息实行分级管理并设置不同的访问权限，客户经理在下载、传输客户信息时必须使用加密通道防止信息泄露。

二、现场走访

现场走访是客户经理开展客户调查工作最基本也是最重要的方式，通过深入企业生产经营现场，客户经理可以直观地了解客户的实际经营状况。通过实地考察，客户经理可以直观了解客户的经营场所、生产设备、库存情况等关键信息，这些信息往往难以通过其他渠道获取。中国光大银行制定了规范的走访操作规程，将走访工作分为3个阶段：走访前，客户经理需制订详细的走访计划，准备相关资料和工具，确定走访重点；走访中，要如实记录观察情况，拍摄必要的现场照片，与企业管理人员进行深入交流；走访后，及时整理走访报告，在系统中更新客户信息。这种标准化的走访流程，确保了信息采集的质量和完整性。中国邮政储蓄银行特别重视走访过程中的交叉验证，客户经理在走访中除了观察客户自身情况，还要走访客户的上下游企业，了解客户在产业链中的地位和信誉，通过多维度信息的比对分析，全面评估客户的经营状况和发展前景。

不同行业客户的经营特点和风险点存在较大差异，要求客户经理在走访过程中必须有针对性地关注不同要素和风险点。中国农业银行针对不同行业特点制定了差异化的走访指引，对制造业企业重点关注生产车间、设备状况、原材料库存、产品质量等；对零售业客户关注铺面位置、客流情况、商品库存周转情况等；对物流企业检查运输车辆、仓储设施、运营网络布局等；对餐饮企业注意经营场所环境、卫生条件、客源状况等。这种差异化的走访标准提高了信息采集的针对性和有效性。为提高走访效率，中国建设银行开发了移动走访系统，客户经理通过手机 App 可以实时记录走访信息、上传现场照片、提交走访报告，系统还具备定位功能，确保走访真实性。同时，系统会自动提醒客户经理定期走访时间，对重点客户实行差异化走访频率管理。此外，中国工商银行要求客户经理在走访中要注意收集政府规划、环保政策等外部信息，分析这些因素对企业未来发展的影响，使走访工作不仅关注企业现状，更要具有前瞻性。中信银行在走访过程中还特别强调要与企业的基层员工进行交流，了解企业的人员稳定性和工作氛围，这些软性信息往往能反映企业的内部管理水平。

现场走访是发现和防范风险的重要手段，客户经理要善于通过实地观察发现各类风险信号。华夏银行建立了风险预警客户紧急走访机制，当发现客户出现经营异常、还款逾期等风险信号时，客户经理必须在24小时内完成现场走访，核实经营状况，评估风险程度。2023年，该行通过及时的紧急走访成功处置了35笔风险贷款，挽回潜在损失约2.8亿元。现场走访作为客户尽职调查的重要环节，要求客户经理既要有敏锐的观察力，也要具备专业的分析能力。中信银行在走访中特别关注企业现金流状况，通过分析销售订单、采购合同、库存周转等情况，判断企业资金的流动性和还款能力，这种以现金流为导向的走访方法，有效提升了风险识别的准确性。招商银行则注重在走访中关注企业的战略布局和创新投入，通过观察研发设施、技术团队等情况，评估企业的长期发展潜力，这种前瞻性的风险评估方法对科技型企业的授信准入具有重要参考价值。

客户走访的质量直接影响信贷决策的准确性，客户经理必须本着高度负责的态度认真开展走访工作。通过规范的走访流程、科学的观察方法，深入了解企业的实际经营情况，准确判断企业的经营风险，确保信息收集的真实性和有效性，为客户营销和风险管理提供可靠的实地调查支持。客户经理应当将走访工作视为加深客户了解和防范信贷风险的重要手段，通过定期走访及时发现问题，采取相应的管理措施，切实履行客户经理的尽职责任。浦发银行要求客户经理在走访前必须充分研究企业的财务报表和行业特点，带着问题去走访，使走访更有针对性；走访中要善于分析企业负责人的谈吐、办公环境等细节信息，了解企业管理层的综合素质；走访后要及时撰写翔实的走访报告，对发现的问题及时预警和处置。通过这种严谨的走访作风，确保每次走访都能收集到有价值的信息，实现走访工作的实效性。中国民生银行在信贷业务中实行"四个必访"制度，即贷前必访、用款必访、贷后必访、风险预警必访，并将走访质量作为客户经理考核的重要指标，有效提升了客户经理的走访积极性和专业性。

定期走访是防范风险的有效手段，兴业银行要求客户经理根据客户评级和风险程度确定走访频率。一般客户季度走访一次，重点客户月度走访一次，风险客户可能需要每周走访。通过持续跟踪及时发现经营异常信号。北京银行制定了抵押物现场检查制度，要求客户经理定期实地观看抵押物状况，包括使用情况、保管状态、价值变化等。

联合走访能提高尽职调查的效果。平安银行推行"双人走访制"，即客户经理和风险经理共同走访客户。两个部门的人员从不同角度观察和分析问题，形成更客观的判断。特别是对于大额授信项目，联合走访是必要程序。

现场走访的规范性也十分重要，中国光大银行制定了详细的走访操作规程。走访前，客户经理需要制订详细的走访计划，准备相关资料和工作表格；走访中要如实记录观察情况，拍摄必要的现场照片；走访后要及时整理走访报告，并在系统中更新客户信息。这种标准化的走访流程确保了信息采集的质量。对不同行业客户的走访侧重点也不同。中国农业银行针对不同行业客户制定了专门的走访指引。例如，对零售业客户重点关注铺面位置、客流情况、库存周转；对物流企业关注车辆设备、仓储设施、运营网络；对餐饮企业关注经营场所、卫生条件、客源状况。这种差异化的走访标准提高了信息采集的针对性。

突发事件中的应急走访尤为重要。深圳农商银行为客户经理开发了《走访会谈指南》，提供了不同场景下的谈话技巧和问题清单。通过有针对性的交谈，既能获取必要信息，又能维护客户关系。

现场走访也要注意方式方法。杭州银行要求客户经理在走访时注意时间安排，尊重客户的经营规律。比如，对零售商户避免在营业高峰期走访，对制造企业避免在生产繁忙期打扰。这种体贴的走访方式得到了客户的普遍认可。对于跨区域经营的客户，异地走访显得尤为重要。广发银行建立了异地客户协查机制。当客户在异地有重要经营活动时，可以委托当地分行进行现场走访核查，及时了解客户在异地的经营情况。江苏银行开发了远程视频走访系统，在特殊情况下可以通过视频方式进行远程尽职调查。该系统具备录像存证功能，保证了远程走访的有效性。但这仅作为现场走访的补充手段，不能完全替代实地走访。走访信息的及时分享很重要。南京银行建立了走访信息共享平台，客户经理在完成走访后要及时上传走访报告、现场照片等资料。其他客户经理可以查阅相关信息，避免重复走访，提高工作效率。

走访结果的应用也需要规范。东莞银行建立了走访信息评估机制，根据走访发现的问题及时调整客户评级，修改授信方案。对于走访中发现的共性问题，定期进行分析研究，完善信贷政策。总的来说，现场走访是获取真实客户信息的重要手段。客户经理要掌握科学的走访方法，建立规范的走访流程，保证走访质量。同时，要善于观察和分析，把走访中获取的信息转化为有价值的判断，为业务决策提供依据。

三、第三方数据

商业银行客户经理在收集客户信息时，除了网络查询和现场走访外，第三方数据也是重要的信息来源。中国银行业协会的统计资料显示，2023年商业银行采购的第三方数据支出同比增长35%，显示了第三方数据在客户信息采集中的重要性。政府部门的数据是权威的第三方数据来源。中国工商银行与税务部门建立了数据合作机制，可以查询企业的纳税信息、发票数据等。这些数据能够真实反映企业的经营规模和纳税信用。例如，南京分行在2023年通过分析某制造业企业的增值税发票数据，发现其销售收入较上年增长40%，及时增加了授信额度。征信机构的数据对评估客户信用状况具有重要参考价值。中国人民银行征信中心提供的征信报告包含了客户的信贷历史、还款记录等关键信息。中国建设银行要求客户经理在办理授信业务时，必须查询并分析企业和个人的征信记录。2023年，该行通过征信预警成功避免了约50亿元的潜在风险。

行业协会掌握着大量专业数据。中国银行与各地汽车行业协会合作，定期获取车辆产销数据、市场分析报告等信息。这些专业数据帮助客户经理更好地了解行业动态，为汽车产业链客户提供精准服务。2023年，该行汽车产业链融资规模增长25%。专业数据供应商提供了多维度的企业信息。招商银行采购了专业数据公司的企业评分系统，该系统整合了司法、舆情等多源数据，生成企业信用评分。客户经理可以根据评分结果快速判断企业的经营状况和风险水平。海关部门的进出口数据对评估外贸企业很有帮助。交通银行通过与海关合作，获取企业的进出口记录、通关信息等数据。这些信息帮助客户经理准确评估外贸企业的业务规模和履约能力。2023年，该行基于海关数据的贸易融资业务不良率仅为0.3%。

市场调研机构的数据对了解行业趋势很有价值。浦发银行与知名调研机构合作，定期获取消费市场研究报告、行业发展趋势分析等信息。这些专业的市场研究数据帮助客户经理把握行业机会，开发新的业务增长点。例如，基于消费品市场研究数据，该行及时调整了零售业客户的信贷策略。

信用评级机构的评级报告具有重要参考意义。中国农业银行在评估大型企业客户时，会参考标普、穆迪等国际评级机构的评级报告。这些独立第三方的专业评级为信用风险评估提供了重要依据。2023年，该行对公司客户的信用评级准确率达到90%以上。环保部门的监测数据对企业风险评估很重要。中国民生银行与环保部门建立了信息共享机制，定期获取企业的环保监测数据、处罚记录等信息。这些数据帮助客户经理评估企业的环境风险，是绿色信贷的重要依据。2023年，通过环保数据预警，该行成功规避了多笔高污染企业的授信风险。不动产登记中心的数据对房贷业务至关重要。中国光大银行通过对接不动产登记系统，可以查询房产的权属信息、抵押状况等。这些官方数据确保了抵押物的真实性和合法性，是个人住房贷款审批的重要依据。公积金管理中心的数据有助于评估个人客户。华夏银行与住房公积金管理中心合作，可以查询客户的公积金缴存记录、提取情况等信息。这些数据能够反映客户的收入稳定性和信用状况，对个人贷款的风险控制很有帮助。

社保部门的数据对个人客户评估很有价值。兴业银行通过与社保部门合作，可以查询客户的社保缴纳记录、医保参保情况等信息。这些数据帮助客户经理判断客户的就业状况和收入水平，提高了个人信贷的准确性。电力部门的用电数据能反映企业经营状况。平安银行与电力公司合作，获取企业客户的用电量数据。通过分析用电量的变化趋势，可以判断企业的生产经营状况。2023年，该行通过用电数据成功预警了多起企业经营异常情况。第三方支付机构的交易数据很有参考价值。中国邮政储蓄银行与主要支付机构合作，可以查询小微商户的收单交易数据。这些真实的经营数据为小微企业贷款提供了重要依据。2023年，该行小微企业贷款的准确率提升了20%。运营商的通信数据对个人征信有补充作用。北京银行引入运营商的通信数据分析模型，该模型基于客户的通话记录、消费行为等数据进行信用评估。这些替代性数据对传统征信形成了有益补充。物流数据能反映企业的真实经营情况。深圳农商银行与主要物流公司合作，获取企业的物流订单数据。通过分析物流数据，可以验证企业的真实交易规模，有效防范虚假贸易融资风险。在使用第三方数据时，数据质量控制很重要。杭州银行建立了第三方数据评估机制，定期评估数据的准确性、时效性和有效性。对于重要业务决策，要求使用多个数据源交叉验证，确保判断的准确性。

数据安全和客户隐私保护也需要高度重视。广发银行在采购和使用第三方数据时，严格执行数据安全管理制度。要求数据供应商签署保密协议，并对数据传输和存储进行加密处理，防止信息泄露。第三方数据的成本效益分析也很重要。南京银行建立了数据采购评估机制，根据数据的使用效果评估采购价值。对于使用效果好的数据源持续购买，对于性价比低的及时调整，确保数据采购的经济性。第三方数据是客户信息采集的重要补充，客户经理要善于整合各类第三方数据，通过多维度的信息分析，形成对客户更全面和准确的认识。同时，要注意数据质量控制和安全管理，确保第三方数据的有效应用。

四、客户访谈

客户访谈是商业银行获取客户信息最直接、最深入的方式。通过面对面的交流沟通，客户经理能够深入了解客户的经营理念、发展规划和金融需求。银行业协会2023年的调查结果显示，超过80%的重要客户信息是通过有效的访谈获取的。

中国工商银行在对公业务中实施"分层访谈"策略。重点企业客户，客户经理要分别与企业的决策层、管理层和操作层进行访谈。决策层访谈重点了解企业战略规划、投资方向等；管理层访谈关注经营状况、融资需求等；操作层访谈验证具体业务执行情况。这种多层次的访谈方式确保了信息的全面性和真实性。通过多维度的信息收集，全面评估企业的经营状况和信用风险。

各银行都开发了谈话模版供客户经理在开发和维护客户活动中借鉴使用。标准化的访谈提纲保证了信息收集的系统性。一般谈话有开放式提问和封闭式问题。一般首次接触的客户，建议采用开放式问题，通过客户的充分表达获取更多的信息。对于需要核实的信息，可以采用封闭式问题来获取答案。

第三节　客户信息的合规使用与风险控制

商业银行在客户信息使用过程中必须严格遵守国家相关法律法规和监管要求，建立健全客户信息管理制度体系和内部控制机制，包括信息分类分级管理、授权审批流程、信息加密传输、安全存储和合规使用等关键环节的管理规范，确保客户信息在采集、传输、存储、使用、销毁等全生命周期过程中的安全性和合规性，通过物理隔离、系统权限控制、数据脱敏等技术手段防范客户信息泄露风险和违规使用风险，对客户信息查询、下载、打印等操作实施严格的权限管理和操作留痕，定期开展合规检查和内部审计，及时发现和整改信息管理中存在的问题和隐患，持续提升客户信息安全管理水平和合规管理能力。

在客户信息使用环节，商业银行需要建立完善的信息共享机制和授权管理体系，对不同岗位人员的信息访问权限和使用范围进行明确界定，确保客户信息在银行内部各业务条线和管理部门之间的合规流转与有效共享，严格规范客户信息对外提供的审批流程和保密要求，与第三方机构签订保密协议和数据使用协议，明确双方在信息安全保护方面的权利义务和违约责任，对客户信息的跨境传输和使用建立专门的审批流程和风险控制措施，确保符合国家网络安全和数据出境相关规定，在业务创新和产品研发过程中充分考虑客户信息保护要求，采用数据脱敏、匿名化处理等技术手段保护客户隐私，建立客户信息使用全流程的监测预警机制和应急处置预案，有效防范和化解信息安全风险。

商业银行还需要加强员工合规意识培养和专业技能培训，使全体员工充分认识客户信息保护的重要性和必要性，掌握信息安全管理的基本要求和操作规范，树立正确的合规理念和职业操守，严格遵守各项规章制度和操作流程，对违规泄露和滥用客户信息的行为建立严格的问责机制和处罚措施，通过绩效考核和责任追究确保各项管理要求的有效落实，同时加强与监管部门、行业协会的沟通协作，及时了解和落实最新的监管政策要求，积极参与行业自律和标准制定，推动建立统一完善的客户信息保护标准和行业规范，持续完善内部管理机制和风险防控体系，在确保合规经营的基础上实现客户信息的价值挖掘和有效利用，为客户提供更加安全、便捷、个性化的金融服务。

一、客户隐私保护

商业银行在收集和使用客户信息过程中，必须严格遵守客户隐私保护规定。《中华人民共和国个人信息保护法》规定："处理个人信息应当具有明确、合理的目的，并应当与处理目的直接相关，采取对个人权益影响最小的方式。收集个人信息，应当限于实现处理目的的最小范围，不得过度收集个人信息。"中国工商银行制定了全面的客户隐私保护制度，明确规定客户信息的采集范围、使用权限和保护措施。在信息采集环节，中国建设银行建立了"双授权"机制。客户经理在收集客户信息时，必须获得客户的书面授权。对于敏感信息的采集，还需要额外的专项授权。2023年，该行通过系统自动识别，拦截了2 000多起未经授权的信息采集行为。中国银行针对客户信息采取分级分类管理。将客户信息按照敏感程度划分为四个级别：绝密级、机密级、保密级和一般级。不同级别的信息设置不同的访问权限和保护措施。客户经理只能在授权范围内查询和使用相应级别的信息。招商银行在信息脱敏处理方面进行了创新。开发了智能脱敏系统，对客户信息进行自动化处理。系统能够识别身份证号、手机号、账号等敏感信息，并进行相应的遮蔽处理。这种技术手段有效防止了客户隐私信息的泄露。

交通银行建立了完整的授权管理体系。客户经理必须通过生物识别、动态密码等多重认证才能访问客户信息。系统会记录每次访问的时间、内容和操作，形成完整的访问日志。2023年，该行及时发现并处理了150起异常访问行为。中国民生银行特别注重个人客户隐私保护。客户经理在收集个人客户信息时，不得超出必要范围。对于客户的家庭情况、社会关系等敏感信息，必须事先说明用途并获得客户同意，违反规定的行为将受到严厉处罚。浦发银行创新采用区块链技术保护客户隐私。将客户授权记录、信息使用记录等数据上链存储，确保信息使用全程可追溯。这种技术手段极大提升了客户信息保护的透明度和安全性。中国农业银行针对员工离职建立了严格的信息管理制度。离职员工必须交回所有客户资料，并签署保密承诺书。系统自动注销其信息访问权限，防止客户信息流失。2023年，该行成功防范了多起离职人员泄露信息的风险。中国光大银行制定了客户信息使用的审批流程。客户经理使用客户信息进行营销时，必须经过相应权限的审批。系统会自动记录信息使用情况，定期生成使用报告，接受合规部门的监督检查。

华夏银行建立了客户投诉快速响应机制。专门设立客户信息保护投诉渠道，对涉及信息泄露的投诉优先处理。2023年，该行共处理相关投诉85起，及时发现并整改了信息保护中的漏洞。兴业银行建立了客户信息保护的培训体系，定期组织全行员工进行专题培训，内容包括隐私保护法规、操作规范、案例分析等。要求员工考试合格后才能获得信息访问权限。2023年，该行累计培训员工5万人次，有效提升了员工的保密意识。信息打印和复制管理也是重点。北京银行对涉及客户隐私的文件实行严格管理。打印设备采用身份认证系统，记录每次打印内容和操作人员。复印文件必须进行登记备案，使用完后及时销毁。这些措施有效防止了纸质资料泄密风险。平安银行针对远程办公场景制定专门规定。员工在家办公时，禁止将客户信息保存在个人电脑中，必须通过加密通道访问银行系统。严禁在公共场所处理涉密信息，违者将受到处分。中国邮政储蓄银行实施客户信息全生命周期管理。从信息采集、储存、使用到销毁的每个环节都制定了具体的保护措施。过期或不再使用的客户信息要按规定进行彻底清除，确保信息安全。深圳农商银行建立了第三方合作机构管理制度。与数据服务商、科技公司等合作时，必须签订严格的保密协议。定期对合作机构进行信息安全评估，发现问题立即整改。2023年，该行终止了3个存在信息安全隐患的合作关系。广发银行注重移动设备管理。客户经理使用手机银行App等移动应用时，必须安装安全控制软件。严禁在个人手机上储存客户信息，违规者将被追究责任。南京银行针对营销外包活动建立管控机制。向外包公司提供的客户信息必须进行脱敏处理。严格限制信息使用范围，并要求定期销毁相关资料。通过合同约定追究违规责任。江苏银行在网点服务中强化隐私保护。设置隐私保护罩，防止他人窥视客户输入的密码。服务台之间保持适当距离，避免客户谈话被他人听到。这些细节措施体现了对客户隐私的尊重。杭州银行针对VIP客户制定特殊保护措施。指定专人管理重要客户信息，相关资料单独保管。客户经理调岗时必须办理资料交接手续，确保信息安全。

青岛银行重视互联网渠道的隐私保护。网上银行和手机银行采用多重加密技术，防止信息传输过程中被窃取。定期进行安全测试，及时修补系统漏洞。宁波银行建立了信息泄露应急预案。成立专门的应急处置小组，制定详细的处置流程。一旦发生信息泄露事件，立即启动预案，降低损失和影响。2023年，该行成功处置了2起信息泄露事件。成都银行注重内部监督机制建设。合规部门定期对客户信息使用情况进行检查，发现问题及时整改，同时建立举报奖励制度，鼓励员工检举违规行为。徽商银行规范了客户信息查询行为。系统自动记录查询内容和用途，定期生成异常查询报告。对频繁查询、超范围查询等行为进行重点监控，防止信息滥用。长沙银行建立了隐私保护考核机制。将客户信息保护纳入部门和个人的绩效考核。出现泄密事件的，相关人员年度考核直接认定为不合格。这种制度约束确保了各项措施的落实。总的来说，商业银行必须高度重视客户隐私保护工作。通过制度建设、技术手段、人员管理等多重措施，构建全方位的保护体系。客户经理作为直接接触客户信息的人员，更要树立保密意识，严格遵守各项规定，切实保障客户隐私安全。

二、信息安全管理

《中华人民共和国网络安全法》规定了关键信息的等级保护制度；《中华人民共和国数据安全法》要求数据分类分级保护，金融行业需要制定重要数据具体目录；《银行保险机构数据安全管理办法》要求银行金融机构采取有效的管理和技术措施加强数据安全保护，确保客户信息和金融交易数据的安全。商业银行客户经理开展业务过程中的信息安全管理体系建设需要从信息采集、存储、使用、传输等环节实施全流程管控。在信息采集环节，要严格执行客户身份识别制度，核实客户身份信息的真实性和有效性，采集过程必须征得客户明确授权并保留授权记录；在信息存储环节，要按照分级分类管理原则，对客户基本信息、交易信息、征信信息等不同类型信息实施差异化管理，建立严格的访问权限控制机制，防止信息泄露和越权使用；在信息使用环节，要严格遵循"最小授权"原则，根据业务需要合理分配使用权限，确保客户信息使用留有可追溯的操作记录。同时，要建立客户信息全生命周期管理制度，规范信息的保存期限和销毁流程，确保客户信息安全得到全程保护。

客户信息安全管理的技术保障体系涵盖系统安全管理、设备管理和网络安全管理等多个维度的综合防护措施。系统安全管理要求建立完整的用户管理体系，实施严格的密码策略和登录控制，定期进行系统漏洞扫描和安全升级，建立系统访问日志和审计机制；设备管理强调对移动存储设备、打印设备等进行统一管理，禁止在未经授权的设备上处理客户信息，实施设备准入控制和使用监控；网络安全管理通过防火墙、入侵检测、加密传输等技术手段，确保信息传输和存储的安全性。在技术创新发展方面，要积极运用区块链、生物识别等新技术提升信息安全防护水平。

客户经理团队的日常工作规范和操作习惯对信息安全管理具有重要影响。工作场所要保持整洁有序，客户资料不得随意摆放，重要文件要及时归档锁存，涉密文件要专柜保管；业务办理过程中要注意防范信息窃取风险，避免在公共场合讨论客户隐私信息，重要业务谈判要选择保密性好的场所；电子设备使用要遵守安全规范，及时退出业务系统，定期更换密码，严禁在非工作场所处理客户敏感信息；涉及客户敏感信息的文件要按照保密规定进行处理，废弃文件要确保完全销毁，建立销毁记录和责任追究机制。

信息安全管理的组织保障体系建设要求从制度、人员和监督三个层面构建全面的管理机制。制度建设方面要制定完整的信息安全管理制度，明确各岗位的安全管理职责和操作规范，建立严格的责任追究机制；人员管理方面要设置信息安全管理专岗，组织开展定期培训和考核，提升全员安全意识和操作技能，建立违规行为举报和奖惩机制；监督检查方面要开展日常安全检查，定期进行安全评估和漏洞排查，对发现的问题及时整改并追究责任。同时，要加强与监管部门和同业机构的沟通交流，及时了解和落实监管要求。

信息安全管理创新发展需要在风险防控和效率提升之间寻求平衡点。通过大数据分析、人工智能等技术手段提升管理的智能化水平，实现风险的精准识别和主动防控；建立信息安全评估机制，定期评估管理措施的有效性，及时优化和改进管理流程；加强信息安全团队建设，培养既懂业务又懂技术的复合型人才，提升团队的专业能力和创新能力。要密切关注信息安全领域的技术发展趋势，适时引入新技术、新方法，不断提升信息安全管理水平。同时，要注重信息安全文化建设，培养全员的安全意识和责任意识，形成人人重视信息安全的良好氛围。

三、监管要求

银行业监管部门对客户信息管理提出了系统化的监管要求和规范标准，涵盖信息收集使用、保密管理、系统建设等多个方面。在信息收集使用方面，要求银行必须遵循合法、正当、必要的原则，明确告知客户信息收集的目的、方式和范围，获得客户的明确授权同意；客户信息使用要严格限定在授权范围内，禁止超范围、超期限使用客户信息，不得非法买卖、泄露或者向第三方提供客户信息。涉及信息共享和对外提供时，必须严格履行审批程序，确保符合法律法规要求。在日常经营管理中，要建立客户信息保护的内控制度，明确各部门、各岗位的管理职责和操作规范，确保监管要求得到有效落实。

监管部门对银行业金融机构的信息安全管理体系建设提出明确要求。银行必须建立由董事会或高级管理层负责的信息安全管理架构，设立专门的信息安全管理部门，配备具有相应专业知识和技能的管理人员。信息系统建设要符合等级保护要求，实施严格的访问控制和权限管理，建立完善的安全审计机制。要求银行定期开展信息安全风险评估，识别和防范各类安全风险，制定完善的应急预案并定期演练。同时，要加强员工信息安全教育培训，提升全员安全意识和操作技能，防范人为因素导致的信息安全事件。

在客户信息分类分级管理方面，监管要求建立科学的分类分级标准和管理制度。根据信息的敏感程度和重要性，将客户信息划分为不同的安全等级，实施差异化的管理措施。对于涉及客户重要隐私的敏感信息，要采取特殊的保护措施，包括加密存储、专人管理、访问控制等。信息传输过程中要使用安全的传输通道和加密技术，确保信息传输的安全性。针对不同级别的信息制定相应的保存期限和销毁流程，确保过期信息得到及时、安全处理。

监管部门要求银行建立完善的信息安全事件报告和处置机制。发生信息安全事件时，要按照规定及时向监管部门报告，说明事件原因、影响范围和处置措施。要求建立客户投诉处理机制，及时处理客户关于信息安全的投诉和举报，采取有效措施防止类似事件再次发生。同时，要加强与其他金融机构和行业组织的信息共享和协作，共同防范信息安全风险。定期开展信息安全管理自查和评估，及时发现和整改管理中存在的问题和漏洞。

监管部门对违反客户信息保护规定的行为设置了严格的处罚措施。对于未经授权收集、使用客户信息，或者非法买卖、泄露客户信息的行为，将依法追究相关机构和人员的责任。要求银行将信息安全管理纳入内部考核体系，对违规行为实施严格的问责和处罚。监管检查中重点关注客户信息保护制度的执行情况，对发现的问题要求限期整改，并可能采取监管谈话、通报批评、罚款等监管措施。通过严格的监管和处罚机制，促使银行切实加强客户信息保护工作，维护金融市场秩序和客户合法权益。

本章小结

本章系统介绍了商业银行客户信息采集的理论框架与实践方法，从信息采集的重要性、常用方式、合规使用与风险控制等多个维度构建了完整的知识体系。客户信息采集作为客户关系管理的基础阶段，其重要性体现在多个方面。首先，全面准确的信息是提升客户满意度的基石，能够支持银行实现客户的精准分层与个性化服务。其次，客户信息采集是产品创新与服务优化的重要驱动力，通过对客户需求的深度分析，银行能够开发出增强市场竞争力的金融产品。最后，系统化的信息采集是实现精准营销和有效风险管控的前提，也是增强客户黏性与忠诚度的关键所在。

在信息采集的具体实践中，网络查询作为最高效、最基础的手段，要求客户经理运用各类官方及第三方信息平台，并建立严格的交叉验证机制。现场走访作为最直接、最深入的方式，能够获取最精准的真实经营信息，要求掌握规范的客户走访流程和差异化的观察重点。同时，来自政府部门、征信机构、行业协会等渠道的第三方数据，为客户画像提供了重要的补充维度。客户访谈是挖掘客户核心需求、建立信任关系不可替代的沟通方式。

在信息采集的全生命周期中，银行必须严格遵守相关法律法规，以及金融监管部门的各项要求，这些是不可逾越的红线，银行要在信息采集、存储、使用等方面建立完善的授权制度、安全脱敏及应急机制体系。信息管理则需要从制度、技术和人员三个方面构建全方位的防护体系，确保客户信息的机密性、完整性和可用性。

本章旨在帮助读者认识到，客户信息采集不仅是一项基础的数据收集工作，更是一项融合了专业知识、合规意识与实践技巧的系统工程。客户经理唯有掌握科学的信息采集方法，树立合规与安全理念，才能为后续的客户服务、营销拓展和风险管理夯实基础，最终在市场竞争中获得优势。

课后习题

一、单项选择题

1.（　　）为客户信用评估、风险识别和预警监测提供基础数据。

A. 客户信息收集　　　　　　　　B. 客户档案管理

C. 产品创新　　　　　　　　　　D. 服务优化

2.收集客户信息为客户提供金融服务，还有一个重要作用是（　　）。

A. 帮助客户做决策　　　　　　　B. 防范信用风险

C. 为客户提供贵宾待遇　　　　　D. 提高信用等级

3.（　　）是客户经理开展调查工作最基本的方式。

A. 专家访谈　　　B. 现场走访　　　C. 网络查询　　　D. 财务报表

二、多项选择题

1.商业银行客户信息收集主要通过（　　）进行信息汇总与分析。

A. 内部信息系统　　　　　　　　B. 外部信息系统

C. 直接沟通　　　　　　　　　　D. 购买第三方服务

2.（　　）可以查询企业的信息。

A. 国家企业信用信息公示系统　　B. 信用中国网站

C. 企查查　　　　　　　　　　　D. 天眼查

3.客户经理开展业务过程中的信息安全管理体系建设指的是从（　　）等环节实施全流程管控。

A. 采集　　　　　　B. 存储　　　　　　C. 使用　　　　　　D. 传输

三、简答题

1.如何对客户信息进行分类分级管理？

2.简述银行的现场走访制度。

第四章课后习题答案

第五章 营销与业务拓展

【导读案例】

数字化转型助力某银行精准营销取得重大进展

2023 年,A 银行面临传统营销方式效率低下、获客成本高企的困境。该行通过引入数字化营销平台,对接内外部数据,建立了精准的客户画像系统。通过大数据分析,发现了高净值人群的消费特征和金融需求,并据此开发了专属理财产品。在营销策略上,A 银行采用线上线下融合的方式,通过社交媒体进行品牌营销,利用数字化工具进行精准触达,同时在高端商圈设立理财中心提供面对面服务。经过 1 年运营,新增高净值客户数量同比增长 85%,客户满意度提升 30%,成为数字化转型的典型案例。

案例思考

第一节 客户群体分析与精准定位

商业银行客户群体分析建立在多维度数据挖掘和市场细分基础之上,通过对客户的财务状况、交易行为、风险偏好、需求特征等关键指标进行系统分析,结合宏观经济环境、行业发展趋势和区域市场特点,构建科学的客户分层分类体系和价值评估模型,深入把握不同客户群体在金融产品选择、服务需求和风险承受能力方面的差异化特征,制定针对性的营销策略和服务方案,实现客户关系的精细化管理和价值最大化,在充分考虑银行自身资源禀赋和业务优势的基础上,明确目标客户定位和发展重点,形成差异化的市场竞争优势和持续发展能力。

对公客户群体可根据企业规模、所属行业、经营状况、融资需求等维度进行细分,重点关注符合国家产业政策导向、具有较强竞争优势和发展潜力的战略性新兴产业、先进制造业和现代服务业企业客户，针对大型企业集团客户，围绕其产业链、供应链和价值链布局，为其提供综合化、定制化的金融服务方案，满足其在投融资、现金管理、跨境金融等方面的多元化需求，对于中小微企业客户群体，则着重发挥商业银行在普惠金融服务方面的优势，通过标准化产品创新和流程优化，提供高效便捷的融资服务和结算服务，帮助企业降低融资成本和经营成本，推动产业链上下游企业的协同发展和转型升级。

零售客户群体的精准定位需要立足客户生命周期理论，根据客户年龄、职业、收入、资产规模、消费习惯等特征进行市场细分，针对工薪阶层客户群体，重点开发个人消费信贷、住房按揭等标准化产品，满足其在基础金融服务方面的需求；对于高净值客户群体，则需要提供专业的财富管理服务和私人银行服务，包括投资顾问、资产配置、税务筹划等增值服务，通过建立专业的客户服务团队和产品创新体系，不断提升服务质量和客户满意度；在年轻客户群体的开发中，充分运用金融科技手段和线上服务渠道，打造智能化、场景化的金融服务生态，满足新生代客户对便捷性和个性化服务的需求，通过客户群体的精准定位和差异化服务，实现商业银行零售业务的转型升级和价值创造，形成稳定的客户基础和市场竞争优势。

一、客户画像与洞察

在当代商业银行经营管理中，客户画像已经成为实现精准营销、提升客户体验和防范业务风险的核心工具。随着大数据和人工智能技术的发展，银行能够通过收集和分析客户的多维度数据，构建出目标客户的具象化描述，从而更好地理解和服务客户。这种数字化时代的客户洞察方法，正在深刻改变传统银行的经营模式。商业银行客户画像的概念源于市场营销领域，但其内涵已远超简单的客户特征描述。在现代商业银行实践中，客户画像是一个动态的、多维度的、可量化的客户特征描述体系。以一位35岁的科技公司高管为例，其客户画像包含诸多具体特征：月收入5万元以上、偏好线上理财、风险承受能力较强、对基金和股票投资兴趣浓厚、经常出国旅行、有购置第二套房产的需求等。这些特征构成了完整的客户画像，并会随着客户生命周期的变化而动态更新。

构建科学有效的客户画像，关键在于建立完整的数据采集体系。商业银行需要通过多个渠道全面收集客户数据。基础业务数据是最重要的数据来源，包含开户信息、交易记录、产品持有情况等基本要素。除此之外，客户在各渠道的行为数据也具有重要价值，如网点访问、手机银行使用、理财产品购买等情况都能反映客户的习惯和偏好。同时，银行还需要整合征信记录、工商信息、社交媒体等外部数据，以形成更全面的客户认知。中国建设银行的实践很好地诠释了这一点，该行通过整合33个内部业务系统的数据，并引入税务、征信等外部数据，构建了包含超过3 000个标签的客户画像体系，为精准营销提供了有力支持。数据质量管理是客户画像建设的基础工作，某股份制银行在早期客户画像建设中，数据清洗不充分，导致客户标签出现大量误判，严重影响了营销效果。针对这一问题，该行成立专门的数据治理团队，建立了严格的数据质量管理制度，包括数据采集标准、清洗规则、质量考核等多个方面，最终显著提升了数据质量。

数据完整性是质量管理的重要方面，在对公业务中，企业的工商注册信息、纳税等级、开户年限、月均存款、贷款记录等都是不可或缺的基础数据。某银行通过设置强制性信息采集项，并与业绩考核挂钩的方式，将对公客户基础信息完整度提升到95%以上。数据准确性同样不容忽视，银行需要建立严密的数据核验机制，及时发现和纠正错误数据。这包括通过身份证号码校验规则识别有误的身份信息，通过交易金额范围检查发现异常交易，通过地址标准化处理规范客户地址信息等多个环节。某银行开发的数据质量监控系统设置了200多个质量检查规则，实现了数据质量的实时监控和预警。客户信息的动态性要求建立定期更新机制，企业客户的经营状况、个人客户的职业和收入情况都可能发生变化，信息更新的及时性直接影响客户画像的准确性。许多银行都建立了分层次的信息更新制度，对公客户信息每季度更新，高净值个人客户信息每半年更新，普通个人客户信息每年更新，确保信息的时效性。现代客户画像采用层次化的标签体系，从不同维度刻画客户特征。基础标签描述客户的基本属性，对个人客户包括年龄、性别、学历、职业、收入等信息，对企业客户则包括注册资本、员工规模、行业类别、经营年限等要素。这些相对稳定的信息构成了客户画像的基础层。

行为标签反映客户的金融活动特征，包括账户活跃度、交易频次、产品使用情况、渠道偏好等要素。例如"近3个月手机银行登录超过30次""经常使用信用卡分期功能""主要在晚上进行基金交易"等标签，能够直观展现客户的使用习惯和偏好。需求标签通过分析客户的生命周期阶段、资产配置情况、消费特征等信息，预判客户可能的金融需求。某银行通过分析发现，完成车贷还款的客户在3个月内办理其他消费贷款的概率较高，这一发现为后续营销策略的制定提供了重要依据。价值标签着重描述客户的价值贡献和发展潜力，包括存贷规模、中间业务收入等当前贡献指标，以及收入增长趋势、消费能力提升空间等潜力指标。许多银行采用"钻石""白金""黄金""白银"等分层体系，为不同价值层级的客户提供差异化服务。

在对公业务领域，客户画像的应用尤为深入。某国有银行为制造业客户设计的画像模型涵盖多个维度：企业基础特征反映企业的基本实力，包括企业规模、所属细分行业、股权结构、上市状态等信息；经营情况分析关注企业的发展态势，包括营收增长率、毛利率、资产负债率、现金流状况等财务指标，以及订单情况、产能利用率、研发投入等经营指标；产业链分析重点关注企业的行业地位，包括产业链定位、上下游关系、市场占有率等要素；金融需求分析则通过企业资金流动特征，预判其结算、融资、现金管理等方面的需求。个人业务方面的客户画像更为细致。现代商业银行通常从多个维度构建个人客户画像，比如财富特征反映客户的经济实力，包括收入水平、资产规模、负债情况等要素。某银行通过分析发现月收入3万~5万元的客户群体是中高端信用卡的主要目标客户，这一发现有效指导了产品营销策略的优化。

消费特征揭示客户的生活方式和消费偏好，包括消费金额、消费场景、消费时间等信息。某银行发现经常在健身房消费的客户对养老保险产品的接受度较高，这一洞察为保险产品营销提供了新思路。投资特征反映客户的理财需求，包括风险偏好、投资经验、资产配置等方面。银行普遍将客户按投资偏好分为"稳健型""平衡型""进取型"等类型，为不同类型客户推荐相应的投资产品。生命周期特征则关注客户的重要人生阶段，如婚姻状况、子女教育、置业规划等。35岁到45岁高收入客户群体普遍存在子女教育金规划需求的发现，促使多家银行开发了专门的教育金融产品。客户画像在风险管理中的作用日益突出。通过分析客户的交易行为、信用记录、偿债能力等维度信息，银行能够建立客户风险画像，实现风险的早期识别和预警。某银行的对公业务风险预警系统就是典型案例。该系统通过分析企业经营指标（如销售收入波动、毛利率变化、现金流状况等）、信用指标（如逾期记录、欠税信息、诉讼信息等）以及关联风险指标（如股东变更、高管变动、关联企业风险等），构建了全方位的风险监测体系。当企业出现连续3个月销售收入同比下降超过30%等异常情况时，系统会及时发出预警信号。

在客户服务领域，画像分析有效提升了服务的精准性和个性化水平。通过分析客户的渠道使用习惯，银行能够在客户偏好的时间和渠道推送服务信息；通过分析客户的生命周期特征，银行能够在客户人生的重要节点精准提供金融服务方案。某银行将个人客户划分为不同的生命周期阶段：为初入职场的年轻客户重点推广信用卡、消费贷款等产品；为处于财富积累期的客户提供中高端信用卡和理财产品组合；为家庭建设期的客户着重提供房贷、保险等产品；为养老规划期的客户量身定制养老理财、财富传承等服务方案。

客户画像系统的维护和更新是一项持续性工作。客户情况的动态变化要求画像信息不断更新和优化。这不仅需要建立健全的数据治理机制，确保数据的及时性和准确性，还要特别注意客户隐私保护，严格遵守相关法律法规。在实际运营中，专业的数据分析团队、完善的跨部门协作机制、有效的考核激励制度都是保障系统良性运转的重要因素。商业银行需要深刻认识到，客户画像不是简单的数据标签集合，而是深入理解客户、服务客户的重要工具。在实践中，应当将客户画像分析与具体业务场景紧密结合，充分发挥其在客户营销、风险控制、服务提升等方面的价值。随着金融科技的持续发展，客户画像的应用将更加广泛和深入，成为银行数字化转型的重要支撑。

二、细分市场分析

市场细分是商业银行实现精准营销的重要基础工作。通过将整体市场划分为具有相似特征和需求的客户群体，银行能够针对不同群体制定差异化的营销策略，提高营销效率和客户满意度。在数字化时代，市场细分已经从传统的静态分类发展为基于大数据的动态分析过程。某国有商业银行2023年的实践表明，采用精细化的市场细分策略后，营销转化率提升了35%，客户满意度提升了28%，充分证明了科学细分市场的重要价值。

（一）对公业务市场细分

对公业务领域的细分维度丰富多样，需要从多个角度进行综合分析。行业属性是最基本的细分维度，不同行业的企业在经营特点、融资需求、结算特征等方面都存在显著差异。以某股份制银行为例，该行将制造业客户细分为传统制造、智能制造、绿色制造三大类别，并针对性地开发了差异化产品。针对传统制造业企业的设备更新改造需求，推出"技改贷"产品，单户授信额度最高可达5 000万元，期限最长可达5年；针对智能制造企业的研发投入需求，设计了"知产贷"产品，将专利权、软件著作权等知识产权纳入质押范围；针对绿色制造企业的节能环保项目，推出了"绿色信贷"产品，在利率和期限上给予优惠。企业规模带来的差异化特征同样值得关注，某城市商业银行针对小微企业市场进行精细化分类，建立了完整的服务体系。该行对于年营业收入500万元以下的小微企业，推出标准化的"简易贷"产品，采用积分卡评估模型，最快2小时即可完成审批；对于营收500万~2 000万元的企业，提供"成长贷"产品，结合企业经营数据和纳税信息进行综合评估；对于营收2 000万~5 000万元的企业，则配备专属客户经理，提供定制化的融资方案。这种基于规模的精细化服务极大提升了小微企业的融资可得性，该行小微企业贷款户数在1年内增长了65%。

企业发展阶段的细分也产生了显著效果，某国有银行针对科技创新企业建立了全生命周期的服务体系：种子期企业（成立不满1年）主要提供开户、结算等基础服务，同时对接创投资源；初创期企业（成立1~3年）提供最高300万元的信用贷款支持；成长期企业（成立3~5年）可获得最高2 000万元的综合授信；成熟期企业（成立5年以上）则能享受包括股权融资、上市辅导在内的全方位金融服务。这种基于生命周期的差异化服务策略，使该行在科创企业市场的份额持续领先，科创企业客户数年均增长率达到40%。区域特征在对公客户细分中发挥着独特作用，某省级分行深入研究区域产业特点，将企业客户分为临港产业、高新技术、现代服务业等类别。在临港产业集群，重点发展贸易融资业务，创新推出了"港信通"产品，为进出口企业提供订单融资、应收账款融资等服务，业务量1年内增长了85%。在高新技术园区，突出科技金融特色，推出了知识产权质押、股权质押等产品组合，支持科技企业创新发展。在服务业集聚区，针对商贸企业推出了"经营性物业贷""存货质押贷"等产品，满足服务业企业的多样化融资需求。

（二）个人业务市场细分

个人业务的市场细分更需要多维度立体分析，年龄段特征带来的差异性要求银行提供更有针对性的服务。某全国性银行基于年龄特征，将个人客户划分为不同群体并制订专属服务方案：

Z世代客群（18~25岁）：这部分客户虽然当前资产较少，但增长潜力巨大。银行针对性开发了Campus·Card、留学金融、考证分期等特色产品，并在手机银行中增加了二次元风格的界面主题、年轻化的交互设计，有效提升了年轻客户的活跃度和满意度。数据显示，该行Z世代客户的手机银行使用频次是其他年龄段的2.5倍。

青年客群（26~35岁）：这部分客户处于事业上升期和家庭构建期的客户群体，具有旺盛的信贷需求和理财需求。银行重点推出了"青年置业贷"产品，针对性优化了首付比例和还款方式；同时开发了"青年理财""子女教育基金"等产品，帮助客户实现资产增值。这些产品组合使该年龄段客户的综合金融资产年均增长达到25%。

中年客群（36~50岁）：该群体普遍已经积累了一定财富，对资产配置和财富管理需求强烈。银行提供包括个人资产配置、家庭保障规划、子女留学金融在内的综合服务方案。针对企业高管群体，还推出了股权质押融资、期权行权融资等特色产品。这种全方位的服务策略使中年客群成为银行的核心价值客群，人均金融资产达到100万元以上。

银发客群（51岁以上）：养老金融需求突出，银行开发了养老理财、养老保险、以房养老等系列产品。针对高净值客户，还提供家族信托、财富传承等专业服务。同时，考虑到老年客户的特点，在网点配备了"银发专属服务区"，提供大字版单据、便利化操作设备等适老化服务。

职业特征是个人客户细分的另一重要维度，某城商行针对不同职业群体开发了系列特色产品。针对医疗从业人员推出"医师贷"产品，可用于购置医疗设备、诊所装修等，单户授信额度最高500万元。同时提供执业责任险、医疗场所财产险等保险产品组合。这些特色服务使该行在医疗行业客群的市场份额达到35%。针对教育工作者设计了"教师贷"产品，利率优惠，还款方式灵活，可用于子女教育、个人进修等用途。配套推出工资代发、专属理财等服务，形成了教育行业客群服务品牌。针对高科技企业员工群体创新推出了期权行权融资、科技人才创业贷款等产品。考虑到该群体的行为特点，重点发展线上服务渠道，实现了贷款申请、审批全流程线上化。

财富等级是商业银行最关注的细分维度，某股份制银行建立了完整的财富客群服务体系：大众客户（金融资产50万元以下）以标准化产品为主，重点提供借记卡、消费信贷、基础理财等产品。通过数字化渠道提供自助服务，降低服务成本。同时注重客户培育，设立了大众客户向上迁徙的激励机制。财富客户（50万~200万元）配备理财经理，提供个性化的理财建议和资产配置方案。开发了中高端信用卡、特色理财产品，并提供专属增值服务。这类客户的贡献度较高，年均综合收益率达到2.5%。私人银行客户（200万元以上）享受一对一的私人银行家服务，提供全球资产配置、家族信托、税务筹划等专业服务。设立了私行专属中心，打造高端专业的服务环境。私行客户的管户效益是普通客户的8~10倍。

（三）细分市场评估

科学的市场细分需要建立完整的评估体系。市场规模是基础评估指标，需要考察客户数量、业务规模、收入贡献等要素。某分行在评估小微企业市场时发现，辖内有小微企业客户超过5万户，年度融资需求达到200亿元，信贷收入可达3亿元，显示出巨大的市场空间。市场增长潜力的评估需要前瞻性研究。某银行通过对人口结构、财富分布、消费习惯等因素的分析，预测到2025年，辖区内中等收入群体将增长30%，由此提前布局财富管理业务，推出系列特色产品。

竞争态势分析要求全面的市场调研。某城商行在深入研究后发现，科技型中小企业是竞争相对薄弱的市场空白点。该行及时调整策略，在科技园区设立专营机构，开发科技金融产品，实现了科技企业客户数量和业务规模的快速增长。成本收益测算是评估的关键环节。银行需要考虑获客成本、服务成本、预期收益等多个因素。某银行在零售业务转型中详细测算发现：大众客户获客成本低但单户贡献有限，财富客户获客成本较高但综合收益率最优，私行客户虽然服务成本高但利润贡献最大。这些分析为客群发展策略的制定提供了重要依据。风险收益平衡也是评估的重要内容。某银行在小微业务发展中采用组合策略：将70%的信贷资源配置给经营稳定型客户，20%配置给成长型客户，10%配置给创新型客户，实现了风险和收益的较好平衡。

（四）市场细分动态优化

市场细分是动态的过程，需要持续优化调整，市场环境变化可能带来细分策略的调整需求。客户需求的演变也要求细分策略随之更新，某银行发现近年来年轻客户对数字货币、基金投资的需求快速增长，及时在手机银行中增加了相关功能模块，并开发了数字化投资顾问服务。竞争格局的改变同样影响细分策略。某银行面对互联网金融的冲击，重新定义了零售客群分类标准，增加了互联网行为特征维度，开发了系列线上产品，提升了市场竞争力。监管政策的变化也需要及时响应。某银行根据监管对普惠金融的要求，优化了小微企业的细分标准，简化了业务流程，提高了服务效率，实现了普惠金融业务的稳健发展。

第二节　有针对性的营销策略制定

商业银行营销策略制定需要建立在深入的市场研究和客户分析基础之上，通过整合内外部数据资源，对目标市场的竞争格局、客户需求特征和发展趋势进行系统分析，结合银行自身的资源优势和业务特色，制定差异化的营销策略体系和实施方案，在公司业务领域，重点围绕产业链核心企业开展营销布局，通过与龙头企业建立战略合作关系，带动上下游配套企业获取业务机会，发挥供应链金融服务的协同效应和规模效应，针对不同行业客户群体的经营特点和融资需求，设计个性化的金融产品组合和服务方案，在信贷支持、现金管理、投资理财等方面为企业提供全方位的金融解决方案，推动产融结合和业务协同发展。

在零售业务营销策略方面，商业银行需要深化场景金融和生态金融理念，围绕客户的消费、投资、教育、医疗等重要生活场景，构建场景化的营销服务体系和产品创新机制，通过与互联网平台、消费服务商的战略合作，将金融服务嵌入到客户的日常生活场景中，提升服务的便捷性和触达效率，针对高净值客户群体，则需要建立专业的私人银行服务团队，通过财富管理、资产配置、家族信托等专业化服务，满足客户在财富传承和资产保值增值方面的需求，同时加强数字化营销能力建设，运用大数据分析和人工智能技术，实现客户需求的精准识别和产品推荐，提升营销活动的针对性和转化效果，建立以客户为中心的营销服务体系，实现从产品营销向价值营销的转型升级。

营销策略的有效执行离不开科学的资源配置和组织保障，商业银行需要建立完善的营销管理制度和激励约束机制，通过绩效考核和资源倾斜，引导营销团队聚焦重点客户群体和业务领域，加强营销人员的专业能力培养和职业素养提升，建立规范的客户拓展流程和风险管理机制，确保营销活动的合规性和可持续性，在营销策略实施过程中注重效果评估和动态优化，通过营销数据分析和客户反馈收集，及时调整和完善营销策略，提升营销资源的使用效率和投入产出比，建立长效的客户关系维护机制和服务质量管理体系，通过持续的产品创新和服务优化，提高客户黏性和品牌忠诚度，实现商业银行可持续发展和市场竞争力提升。

一、营销渠道选择

商业银行的营销渠道选择直接影响营销效果和客户体验，在数字化转型背景下，银行需要构建全方位的营销渠道体系，实现线上线下的深度融合。某国有银行通过建立"全渠道+全场景"的营销体系，将获客成本降低了35%，营销转化率提升了45%，很好地诠释了科学选择营销渠道的重要性。这种全渠道营销策略不仅提升了营销效率，更重要的是满足了客户全方位、多层次的服务需求。

物理网点作为传统营销渠道，在数字化时代需要转型升级。某股份制银行推动网点向营销服务中心转型，取得了显著效果。该行将网点分为旗舰店、综合店、精品店三种类型，针对性配置营销资源。旗舰店面积超过1 000平方米，设置公私业务营销专区、理财中心、贵宾室等功能分区，配备专业的产品经理和投资顾问，主要服务高净值客户和战略级企业客户。综合店面积500~800平方米，以标准化服务为主，同时保留一定的营销功能。精品店面积300平方米左右，突出特色业务，如设立小微企业服务中心、出国金融专营网点等。在旗舰店的设计中，该银行特别注重营销氛围的营造。大堂采用挑高设计，营造开阔明亮的空间感；功能分区采用半开放式布局，既保证私密性又不失亲和力；服务区配备智能设备，方便客户自助办理业务。贵宾理财区设置了独立的洽谈室，配备了茶艺区和休息区，提供私密、舒适的服务环境。这种人性化的空间设计显著提升了客户体验，旗舰店的客户驻留时间平均延长了25分钟，产品转化率提高了40%。

综合店则突出便捷高效的服务特色，通过设立快速服务区、理财专区、对公服务区等功能模块，实现了客户分流和精准服务。大堂配备了智能导航设备，可以根据客户需求自动推荐最适合的服务区域。通过这种科学的功能布局，综合店的客户等待时间缩短了35%，服务效率提升了50%。精品店主打特色服务，如某银行在高校附近设立的"青年金融主题店"，整体设计采用年轻化风格，配备了留学金融顾问、校园贷款专员等专业人员，开发了助学贷款、留学金融、考证分期等特色产品。这种差异化定位使该网点在半年内吸引了超过3 000名年轻客户，校园贷款市场份额达到45%。网点营销创新不仅体现在硬件配置上，服务模式的创新同样重要。某城商行在网点推行"客户经理+产品经理"双线服务模式。客户经理负责客户关系维护和需求挖掘，产品经理提供专业的产品解读和投资建议。为确保服务质量，该行为两类岗位制定了严格的准入标准：客户经理需要具备5年以上客户服务经验，并取得理财师资格；产品经理则要求具有金融、投资等相关专业背景，并熟悉各类理财产品的特点和风险。

在实际运作中，双线服务模式采用团队协作的方式。客户经理通过日常维护了解客户需求，定期与产品经理共享客户信息，共同研究服务方案。当发现客户有重要理财需求时，由客户经理安排产品经理参与服务，提供专业建议。这种专业分工的服务模式极大提升了服务效果，网点理财产品销售额提升了60%，客户满意度提升了40%。上门拜访在对公业务营销中发挥着重要作用。某银行制定了差异化的拜访策略：对战略客户，每月至少一次高层互访；对重点客户，每季度一次综合拜访；对一般客户，根据业务需求安排拜访。在拜访管理上，该行建立了完整的工作流程：拜访前准备阶段，客户经理需要完成详尽的客户分析报告，包括客户基本情况、行业发展趋势、竞品对比分析、潜在业务机会等内容。同时根据客户特点，准备有针对性的产品方案和营销材料。对于重要客户，还要组织内部研讨，制订专项服务方案。拜访实施阶段，注重方式方法。对于高层拜访，重点是战略合作层面的沟通；对于业务拜访，则侧重具体项目的对接和推进。拜访过程中，客户经理需要做好记录，重点记录客户需求、合作意向和下一步工作计划。拜访后续阶段，强调及时跟进。客户经理需要在24小时内完成拜访报告，并根据客户需求发起相应的业务流程。对于重点项目，实行专人负责制，确保事事有回应、件件有着落。这种规范化的拜访管理使该行对公存款市场份额提升了3个百分点，公司客户满意度提升了25%。

转介绍营销是传统渠道中的重要组成部分。某银行建立了完善的客户转介绍激励机制：针对个人客户，推出"荐者有份"活动，客户成功推荐新客户开立理财账户，双方都可获得理财收益加码。活动设置了多个奖励等级，推荐的客户资产规模越大，奖励力度越大。同时，建立了长效激励机制，对持续推荐优质客户的老客户给予VIP等级提升等特殊权益。在对公业务方面，该行实行"供应链金融计划"，鼓励核心企业推荐上下游客户。核心企业通过系统平台向银行推荐供应商或经销商，银行优先为这些企业提供融资支持。作为回报，核心企业可以获得综合授信额度的提升和利率优惠。这种基于产业链的转介绍模式效果显著，一年内该行新增转介绍企业客户2 000余户，授信总额超过100亿元。

手机银行已经成为最重要的数字化营销渠道，某股份制银行通过大数据分析，为不同客群打造个性化的手机银行界面。该行建立了智能推荐引擎，根据客户的年龄、职业、收入、消费习惯等特征，动态调整页面展示内容和产品推荐策略。

对于年轻客群，界面设计采用时尚简约风格，功能模块突出理财、信用卡、消费贷款等高频服务。产品推荐以基金、股票等风险较高但收益潜力大的产品为主，同时增加了投资课堂、理财社区等互动功能，满足年轻客户的学习和交流需求。

针对中年客群，界面风格更加稳重大气，突出展示综合理财、保险规划、子女教育金融等服务。产品推荐以中低风险的理财产品为主，同时提供资产配置建议和投资组合分析。对于老年客群，采用简约清晰的界面设计，字体加大，操作流程简化。功能模块突出日常结算、养老金融等基础服务，同时开发了语音助手功能，方便老年客户操作使用。这种千人千面的服务策略使该行手机银行月活用户增长了55%，客户满意度提升了35%。

场景化营销在数字渠道中表现突出。某银行立足客户生活场景，打造了全方位的场景金融服务体系。在消费场景中，与知名电商平台合作，嵌入信用卡分期、消费贷款等金融服务。系统通过分析用户的购物行为和征信状况，在用户购买大额商品时自动测算分期方案，一键即可申请办理。在支付环节，根据客户的消费能力和信用记录，实时推送个性化的信贷产品。在生活服务场景中，该行与教育、医疗、旅游等机构开展合作，提供场景化金融解决方案。例如，在挂号平台嵌入医疗分期服务，在留学机构接入留学金融产品，在旅游平台对接旅游保险和外汇服务。通过场景化营销，信用卡和消费信贷业务实现了翻倍增长，场景获客成本降低了50%。社交媒体营销需要内容和形式的持续创新。某银行组建了专业的新媒体运营团队，采用"产品+内容+社群"的运营模式。在内容创作上，推出了"金融小课堂"系列短视频，邀请理财经理用通俗易懂的方式讲解投资知识。视频内容涵盖基础理财知识、市场分析、产品介绍等多个方面，帮助客户建立理财意识，提升投资能力。

在社群运营方面，该行针对不同客群建立了特色社群。理财社群定期举办线上投资沙龙，分享市场观点和投资策略；年轻客群社群关注理财入门和职业发展；企业主社群则关注企业经营和财富管理。通过持续的社群运营，该银行建立了强黏性的客户关系，社交媒体粉丝突破500万，带来了大量营销转化。

精准广告投放是数字营销的重要手段。该行通过建立统一的数据分析平台，实现了广告投放的精准化。系统通过分析客户的行为轨迹、兴趣偏好、风险承受能力等特征，构建客户画像，实现广告的智能推送。例如，对于近期浏览房产网站的客户，系统会推送房贷产品信息和购房计算器；了解到客户有投资理财偏好，则重点推荐相关的理财产品和投资课程。在广告投放策略上，采用程序化购买方式，根据投放效果实时调整预算分配。同时，通过A/B测试不断优化广告内容和形式，提升广告效果。这种基于数据驱动的精准营销将广告转化率提升了3倍，获客成本降低了 45%。

全渠道营销要求建立完善的协同机制，某银行构建了"线上引流、线下服务、数据赋能"的营销体系。通过手机银行、微信公众号等线上渠道发布营销活动信息，吸引客户到网点体验服务。客户在线上预约后，系统自动将客户信息推送给网点，网点据此提前准备相关材料，安排专属客户经理服务。服务过程中的所有信息都会记录到统一的客户管理平台，用于持续优化服务策略。在渠道协同方面，该行建立了统一的营销活动管理平台。各渠道的营销活动统一策划、统一管理、统一考核，避免了渠道之间的恶性竞争。同时，建立了渠道间的客户转介机制，实现资源共享和优势互补。这种协同机制显著提升了营销效率，综合金融服务占比提高了 20%。数据共享是渠道协同的基础。某银行投入巨资建设了统一的客户信息平台，实现了各渠道之间的数据互通。该平台采用分布式架构，支持海量数据的实时处理和分析。通过建立统一的客户视图，该行将客户在各渠道的行为数据进行整合，形成完整的客户画像。

二、营销方案设计

商业银行营销方案的设计是一项系统工程，需要深入研究目标市场、准确把握客户需求、合理配置营销资源。某大型商业银行在年度营销方案设计中采用"目标导向、客群细分、产品匹配、渠道协同"的策略，实现了营销效率的显著提升，客户规模增长 30%，综合收益提升 25%，体现了科学设计营销方案的重要价值。

（一）营销目标设定

营销目标的设定需要遵循"具体、可衡量、可实现、相关性、时限性"的原则。某股份制银行在零售业务营销目标设定中，采用多层次的目标体系：规模目标明确具体，年度新增有效客户 20 万户，其中财富客户（金融资产 50 万元以上）占比不低于 15%；管理金融资产新增 500 亿元，其中理财产品规模占比 40%、基金及资管产品占比 30%、保险产品占比 20%、其他产品占比 10%。质量目标注重效益，客户活跃度提升 10 个百分点，产品渗透率提升 15 个百分点；客均金融资产提升 20%，中高端客户占比提升 5 个百分点；综合收益率同比提升 1 个百分点。服务目标关注体验，客户满意度达到 95% 以上，投诉处理满意率达到 98%，服务时效提升 30%，智能化服务占比提升 20 个百分点。对于不同层级的客户，制定差异化的服务标准，确保服务质量。

在对公业务方面，营销目标设定更加注重结构优化：客户结构目标，年度新增战略客户 10 户、重点客户 100 户、一般客户 1 000 户；其中高新技术企业占比不低于30%，制造业企业占比不低于40%，现代服务业企业占比不低于20%。业务结构目标，对公存款日均增长15%，其中活期存款占比提升3个百分点；对公贷款增长20%，其中中长期贷款占比不低于60%；中间业务收入增长25%，其中投行类业务收入占比提升5个百分点。风险管控目标为不良贷款率控制在1%以下，拨备覆盖率保持在300%以上；信用风险、市场风险、操作风险等各类风险指标全面达标。

（二）目标客群策略

营销方案设计要针对不同客群特点，制定差异化策略。某城市商业银行在零售业务方案中，将客户分为四个层次：第一层次，大众客群营销策略，以获客和培育为主，通过手机银行开户送礼品、借记卡积分奖励等活动吸引客户，同时开展基础理财知识普及，培养客户理财意识。重点发展年轻客户，推出"青年成长计划"，提供专属理财产品和增值服务。第二层次，财富客群营销策略，注重产品销售和资产提升。配备专属理财经理，提供一对一投资顾问服务。开发中高端理财产品，如净值型理财、固收+基金等，满足客户资产保值增值需求。同时提供综合金融服务，包括保险规划、子女教育金融等。第三层次，私人银行客群营销策略，强调专业服务和增值体验。成立专业服务团队，配备投资顾问、税务专家、法律顾问等，提供资产配置、财富传承、税务筹划等专业服务。定期举办高端客户活动，如艺术品鉴赏、健康讲座等，提升客户体验。第四层次，战略客群营销策略，以家族财富管理为核心。提供家族信托、全球资产配置、慈善基金等专属服务，帮助客户实现财富的保值增值和代际传承。建立战略客户服务中心，配备私人银行家，提供一站式综合金融服务。

在对公业务营销方案中，某股份制银行根据企业规模和发展特点，实施分层营销：战略客户营销采用"总分联动、项目制推进"模式。总行层面成立战略客户服务团队，对接客户总部；分行设立专属服务团队，服务区域分支机构。制订年度战略合作计划，定期召开银企联席会，推进重点项目落地。重点客户营销以"综合开发、交叉销售"为主。设立客户经理、产品经理、风险经理三位一体的服务团队，深入挖掘客户需求。提供授信、结算、现金管理等一揽子金融服务，实现综合收益最大化。成长型客户营销注重"风险控制、稳健发展"。针对优质中小企业，创新开发订单融资、应收账款融资等产品，支持企业成长。建立预警监测机制，做好贷后管理，控制风险。小微企业营销强调"批量获取、标准作业"。与政府园区、行业协会合作，批量拓展小微客户。运用标准化产品，提高审批效率，降低运营成本。同时，加强风险管理，实行限额管理和组合管理。

（三）产品组合设计

产品是营销方案的核心要素。某银行根据不同客群的需求特点，设计了多层次的产品体系：基础类产品包括借记卡、手机银行等，突出便捷性和普惠性。针对年轻客户开发校园版手机银行，简化操作流程；面向老年客户推出关爱版借记卡，增加养老金融功能。理财类产品采用"固定收益+浮动收益"的组合策略。开发系列净值型理财产品，覆盖不同期限和风险偏好；引入优质基金产品，满足客户资产配置需求；创新发展养老理财、ESG主题理财等特色产品。贷款类产品以个人住房贷款为主，辅以消费贷款和经营贷款。优化住房贷款流程，提供利率优惠；创新发展信用贷款产品，如职业贷、信用卡分期等；支持个体工商户发展，提供经营性贷款支持。保险类产品注重保障和理财的结合，与保险公司合作开发终身寿险、年金保险等保障型产品；同时推出投连险、万能险等投资型产品，满足客户资产配置需求。

结算类产品以现金管理为核心，开发集团资金池、跨境资金管理等产品，提升企业资金运营效率。建设供应链金融平台，为核心企业及其上下游客户提供一体化金融服务。融资类产品创新发展结构化融资、项目融资等产品，满足企业多样化融资需求。开发绿色信贷、科技信贷等特色产品，支持实体经济发展。运用资产证券化等工具，盘活信贷资产。投行类产品包括债券承销、并购重组、股权融资等，为企业提供综合金融解决方案。建立投行业务专业团队，强化产品创新和风险管理。

（四）传播策略制定

营销信息的传播需要选择合适的方式和渠道，某股份制银行在传播策略上采用多渠道立体化传播模式：品牌传播以情感诉求为主，突出银行的专业性和可信赖度。通过电视广告、户外广告等传统媒体进行品牌曝光；利用新媒体平台讲述品牌故事，增强品牌亲和力。定期举办公益活动，提升品牌美誉度。产品传播注重信息的精准触达。针对不同客群特点，选择不同的传播渠道和表现形式。通过手机银行、微信公众号推送个性化产品信息；在网点设置产品展示区，进行现场推介；组织产品发布会，邀请目标客户参与。服务传播强调互动性和体验感，开展线上直播活动，邀请专家讲解投资策略；举办线下沙龙，与客户面对面交流；通过客户俱乐部，组织各类主题活动，提高客户黏性。

（五）效果评估与优化

营销方案的实施需要建立科学的评估体系，某城商行从以下维度进行评估：数量指标包括新增客户数、产品销量、业务规模等，反映营销的规模效应。质量指标关注客户活跃度、产品渗透率、综合贡献度等，体现营销的价值创造。效率指标测算获客成本、营销转化率、投入产出比等，评估营销的经济性。评估结果直接影响资源配置和策略调整。对效果好的营销方案加大资源投入，对效果不理想的及时优化调整。通过持续的评估和优化，不断提升营销效果。

第三节　客户拓展方法及维护技巧

商业银行客户拓展工作建立在深入的市场调研和目标客户筛选基础之上，通过多元化渠道建立客户接触点和营销线索，包括行业协会推荐、客户介绍、政府部门合作、展会交流等传统渠道以及互联网平台引流、数字化获客等新型渠道，在对目标客户进行初步接触和需求了解后，客户经理需要制订专业的拜访计划和沟通方案，围绕客户的经营特点、发展战略和金融需求，有针对性地设计金融服务解决方案，在与客户建立初步业务合作关系后，通过持续的跟踪服务和增值服务，逐步扩大业务合作范围和深度，实现客户关系的升级和价值提升，对于重点目标客户和战略客户，则需要组建专业的服务团队，提供一对一的定制化服务和综合金融解决方案。

客户维护工作需要建立规范的服务流程和标准体系，通过定期拜访、电话沟通、线上互动等多种方式保持与客户的紧密联系，及时了解客户的经营状况和金融需求变化，针对不同类型客户制订差异化的服务方案和联络频率，对于大型企业集团客户，需要深入了解其产业布局和发展规划，通过定期的战略会谈和业务交流，共同探讨合作机会和创新方向；针对中小企业客户，则需要关注其经营周期特点和融资需求变化，提供灵活的授信支持和结算服务，帮助企业应对经营压力和发展机遇；在零售客户维护中，通过客户生命周期管理和需求变化分析，为客户提供持续的理财建议和产品推荐，满足客户在不同人生阶段的金融服务需求。

客户拓展和维护的有效性需要通过科学的评估体系和激励机制来保障，建立完善的客户关系管理系统和数据分析平台，对客户拓展成效、业务合作深度、客户满意度等关键指标进行系统监测和评估，通过客户经理的绩效考核和资源配置，引导营销团队加强客户维护和价值挖掘，在维护过程中注重防范客户流失风险，建立客户预警机制和应对预案，通过及时发现和解决客户投诉、业务办理不便等问题，提升客户体验和服务质量，同时加强与客户的品牌互动和文化交流，通过客户沙龙、投资策略会、行业研讨会等形式，增强客户对银行的认同感和归属感，建立长期稳定的战略合作关系和互信机制，推动商业银行零售业务和对公业务的协同发展，实现客户关系的价值最大化和可持续发展。

一、客户拓展渠道与方式

（一）数字化营销体系建设

现代商业银行客户拓展工作正加速向数字化方向转型，通过构建完整的数字化营销体系全面提升获客能力和服务效率。智能获客系统通过大数据分析精准识别目标客群的行为特征和兴趣偏好，在各类数字渠道投放个性化广告内容，并能根据投放效果实时调整营销策略，使广告触达率提升55%，获客成本降低40%。智能营销系统依托场景数据分析，准确识别客户的金融需求，实现场景化的精准服务，例如检测到客户在房产网站的浏览记录时自动推送房贷计算器和购房指南，发现客户有留学需求时主动提供留学金融方案，通过场景化营销使产品转化率提升。同时，系统通过人工智能技术进行精准的客户画像，根据客户的交易行为、风险偏好、生命周期等特征，为客户推荐适合的金融产品和服务方案。

智能运营系统支持营销活动策划、执行、监控、评估的全流程管理，实现营销工作的系统化运营。在活动策划阶段，系统通过数据分析确定目标客群画像和营销策略定位，制订精准的营销方案；在执行阶段，实时监测活动效果指标，包括触达率、响应率、转化率等关键指标，动态调整资源投入方向；在评估阶段，多维度分析活动成效，形成具体的优化改进建议。通过数字化工具的深度应用，营销活动的针对性和有效性得到显著提升，客户体验和满意度持续改善。系统还支持多渠道协同营销，实现线上线下渠道的统一管理，为客户提供无缝化的服务体验。

数字化营销创新要依托完善的技术平台和数据体系建设，在技术平台方面，需要建设智能营销中台，整合客户信息、产品信息、渠道信息等资源，支持跨渠道的营销活动管理；构建数据分析平台，通过机器学习等技术实现客户行为分析和需求预测；开发智能风控平台，确保营销活动的合规性和安全性。在数据体系方面，要加强数据治理，建立统一的数据标准，提升数据质量；深化数据应用，挖掘客户需求特征，发现业务机会；强化数据驱动，优化营销决策机制，实现精准营销和价值创造。同时，要注重数据安全和隐私保护，建立完善的数据安全管理机制，确保客户信息安全。通过持续的技术创新和平台建设，推动数字化营销能力的不断提升，为客户提供更加智能、便捷的金融服务。

（二）差异化营销策略实施

商业银行通过设计特色营销活动和差异化服务方案打造市场竞争优势，主题节日营销活动结合传统节日特点，推出"新春理财节""月圆臻享会""园丁关爱计划"等差异化活动，通过特别收益产品、专属权益等满足不同客群需求；行业主题营销活动针对医疗、科技、文创等重点行业，设计"健康守护计划""创新动力营""文创金融会"等专项服务方案，为不同行业客户提供有针对性的综合金融服务；生活场景营销活动围绕购房、教育、养老等需求，开展"置业安家行""成长护航计划""幸福晚年季"等主题活动，实现金融服务与生活场景的深度融合。同时，通过大数据分析和客户画像技术，实现营销活动的精准定位和个性化推送。

营销资源配置机制采取科学化、差异化的策略实现资源的优化配置，人力资源配置遵循重点倾斜、梯队建设原则，为战略客户和私人银行客户配备经验丰富的客户经理和专业的产品经理团队，同时加强人才培养，通过导师制和轮岗制建立客户经理的职业发展通道；财务资源配置采用价值导向、精准投放策略，营销预算向高价值客群和重点业务倾斜，通过营销费用管理系统实时监控费用使用情况，确保资金使用效益；渠道资源配置强调协同共享、优势互补，统筹配置网点、自助设备、电子渠道等资源，形成立体化服务网络，推行渠道共建共享机制，避免资源重复投入。

营销策略的执行需要建立完善的组织保障体系和考核激励机制，组织保障方面成立营销工作领导小组统筹推进重点工作，建立跨部门协调机制及时解决问题，设立专项工作组推进重点项目落地；系统保障方面开发营销管理系统支持全流程管理，建设客户关系管理系统提供决策支持，完善数据分析系统提高精准营销能力；考核激励机制涵盖业绩考核、过程考核和团队考核，通过科学的考核指标体系引导营销人员关注客户长期价值，促进业务条线协同发展，发挥整体营销合力。通过系统化的策略实施和有效的保障机制，实现营销工作的持续优化和创新发展。

（三）全面风险管理与保障机制

商业银行营销活动开展必须建立严密的风险管理机制和全面的控制措施，合规风险管理要求所有营销方案经过严格审查，确保符合监管要求，产品营销材料必须履行审批程序，确保信息披露充分准确，营销人员需通过合规培训掌握展业底线；操作风险管理通过制定标准化的营销作业流程，明确关键风险点和控制措施，运用科技手段实现营销过程的痕迹化管理，定期开展风险排查及时发现和整改问题；声誉风险管理建立舆情监测机制，实时关注市场反馈，制定突发事件应对预案确保快速响应，加强营销人员培训提高风险意识和处置能力。

营销活动的长效机制建设要注重制度建设和创新发展，制度建设方面制定营销管理办法规范营销行为，建立考核评价制度实现激励约束并重，完善问责处理机制确保合规展业；创新发展方面积极探索智能营销平台建设，运用人工智能技术实现营销自动化，开发智能推荐引擎提供个性化服务，建设智能风控系统提升风险管理水平。同时，要深化场景金融布局，加强平台合作，嵌入生活场景，打造开放银行体系，共建服务生态。通过数据价值挖掘加强数据治理，提升数据质量，深化数据应用发现业务机会，强化数据驱动优化决策机制。

二、客户关系维护

（一）分层维护体系建设

商业银行客户关系维护体系建设作为提升客户价值和增强市场竞争力的关键举措，需要构建科学完善的分层服务机制。战略客户维护体系突出高层对接，建立行领导联系制度定期进行高层互访，组建包含投资顾问、产品专家在内的专业服务团队，制订年度服务计划明确服务目标和措施，通过系统化的维护机制提升战略客户的综合贡献。重点客户维护体系强调专业服务，配备专属客户经理提供一对一服务，定期开展客户回访了解其需求变化，组织专题活动增进交流互动，提供增值服务提升客户体验，专业化服务使重点客户的产品渗透率得到显著提升。通过建立差异化的维护标准和服务流程，确保维护工作的精准性和有效性。

客户维护体系的分层管理要求建立完善的客户分类标准和维护机制作为基础。一般客户维护体系注重规范化管理和标准化服务，通过建立科学的客户分类标准实施分类管理，制定详细的服务规范明确维护要求，开展常态化维护保持联系沟通，组织主题活动增强客户黏性。潜力客户维护体系关注培育和价值提升，通过识别客户发展潜力制订培育计划，加强产品营销提升业务规模，优化服务体验提高客户满意度，建立激励机制推动客户升级，通过科学的培育机制提高潜力客户的升级转化率。维护体系的建设过程中要注重客户需求的动态变化，适时调整维护策略和服务方案。

分层维护体系的资源配置机制需要从人力、产品、渠道等多个维度进行统筹规划和优化配置。在人力资源配置方面，根据不同层级客户的服务需求配备相应的专业团队，建立客户经理与客户的合理配比关系，实施专业化的培训体系提升团队服务能力；在产品资源方面，针对不同层级客户设计差异化的产品和服务方案，满足客户的多样化需求，通过产品创新增强市场竞争力；在渠道资源方面，统筹配置各类服务渠道，为不同层级客户提供便捷的服务体验，推进线上线下渠道的协同发展。同时，要建立科学的资源分配机制，确保资源配置的精准性和效益性。

分层维护体系的长效机制建设需要从制度建设、流程优化、考核评价等方面构建完整的管理体系。制度建设方面制定维护管理办法规范工作要求，建立考核评价制度强化过程管理，完善激励约束机制调动工作积极性，制定应急预案防范维护风险；流程优化方面梳理维护流程提高工作效率，简化业务流程提升服务体验，优化管理流程加强过程控制，创新服务流程提高服务能力；考核评价方面设置科学的考核指标，建立全面的评价体系，实施动态管理及时调整策略，强化结果应用体现考核价值。通过系统化的管理机制建设，推动维护工作的规范化和可持续发展。

（二）客户维护方式创新

商业银行客户维护方式创新通过数字化工具和场景化服务提升维护效能和客户体验水平。线上维护方式，通过开发智能客服系统提供7×24小时在线服务，建设线上服务平台支持远程业务办理，运营社交媒体账号保持互动交流，建立客户社群分享金融资讯，使客户接触频次显著提升；视频维护方式，推出视频客服服务解答客户咨询，开展视频理财顾问服务提供投资建议，举办线上直播活动讲解金融知识，组织视频沙龙促进客户交流，通过远程服务提升维护效率；增值服务维护，提供商务咨询、信息推送等非金融服务，组织文化沙龙、健康讲座等客户活动，搭建资源平台促进客户间的商业合作。

场景化维护方式的创新拓展通过深入客户生产生活场景，构建场景化的金融服务生态圈实现。对接生活场景提供便捷金融服务，如购物支付、出行缴费等日常应用场景；嵌入消费场景推送个性化产品，如商圈消费、教育医疗等重点领域；融入商务场景提供综合解决方案，如供应链金融、交易结算等企业服务；创造社交场景增进情感联系，如主题沙龙、俱乐部活动等互动平台。通过场景化服务实现金融服务与客户场景的深度融合，提升客户体验满意度。同时，依托智能化工具实现精准营销，运用数据分析工具提升维护效率，通过技术赋能推动维护方式创新。

维护方式创新的技术支撑平台建设需要完善的系统功能和数据应用能力。智能化工具应用通过开发智能提醒系统实现自动提醒，使用智能分析工具预判客户需求，应用智能客服系统提供在线服务，运用智能营销工具推送个性化产品；数据分析能力提升通过建立客户画像精准把握需求，分析行为特征预测流失风险，评估维护效果优化维护策略，挖掘业务机会创造维护价值；移动展业平台建设开发移动维护工具支持远程服务，建设线上办公系统提高工作效率，配置便携设备方便外出服务，实现系统联动保障数据共享，构建完整的技术支撑体系。

维护方式创新需要注重专业团队建设和创新文化培育。在人才培养方面，制定严格的选拔标准，开展系统化的培训体系，通过专业培训、案例研讨、实践演练等方式提升团队维护能力；在创新机制方面，建立创新激励机制，营造鼓励创新的团队氛围，通过制度建设和流程优化推动维护方式的持续创新。同时，要加强与金融科技企业的合作，引入先进技术和创新理念，推动维护方式的升级优化。

（三）重要节点维护策略

银行客户生命周期中的重要节点维护是加强客户关系管理的关键环节，需要建立完善的节点维护机制。自然节点维护通过在客户生日、节假日等时点开展精准维护，如发送定制化祝福、赠送特色礼品等方式传递关怀；在重大节日举办主题活动，增进感情交流；在特殊时点提供专属服务，体现重视程度。业务节点维护要求在产品到期前主动提醒并提供续做建议，合同签订后跟进服务确保顺利履约，资金变动时及时沟通了解客户需求，风险事件发生时快速响应协助解决问题，通过关键业务节点的把握提升客户满意度。

客户个人生命周期节点维护策略需要根据不同人生阶段提供差异化的金融服务方案。在客户创业时期提供创业指导和融资支持，帮助客户解决初创期的资金需求；在婚育时期推出家庭理财方案，满足家庭资产配置需求；在置业阶段提供房贷服务和理财建议，支持客户改善居住条件；在子女教育阶段设计教育金融方案，助力子女成长发展；在养老规划阶段提供养老理财服务，实现退休生活保障。通过全生命周期的金融服务，实现与客户的长期共同成长。

企业客户发展节点维护策略着重关注企业不同发展阶段的金融需求。企业成立初期提供开户便利和结算支持，助力企业快速开展经营活动；企业扩张期给予信贷支持和融资服务，满足企业发展资金需求；企业转型期提供咨询建议和综合方案，帮助企业实现转型升级；企业上市阶段提供投行服务和资产管理，支持企业对接资本市场；企业并购重组时提供专业建议和融资支持，助力企业实现外延发展。通过重要发展节点的维护服务，深化银企合作关系。

节点维护的实施需要建立完善的组织保障和资源支持体系。组织保障方面成立专门的维护团队，制定标准化的维护流程，明确各岗位职责分工；资源支持体系方面配置专项的维护费用，开发智能化的维护工具，建立维护资源库。同时，要加强维护效果评估，通过客户满意度调查、业务贡献度分析等方式评估维护成效，持续优化维护策略和服务方案。在维护过程中注重风险防控，建立维护风险预警机制，确保维护工作的合规性和有效性。

（四）维护质量管理机制

商业银行客户维护质量管理通过建立标准化、规范化、数字化的管理体系实现全面质量控制。标准化管理要求制定维护标准手册规范维护行为，建立作业指导书明确操作要求，设置质量检查表评估维护效果，开展标准化培训提升维护能力；过程化管理强调建立维护计划表安排维护工作，记录维护日志跟踪维护情况，撰写维护报告总结维护效果，开展维护评估持续改进提升；数字化管理通过开发维护管理系统支持线上操作，建设数据分析平台挖掘维护价值，运用智能工具提升维护效率，实施远程监控保障维护质量。

维护质量管理的组织体系建设需要建立专业化的管理团队和完善的管理机制。人才选拔和培养方面制定严格的选拔标准，开展专业能力培训，实施资格认证考核，建立竞争激励机制；团队建设方面建立培训体系提升服务能力，组织案例研讨分享实践经验，进行考核认证检验培训效果；科技赋能方面开发智能工具应用提升维护效率，运用数据分析能力评估维护效果，建设移动展业平台支持远程服务。通过专业化的团队建设和科技支撑，为维护质量管理提供有力保障。

维护质量管理的制度建设要求从管理制度、操作流程、考核评价等方面建立完整的制度体系。管理制度方面制定维护质量管理办法，明确质量标准和管理要求；操作流程方面建立标准化的服务流程，规范维护行为和操作规程。同时，要建立问责机制，对维护质量问题严格追究责任，通过制度约束推动维护质量的持续提升。

维护质量管理要注重创新发展和长效机制建设。创新发展方面积极运用金融科技手段提升维护效率，通过智能化工具实现精准服务，依托数据分析优化维护策略；长效机制建设方面建立定期评估和优化机制，总结维护经验教训，持续改进提升维护质量。同时，要加强质量文化建设，培养全员质量意识，营造重视质量、追求卓越的团队氛围，推动维护质量管理工作的可持续发展。客户维护质量管理直接影响银行的服务水平和市场竞争力，需要通过系统化的管理体系建设，实现维护质量的全面提升。

本章小结

本章系统介绍了商业银行客户经理在营销与业务拓展工作中的重要内容，包括客户群体分析、营销策略制定和客户拓展维护三个方面。

客户群体分析是营销工作的基础，商业银行需要通过客户画像工具，深入分析客户特征、需求和行为模式。客户画像包括基础属性、行为特征、价值贡献等维度，通过数据采集和分析，形成对客户的全面认知。市场细分则是提升营销精准度的关键，通过行业属性、企业规模、发展阶段等维度对公司客户进行细分,通过年龄、职业、财富等级等维度对个人客户进行细分,实施差异化营销策略。

营销策略制定需要统筹考虑渠道选择和方案设计,在渠道方面,既要创新运用传统渠道,推动网点转型升级,又要深度运营数字化渠道,提升线上获客能力。同时,建立渠道协同机制,实现资源优化配置。在方案设计上,要根据不同客群特点制定差异化策略,开发针对性产品组合,并通过科学的考核机制确保方案有效落地。

客户拓展与维护是营销工作的重要内容,拓展工作要注重渠道多元化,包括深耕自有渠道、拓展数字化渠道、加强异业合作等。维护工作则要建立长效机制,实施分层维护策略,创新维护方式,重视重要节点维护,完善投诉处理机制。

实践表明,成功的营销工作需要将客户分析、策略制定、拓展维护等环节有机结合,形成完整的营销体系。客户经理要不断提升专业能力,创新营销方式,提高服务质量,实现客户价值与银行价值的共同提升。

课后习题

一、单项选择题

1. ( ) 已经成为实现精准营销,提升客户体验和防范业务风险的核心工具。

A. 信用评估　　　　　　　　B. 客户画像

C. 数据采集　　　　　　　　D. 客户划分

2. 传统的营销渠道是 ( )。

A. 物理网点　　　　　　　　B. 手机银行

C. 新媒体平台　　　　　　　D. 微信公众号

3. 根据客户的年龄、职业、收入水平、消费习惯等细分的是 ( )。

A. 目标客户群体　　　　　　B. 高净值客户

C. 年轻群体　　　　　　　　D. 高风险客户

二、多项选择题

1. 商业银行客户群体分析通过对客户的 ( ) 指标进行系统分析。

A. 财务状况　　　　　　　　B. 交易行为

C. 风险偏好　　　　　　　　D. 需求特征

2.行为标签反映客户的金融活动特征，包括（   ）。

A. 账户活跃度   B. 交易频次

C. 产品使用情况   D. 渠道偏好

3.科学的市场细分需要建立完整的评估体系，考察（   ）要素。

A. 客户数量   B. 业务规模

C. 收入贡献   D. 行业政策

三、简答题

1.简述商业银行开展精准营销的主要步骤和关键要素。

2.客户维护工作应把握哪些重要节点？如何提升维护效果？

第五章课后习题答案

第六章 综合金融服务

【导读案例】

跨境综合金融服务助力 B 集团全球化发展

2023 年，B 集团作为国内领先的新能源设备制造商，计划加快全球市场布局，但面临着跨境结算复杂、融资渠道有限、汇率风险管理难度大等挑战。C 银行针对 B 集团的国际化需求，组建了专业的跨境金融服务团队，设计了全方位的综合金融解决方案。在贸易融资方面，为企业提供出口信用证、福费廷、国际保理等多样化融资工具；在跨境结算方面，搭建了全球现金管理平台，实现多币种资金统筹调配；在汇率风险管理方面，运用远期结售汇、期权组合等衍生品工具，为企业提供汇率避险方案。通过综合金融服务方案的落地，B 集团的国际业务融资成本降低 20%，外汇交易效率提升 40%，境外业务收入占比提升至 35%，实现了跨境经营的质效双升。

案例思考

第一节 综合金融服务方案认知

综合金融服务在商业银行经营发展战略中占据核心地位。作为银行深化转型、提升市场竞争力的重要抓手，综合金融服务强调以客户需求为导向，通过整合银行内外部资源，为客户提供全方位、一体化的金融解决方案，在产品创新、服务升级和风险管理等方面形成差异化竞争优势，推动商业银行从传统信贷业务向综合化经营模式转变，满足企业和个人客户在投融资、财富管理、支付结算等多领域的金融服务需求，通过构建以客户为中心的业务体系和服务流程，实现银行经营效益和客户价值的双重提升，打造跨市场、跨领域、跨区域的综合金融服务能力，建立长期稳定的银企合作关系和战略互信机制。

一、综合金融服务的战略定位

在金融市场深化发展与金融科技加速变革的背景下，综合金融服务已成为商业银行的核心战略选择。商业银行面临利率市场化深化、金融脱媒加剧、客户需求多元化等多重挑战，传统的单一信贷业务模式难以满足客户日益复杂的金融服务需求。通过整合银行内部各类金融资源，商业银行可构建覆盖商业银行、投资银行、基金、保险、信托等多个领域的综合服务体系，实现从单一产品供应向综合金融服务转型，从而增强市场竞争力，推动业务可持续发展。综合金融服务战略的实施能够有效优化银行收入结构，提升中间业务收入占比，降低对利差收入的依赖，提高经营的稳定性和可持续性。

作为商业银行重要的战略布局，综合金融服务强调以客户需求为中心，通过深入分析企业在不同发展阶段的金融需求特点，为客户提供涵盖融资、结算、投资、理财、风险管理等多个领域的一揽子解决方案。银行可针对制造业企业在产业升级过程中的多样化需求，整合信贷支持、设备租赁、供应链金融、股权投资等多种金融工具，设计个性化的综合服务方案。围绕核心企业开展供应链金融服务，将金融服务延伸至上下游企业，促进产业链良性发展。通过投资银行业务为企业提供上市辅导、并购重组、债券发行等专业服务，支持企业转型升级。银行可根据企业经营特点和发展规划，设计包含流动资金贷款、项目贷款、银团贷款、债券承销等在内的全方位融资支持方案，满足企业在不同阶段的资金需求。

综合金融服务战略的实施需要建立健全的组织保障体系和资源配置机制。商业银行应构建专业化的服务团队，配备具备跨领域专业知识的复合型人才，提升综合金融服务能力。完善条线协同机制，实现公司金融、零售金融、金融市场等业务条线的无缝对接。建立区域联动机制，整合全行资源为重点客户提供跨区域服务支持。优化考核激励机制，将综合贡献度纳入考核指标，引导客户经理从单一信贷营销向综合金融服务转型。构建统一的客户管理平台，实现客户信息共享和业务协同。加强产品创新管理，建立产品研发、评审和定价机制，提升产品竞争力。完善风险管理体系，将各类业务纳入统一授信管理，实施集中度管理和限额管理，确保风险可控。

在科技赋能方面，商业银行应加快数字化转型步伐，运用金融科技提升综合金融服务效能。构建智能化服务平台，实现产品智能推荐和风险智能控制。发展供应链金融平台，提供在线融资、结算等一站式服务。建立企业客户画像系统，深入分析客户行为特征和金融需求，为开展精准营销和产品创新提供数据支持。通过场景化服务创新，将金融服务嵌入企业经营场景，提升客户体验。建设开放银行平台，通过API等技术实现金融服务输出，拓展服务边界。搭建综合金融服务管理平台，支持业务全流程线上化运作，提升运营效率和服务质量。加强风险管理系统建设，运用大数据技术加强风险监测预警，完善量化风险评估模型，提升风险管理的前瞻性和精准性。

在服务模式创新方面，商业银行应深化产融结合，围绕重点产业打造特色服务品牌。针对战略性新兴产业的特点，创新开发知识产权质押贷款、应收账款质押贷款等产品，为科技创新企业提供全生命周期的金融服务。面向传统产业转型升级需求，提供投贷联动、并购重组等综合金融解决方案。加强银保、银证、银信等跨市场合作，丰富产品体系，为客户提供多元化的投融资服务。建立专业化的投资银行服务体系，提供债券承销、资产证券化、财务顾问等高端金融服务。通过综合金融服务能力的提升，提高客户黏性，实现银行与客户的共同发展。

二、综合金融服务的内涵与特征

综合金融服务作为商业银行的重要战略转型方向，其核心在于以客户需求为导向，通过整合多元化金融资源和专业服务能力，为客户提供一揽子解决方案。这种服务模式突破了传统银行业务的界限，形成了覆盖商业银行、投资银行、保险、基金、信托等多个领域的综合服务体系。从业务领域来看，综合金融服务涵盖了传统信贷、投资银行、资产管理、财富管理、风险管理等多个维度。从服务对象来看，综合金融服务面向企业客户、机构客户和个人客户等不同群体，为其提供差异化的综合金融解决方案。从价值链角度来看，综合金融服务实现了从单一产品销售向全方位服务的转变，深化了银行与客户的合作关系。

综合金融服务具有全面性、个性化、协同性和创新性等基本特征。全面性体现在服务内容的多元化，银行可为制造业企业提供包括流动资金贷款、项目贷款、银团贷款、债券承销等在内的全方位融资支持，并延伸至供应链金融服务，通过应收账款质押、订单融资、仓单质押等方式，帮助上下游企业解决融资难题。在现金管理服务方面，针对集团企业特点，提供资金池、收付款管理、流动性管理等服务，帮助企业提高资金使用效率，降低财务成本。跨境金融服务方面则涵盖国际结算、外汇交易、海外并购、跨境投融资等业务，支持企业国际化发展。

个性化特征体现在针对不同行业、不同发展阶段企业的差异化服务方案设计。对科技创新企业，银行建立了全生命周期的服务体系，针对初创期企业开发纯信用贷款产品，为成长期企业提供知识产权质押贷款和股权投资支持，对成熟期企业则提供上市辅导和并购重组服务。在产品创新方面，银行通过开发供应链金融平台，实现在线融资审批；推出跨境资金池，支持企业全球资金管理；设计可转债产品，满足企业混合融资需求。通过产业基金合作模式支持产业发展，构建投贷联动机制服务科技创新，打造资产交易平台盘活存量资产。

协同性特征要求建立多层次的协同机制。总分联动机制方面，总行层面组建战略客户服务团队负责方案设计和资源调配，分行设立专属服务团队对接具体项目实施。条线协同机制方面，公司业务部门负责客户关系维护，投行部门提供专业服务支持，金融市场部门提供交易服务，零售部门服务企业员工，实现业务条线的无缝对接。区域协同机制方面，调动全国分支机构的资源，提供跨区域服务支持。

创新性特征则体现在产品创新、模式创新和技术创新等多个层面。运用区块链技术提升供应链金融效率，应用人工智能优化风险控制，发展开放银行拓展服务边界，推动综合金融服务向数字化、智能化方向发展。通过这些创新举措，银行能够不断提升综合金融服务的专业化水平和市场竞争力。

从战略高度来看，综合金融服务体现了商业银行向全能型银行转型的发展趋势，通过构建多层次、全方位的综合金融服务体系，银行能够充分发挥资源整合和专业服务优势，增强市场竞争力和可持续发展能力。在服务过程中，银行需要深入把握客户需求特点，加强产品创新和服务创新，提升专业化服务水平，通过综合金融服务推动银行与客户的共同发展。在风险管理方面，银行应建立全面风险管理体系，将各类业务纳入统一授信管理，实施限额管理和集中度管理，确保综合金融服务业务的稳健运行。

三、综合金融服务的价值意义

综合金融服务的价值意义体现在银行经营、客户价值、风险管理价值、战略价值和社会价值等方面。以某银行为例，从经营角度看，综合金融服务显著改善了收入结构，提升了中间业务收入占比，中间业务收入从传统的15%显著提升至28%以上，投资银行收入增长50%，托管业务收入增长45%，贸易融资收入增长40%。收入来源的多元化有效分散了利率风险，增强了经营的稳定性。产品渗透率的提升增强了客户黏性，多维度的服务关系降低了客户流失风险，与银行的合作产品从平均2.3个增加到4.5个，业务合作更加紧密。综合服务能力已成为区别于同业的重要优势，通过打造供应链金融、科技金融等特色服务品牌，在细分市场能够建立领先地位。

从客户价值角度分析，综合金融服务通过整体授信和组合定价等方式，显著降低了企业综合融资成本。制造业企业采用供应链融资方案后，年度财务费用减少2 000万元以上，体现了显著的成本优势。通过一站式服务模式减少了客户与多家金融机构打交道的时间成本，提升了经营效率。集团客户采用现金管理服务后，资金运营效率提升35%，财务人员配置减少20%，实现了管理效能的优化。专业的金融服务支持企业做大做强，科技企业通过综合金融服务支持，在3年内完成两次并购重组，企业规模扩大3倍，发展空间得到显著拓展。

风险管理价值方面，专业的风险管理服务帮助客户识别和规避各类市场风险。外贸企业通过采用外汇避险方案，有效应对汇率波动风险，减少汇兑损失8 000万元。在供应链金融服务中，银行通过核心企业信用支持，帮助上下游企业获得融资支持，保证了整体供应链的稳定性。通过投资银行服务为企业提供并购重组、资产证券化等专业服务，优化企业资产负债结构，提升经营的稳健性。风险管理咨询服务则帮助企业建立内部风险管理体系，增强风险抵御能力。

从战略价值来看，综合金融服务推动了银行与客户关系的深化，从传统的融资服务延伸至经营管理的各个环节。银行通过深入了解企业经营特点和发展战略，提供针对性的综合金融解决方案，成为企业发展的重要战略伙伴。针对制造业企业的产业升级需求，银行整合信贷支持、设备租赁、供应链金融、股权投资等多种金融工具，为企业转型发展提供全方位支持。面向科技创新企业，银行建立全生命周期的服务体系，通过知识产权质押贷款、投贷联动等创新模式，支持企业持续创新发展。对跨国企业集团，银行提供跨境资金池、全球现金管理等服务，助力企业国际化布局。

社会价值层面，综合金融服务推动了金融资源的优化配置，提升了金融服务实体经济的效能。通过供应链金融服务，帮助中小企业解决融资难题，促进产业链良性发展。对战略性新兴产业的支持，推动了产业结构优化和经济转型升级。绿色金融服务则助力企业节能减排和可持续发展。银行业务的创新发展带动了金融市场的完善和金融服务的普惠性提升，为经济高质量发展提供了有力支撑。综合金融服务实现了银行、企业和社会的多方共赢，体现了金融服务实体经济的根本宗旨。

第二节　综合金融服务方案设计

商业银行综合金融服务方案设计遵循系统性、专业性、可行性和持续性原则，通过整合银行内外部资源，为客户提供全方位的金融解决方案，在方案设计过程中需要深入分析客户所处行业特点、经营模式、发展战略和金融需求，结合银行自身的业务优势和资源禀赋，制订符合客户实际情况的服务方案和实施路径。在对公业务领域，围绕产业链核心企业开展综合金融服务布局，通过与龙头企业建立战略合作关系，创造上下游配套企业的业务机会，发挥供应链金融服务的协同效应和规模效应，针对不同行业客户群体的经营特点和融资需求，设计个性化的金融产品组合和服务方案，在信贷支持、现金管理、投资理财等方面为企业提供全方位的金融解决方案。

方案设计前期需要开展深入的市场调研和需求分析，通过实地走访、数据分析、同业调研等多种方式，全面了解目标客户的经营状况、融资需求、风险特征和发展潜力，建立科学的客户评估体系和风险预警机制，在风险可控的前提下开展业务创新和产品设计，针对企业客户在不同发展阶段的金融需求特点，制定差异化的服务策略和产品方案，包括传统信贷产品、投行业务、贸易融资、现金管理等多个领域的综合服务方案，通过建立专业的服务团队和产品创新机制，持续提升服务质量和客户体验，在零售业务领域，围绕客户的消费、投资、教育、医疗等重要生活场景，构建场景化的服务体系和产品创新机制，通过与互联网平台、消费服务商的战略合作，将金融服务嵌入客户的日常生活场景中。

服务方案的组织实施需要建立完善的管理制度和工作机制，通过明确的职责分工和协调机制，确保各项工作有序推进和有效落实，在实施过程中注重风险管理和合规管理，建立科学的风控体系和操作规范，防范业务风险和操作风险，通过定期的效果评估和客户反馈收集，及时优化和完善服务方案，提升服务质量和客户满意度，同时加强与客户的沟通互动和业务协同，通过定期的战略会谈和业务交流，共同探讨合作机会和创新方向，建立长期稳定的战略合作关系和互信机制，推动综合金融服务向更加专业化、精细化的方向发展，实现银行经营效益和客户价值的双重提升，为实体经济发展和居民财富管理提供全方位的金融支持，打造商业银行在综合金融服务领域的品牌优势和市场竞争力。

一、综合金融服务方案设计原则

综合金融服务方案设计作为商业银行服务能力的重要体现，其核心价值在于通过科学合理的设计满足客户多样化的金融需求，同时帮助银行建立差异化竞争优势。方案设计的目标是实现客户价值与银行价值的共同提升，打造长期稳定的银企合作关系。在实践中，银行通过建立系统化的方案设计流程，提升方案落地率和客户满意度，充分体现了科学设计的重要性。高质量的方案设计能够有效提升银行的市场竞争力，增强客户黏性，优化收入结构，实现可持续发展。从战略层面看，方案设计是银行实现转型发展、提升综合金融服务能力的关键抓手，对推动银行从传统信贷业务向全方位金融服务转型具有重要意义。

科学的方案设计需要遵循四个基本原则：客户导向原则、整体性原则、可行性原则和持续优化原则。客户导向原则要求银行必须以客户需求为出发点，通过深入调研和分析，准确把握客户在融资、结算、投资等方面的具体需求，充分理解客户在经营发展过程中面临的痛点和难点，从而设计有针对性的解决方案。整体性原则强调要从企业整体发展战略出发，统筹考虑各类金融需求，提供系统化的服务方案。这就要求银行必须深入了解企业的发展战略、经营模式、行业特点和竞争态势，围绕企业的整体价值链设计综合金融服务方案。可行性原则要求银行在方案设计时充分评估自身的资源禀赋、专业能力和风险承受能力，确保方案具有可操作性。这包括对银行在资金规模、产品体系、专业团队、系统支持等方面能力的客观评估，避免因能力不足导致方案无法落地。持续优化原则要求银行建立动态的方案管理机制，根据实施情况不断完善方案内容，及时调整服务策略，持续提升服务效果。通过建立完善的评估体系，定期评估方案执行效果，发现问题及时优化调整，确保方案的持续有效性。

二、前期调研分析

在开展方案设计工作前，深入的前期调研必不可少。调研工作应从客户基本情况、经营状况、发展规划等多个维度展开。某股份制银行在为一家大型装备制造企业设计综合金融服务方案时，投入了大量精力开展前期调研。银行组织了专业的调研团队，赴企业总部及主要生产基地进行实地考察，通过走访车间、与管理层深入交流等方式，全面了解企业情况。同时，通过企业征信系统、工商系统等渠道，收集企业的相关信息，构建完整的客户档案。调研团队特别关注企业的核心竞争力，通过深入调查发现，该企业拥有多项自主知识产权和核心技术，在行业内具有领先优势。企业研发投入占营业收入的比重达到8%，远高于行业平均水平。这些技术优势为企业未来发展奠定了良好基础，也为银行设计创新型金融产品提供了依据。例如，银行可以根据企业的专利权价值，设计知识产权质押贷款产品，支持企业创新发展。

经营状况分析是方案设计的重要基础，调研团队收集了企业近3年的财务报表，深入分析了营收规模、盈利能力、资产负债、现金流等关键指标。通过分析发现，该企业虽然营收保持稳定增长，年均增速达到25%，但资产负债率达到75%，高于行业平均水平，存在优化融资结构的迫切需求。同时，企业正在规划投资50亿元建设智能制造基地，需要大规模的项目融资支持。这些发现为后续的方案设计指明了方向。

现金流分析尤其重要，通过对企业资金流向的梳理，发现企业在采购、生产、销售等环节都存在明显的资金压力。上游供应商要求预付货款，下游客户账期较长，导致企业经营性现金流偏紧。这种情况下，除了传统的流动资金贷款，银行还可以通过供应链金融、票据融资等方式，帮助企业优化现金流管理。行业研究同样不容忽视，装备制造业正处于智能化转型的关键时期，产业政策支持力度大，市场发展前景广阔。"十四五"规划明确提出要加快制造业数字化转型，预计未来5年行业投资规模将超过万亿元。企业在转型升级过程中，不仅需要传统的信贷支持，还需要供应链金融、跨境金融、投资银行等多样化的金融服务。通过对行业发展趋势的深入研究，银行能够更好地把握业务机会，设计出符合行业特点的金融服务方案。

供应链分析也提供了重要视角，该企业作为行业龙头，与上千家供应商和经销商建立了稳定的合作关系。这种产业链优势为开展供应链金融业务创造了条件。银行可以依托核心企业的信用，为上下游中小企业提供融资支持，既能帮助核心企业稳定供应链，又能为银行带来增量业务。竞争对手分析有助于找准市场定位，通过调研发现，该企业主要与3家银行开展合作，融资以传统信贷为主，缺乏创新型金融服务。现有银行的服务模式比较单一，难以满足企业综合化、个性化的金融需求。这为银行通过差异化竞争策略开拓市场提供了机会。银行可以通过创新产品设计、优化服务流程、提供增值服务等方式，建立竞争优势。

三、需求分析与目标设定

在深入调研的基础上，需要开展科学的需求分析。某城市商业银行采用多维度分析方法，从战略发展、业务经营、日常运营等不同层面分析企业需求。分析发现，企业在战略层面需要支持转型升级，在业务层面需要解决融资难题，在运营层面需要提升资金使用效率。通过场景分析发现，企业在采购、生产、销售等各个环节都存在特定的金融需求。

需求分析要注意区分轻重缓急，企业最紧迫的需求是解决智能制造基地建设的融资问题，预计未来两年资金需求达到30亿元。其次是优化存量融资结构，降低财务成本。再次是加强集团资金管理，提高资金使用效率。最后是拓展跨境业务，需要配套的国际金融服务。通过这种分层分析，能够更好地确定服务重点和优先顺序。针对企业需求，银行需要设计系统的解决方案。在目标设定方面，要遵循SMART原则，确保目标具体、可衡量、可实现、相关性强、有明确时限。某股份制银行为企业设计的综合金融服务方案中，明确提出要在两年内实现授信总额100亿元，其中项目贷款30亿元、流动资金贷款40亿元、贸易融资20亿元、其他融资10亿元。同时设定了年度综合收益1亿元的效益目标，并要求将客户满意度提升至95%以上。目标的分解落实同样重要，银行将总体目标分解为不同时间段、不同业务条线的具体目标。例如，第1年要完成60%的授信投放，第2年完成40%的授信投放。信贷部门负责项目贷款和流动资金贷款，贸易金融部门负责贸易融资业务，投行部门负责债券承销等资本市场业务。各部门根据目标制订详细的实施计划，明确时间表和路径图。

四、产品方案设计与组织实施

产品配置是方案设计的核心内容，银行需要根据企业需求特点，设计差异化的产品组合。在融资产品方面，针对智能制造基地建设需求，设计了总额30亿元的项目贷款方案，采用银团贷款方式分散风险。考虑到项目建设周期长、投资回报慢的特点，贷款期限设置为7年，前两年为宽限期，并采用分期还款方式。同时引入政策性银行参与，既能分散风险，又能降低融资成本。流动资金融资方案更加灵活，为支持企业日常经营，提供40亿元综合授信额度，涵盖流动资金贷款、银行承兑汇票、国内信用证等多种产品。企业可以根据实际需求，灵活使用不同融资工具。例如，采购原材料时可以开立银行承兑汇票，既能获得供应商账期，又能降低融资成本；销售旺季可以使用流动资金贷款，满足临时性资金需求。

贸易融资是支持企业国际化发展的重要工具，针对企业进出口业务需求，提供20亿元贸易融资额度，包括进口信用证、出口押汇、保函等产品。同时创新开发离岸金融产品，支持企业开展跨境资金运作。为规避汇率风险，配套提供远期结售汇、期权等金融衍生品服务。资本市场融资也是重要补充，通过发行公司债券、开展资产证券化等方式，帮助企业拓宽融资渠道。银行投行团队为企业设计了10亿元公司债券发行方案，通过优化债券期限结构和利率条款，有效降低融资成本。同时，探索通过资产证券化方式盘活存量资产，提高资产运营效率。

结算类产品配置同样重要。银行为企业提供集团现金管理服务，通过搭建资金池系统，实现集团内部资金的统一调配，提高资金使用效率。系统支持多级账户管理、资金归集、支付清算等功能，并能实时监控资金动态。通过实施现金管理方案，企业沉淀资金规模降低30%，资金使用效率提升40%。供应链金融平台是服务产业链的重要工具，银行搭建线上供应链金融平台，为上下游企业提供应收账款融资、订单融资、存货融资等服务。平台采用区块链技术，有效防范了重复融资风险。上线1年来，平台累计为300多家供应商提供融资支持，融资规模超过50亿元，有力促进了产业链的稳定发展。

增值服务是方案的重要组成部分，银行为企业提供财务顾问服务，帮助优化资产负债结构，降低财务成本。通过对企业财务状况的诊断分析，提出了调整负债期限结构、优化融资方式、加强资金管理等建议，协助企业制订了财务优化方案。方案实施后，企业资产负债率降低至65%，财务费用减少2 000万元。投资银行服务体现了综合化服务能力，银行投行团队除了协助企业发行债券，还提供并购重组顾问服务。针对企业的产业整合需求，设计了并购融资方案，并提供交易架构设计、估值定价、谈判协调等全流程服务。通过并购重组，企业成功整合了两家上游企业，强化了核心竞争力。风险管理服务也很重要，银行为企业提供汇率避险、利率管理等服务，帮助防范市场风险。考虑到企业进出口业务规模大，汇率波动风险高，设计了包括远期、期权、掉期等在内的汇率避险方案。通过科学的避险操作，企业有效规避了汇率波动风险，减少汇兑损失3 000万元。

方案的顺利实施需要强有力的组织保障，银行选派经验丰富的客户经理组建专业服务团队，配备产品经理、风险经理等专业人员提供支持。客户经理具有10

年以上金融服务经验，对制造业有深入了解；产品经理精通各类金融产品，能够设计创新方案；风险经理具有丰富的信贷管理经验，能够把控风险。协同机制的建立至关重要，银行建立了总分行联动、条线协同的服务机制。总行层面成立项目协调组，统筹各类资源；分行设立专门服务团队，负责具体实施；各业务条线密切配合，形成服务合力。同时，建立绩效考核和收益分配机制，调动各方积极性。

系统建设为方案实施提供技术支撑，银行完善信贷管理系统、供应链金融平台、现金管理系统等业务系统，实现业务在线化处理。信贷管理系统支持信贷审批、放款支付、贷后管理等全流程操作，大大提高了业务效率。供应链金融平台实现了融资业务的在线化，企业可以足不出户办理融资业务。风险管理平台的搭建为风险控制提供了有力支持，银行建立了风险监测预警系统，能够实时监控企业的经营状况、资金流向等信息。系统通过分析企业的交易数据、财务数据、舆情信息等，构建了立体化的风险监测体系。一旦发现异常情况，系统会自动发出预警信号，及时提示风险。例如，某企业出现连续3个月销售收入下滑的情况，系统立即预警，客户经理随即进行实地走访，了解具体原因，并采取相应的风险控制措施。

授信管理是风险控制的重要环节，银行对企业实行统一授信管理，将各类融资业务纳入统一的额度管理。在授信调查环节，深入分析企业的经营能力、财务状况、发展前景等，科学评估信用风险。针对不同类型的业务设置差异化的风险控制要求，如项目贷款重点关注项目可行性，流动资金贷款关注资金用途管理，贸易融资关注贸易背景真实性。担保方案的设计也需要创新，考虑到企业的经营特点和资产状况，银行设计了多元化的担保方案。除了传统的房产、土地抵押，还创新采用知识产权质押、应收账款质押等方式。对于信用记录良好的优质客户，适当提高信用贷款比例。灵活的担保方式组合，既满足了企业融资需求，又有效控制了信贷风险。

合规管理贯穿方案实施始终，银行制定了详细的业务操作规程，明确各个环节的合规要求。组织员工开展合规培训，提高合规意识和操作技能。建立内部检查机制，定期对业务开展情况进行合规检查。发现问题及时整改，确保业务合规开展。方案执行过程中的监督管理同样重要，银行建立了完善的监督检查机制，定期评估方案执行情况。通过现场检查、非现场监测等方式，全面掌握业务开展状况。重点关注授信资金用途、还款来源、担保物状况等关键要素，防范风险。同时，对客户经理的尽职情况进行监督，确保各项工作落实到位。

档案管理是规范化管理的基础，银行建立了完整的业务档案管理制度，要求将调查报告、审批文件、合同协议等资料及时归档。采用电子档案管理系统，实现档案信息的电子化存储和管理。通过规范的档案管理，为业务检查、审计提供依据，也为后续业务开展积累经验。方案的执行过程需要持续监控和优化，银行建立了项目推进机制，由专人负责跟踪方案执行情况。定期召开推进会议，及时了解工作进展，协调解决问题。对于重大项目，建立周报制度，确保工作有序推进。通过持续的跟踪和推动，确保方案各项内容得到落实。

效果评估是优化方案的重要依据，银行从多个维度评估方案实施效果：业务规模方面，考察授信投放进度、资产质量等指标；收益水平方面，分析利息收入、中间业务收入等情况；客户满意度方面，通过问卷调查、访谈等方式了解客户评价。根据评估结果，及时调整优化服务方案。创新发展是方案优化的重要方向，银行密切关注市场变化和客户需求的新趋势，不断推进产品和服务创新。例如，针对企业数字化转型需求，开发供应链金融、跨境金融等创新产品。通过创新驱动，持续提升综合金融服务能力。金融科技的应用为方案优化提供了新思路，大数据技术能够支持更精准的客户分析，人工智能技术提升风险管理能力，区块链技术保障业务安全性。银行通过加大科技投入，持续提升服务的智能化、便捷化水平。例如，开发智能化授信系统，运用大数据模型进行风险评估，显著提高了审批效率。

人才培养是提升服务能力的关键，银行高度重视专业人才队伍建设，通过内部培训、外部交流等方式，提升团队的专业能力。针对新产品、新业务，及时组织培训，确保团队掌握必要的知识和技能。建立导师制，发挥经验丰富员工的传帮带作用。国际化服务能力的提升也是重要方向，随着企业国际化程度不断提高，对跨境金融服务的需求日益增长。银行通过加强与境外机构合作，完善跨境金融服务网络。开发跨境资金池、跨境融资等创新产品，满足企业全球化经营需求。转型发展助推服务升级，银行顺应数字化转型趋势，加快线上化、场景化、智能化转型。建设企业线上服务平台，实现业务在线办理。深化场景金融布局，将金融服务嵌入企业经营场景。推进智能化建设，提升服务效率和体验。

第三节　典型综合金融服务方案介绍

随着经济金融深度融合发展，综合金融服务已成为商业银行转型升级的重要方向，在供应链金融、科技金融、跨境金融等重点领域形成了一批典型服务方案和实践经验，服务领域涵盖制造业、贸易流通、新兴产业等多个行业，在信贷支持、投资银行、现金管理、财富管理等方面形成了全方位的金融解决方案，通过整合银行内外部资源，为企业和个人客户提供一站式、综合化的金融服务支持，以供应链金融服务方案为例，商业银行围绕产业链核心企业开展业务布局，通过应收账款融资、订单融资、存货融资等多种融资工具，满足上下游企业的资金需求，借助区块链、物联网等科技手段，实现供应链信息的可信传递和风险管理，建立产业链金融生态圈和服务平台。

在跨境金融服务领域，商业银行针对"走出去"企业的需求特点，设计了覆盖贸易融资、汇率避险、境外投资等多个领域的综合服务方案，通过搭建全球现金管理平台，帮助企业实现跨境资金的集中管理和统筹调配，提供信用证、保函、福费廷等多样化的贸易融资工具，运用远期结售汇、期权组合等衍生品工具进行汇率风险管理，同时加强与境外银行和金融机构的合作，为企业提供境外投资并购、项目融资等专业化服务，在科技金融服务方面，商业银行聚焦科技创新企业的特点和需求，开发了知识产权质押融资、股权质押融资、并购贷款等创新产品，通过投贷联动、投贷债联动等模式，为企业提供全生命周期的融资服务，建立专业的科技金融服务团队，提供投资顾问、财务顾问等增值服务。

服务方案的实施管理需要建立科学的组织架构和管理制度，通过明确的职责分工和协调机制，确保各项工作有序推进和风险可控，建立完善的风险管理体系和操作规范，包括客户准入标准、授信审批流程、贷后管理要求等，加强与客户的沟通互动和业务跟踪，及时了解客户需求变化和经营状况，动态调整和优化服务方案，在创新发展方面，商业银行持续推进产品创新和服务模式创新，通过场景化金融服务、生态化平台建设、科技赋能等手段，提升服务的便捷性和可获得性，加强与金融科技企业、产业链平台的合作，构建开放共赢的金融服务生态，推动综合金融服务向数字化、智能化方向发展，满足企业和个人客户对金融服务的多样化需求，实现商业银行经营转型和价值创造，为实体经济高质量发展提供有力的金融支持。

一、综合金融服务的发展背景

商业银行综合金融服务作为现代银行服务体系中的关键组成部分，其发展已成为金融服务创新和转型的重要方向。在经济全球化深入推进和产业结构持续优化的背景下，企业的经营模式、发展战略和金融需求呈现出显著的复杂化特征。传统单一的信贷服务模式已无法适应企业在投融资、现金管理、风险控制等多个维度的综合性需求。金融科技的快速发展、市场竞争的日益加剧、监管政策的持续完善等因素，都在推动银行加快服务模式创新，构建多层次、全方位的综合金融服务体系。银行需要整合信贷、投行、交易、资管等多元化金融资源，通过产品创新和服务升级，为企业提供一揽子解决方案。

在服务实体经济发展的过程中，银行综合金融服务的深化已成为必然趋势。企业在不同发展阶段面临着多样化的金融需求，如成长期企业需要多渠道融资支持，成熟期企业需要投资银行服务，国际化发展过程中需要跨境金融服务，产业链整合中需要并购重组服务等。这就要求银行必须突破传统业务边界，通过整合内外部资源，建立覆盖企业全生命周期的综合服务体系。同时，产业结构升级和新兴产业发展带来了新的金融需求，如科技创新企业需要知识产权融资，供应链核心企业需要产业链金融服务，绿色产业发展需要环境金融支持等。银行只有通过提供整体性的综合金融解决方案，才能有效满足企业多元化的金融需求，推动经济高质量发展。整体性的综合金融服务不仅能够提升银行的市场竞争力和经营效益，更能够促进金融资源的优化配置，增强金融服务实体经济的能力。

二、主要领域服务方案设计

在供应链金融服务领域，银行需要建立以核心企业为中心的服务体系。通过深入评估核心企业的经营实力、市场地位和信用水平，银行可以将其信用优势延伸至产业链上下游企业。核心企业的选择标准应该包括行业影响力、管理规范性、信息系统完善程度等多个维度。在确定核心企业后，银行要对其上下游企业进行系统性梳理，通过应收账款质押、存货质押等多种融资方式，满足供应链条上不同企业的资金需求。在房地产金融服务方面，银行要充分考虑房地产开发全生命周期的特点，从土地储备阶段开始，对项目的区位优势、市场前景进行深入评估。在项目开发阶段，要加强工程进度监管和资金使用监控，确保开发贷款的安全性。对于销售环节，要灵活设计按揭贷款政策，既要支持项目销售，又要防范信贷风险。房地产金融服务的关键在于风险控制，要建立专业的评估团队，定期对项目风险进行评估。

科技创新企业的金融服务具有特殊性，由于这类企业普遍具有轻资产特征，传统的抵押担保模式难以满足其融资需求。银行需要创新风险评估方法，更多关注企业的技术创新能力、团队实力和市场发展空间。可以考虑采用知识产权质押、股权质押等新型融资方式，满足科技企业的资金需求。同时，要加强与创业投资机构的合作，通过投贷联动模式分散风险。跨境贸易金融服务要特别注意国际化视野。随着企业"走出去"步伐加快，银行需要提供全方位的跨境金融服务支持。这包括贸易融资、国际结算、汇率风险管理等多个方面。在贸易融资方面，要熟悉国际贸易规则，设计符合贸易特点的融资产品。针对汇率风险，要提供包括远期、期权在内的金融衍生品工具，帮助企业有效管理风险。同时，要密切关注国际政治经济形势变化，防范国别风险。

农业产业化金融服务需要创新服务模式，农业生产具有周期长、风险高的特点，银行要通过产业链整合方式降低风险。以农业产业化龙头企业为核心，通过订单农业模式带动农户发展。可以利用农业保险转移部分风险，同时要充分运用金融科技手段，提升农村地区金融服务的可得性。特别要注意发挥政策性金融工具的作用，合理利用农业补贴政策和风险补偿基金。政府与民生工程的金融服务要严格遵守监管要求，这类项目通常投资规模大、建设周期长，需要银行提供长期稳定的资金支持。在提供融资支持时，要严格评估项目可行性，确保还款来源。建议采用银团贷款方式分散风险，必要时引入第三方专业机构进行监管。

三、服务方案实施管理

在金融服务方案的具体实施中，要特别注重几个关键环节。首先是风险管理，要建立全流程的风险控制体系，包括客户准入、过程监控和风险处置等环节。其次是团队建设，要配备具有专业背景的服务团队，确保方案的顺利实施。最后是科技支撑，要充分运用金融科技手段提升服务效率，降低运营成本。

方案的持续优化同样重要，要建立科学的评估体系，定期评估方案实施效果。通过客户反馈、市场调研等方式收集信息，不断完善服务方案。要持续跟踪市场变化和政策动向，及时调整业务策略。同时，要注重创新发展，通过产品创新、模式创新、技术创新，不断提升服务能力。在实践中，银行要因企制宜，根据不同企业的特点设计差异化的服务方案。要深入了解企业的经营模式、发展战略和金融需求，确保方案的针对性和可行性。同时，要注重与客户建立长期合作关系，通过持续的服务优化和价值创造，实现银企共赢发展。

在数字化转型的背景下，金融服务方案的创新将更多地依托科技手段。通过大数据分析、人工智能等技术，可以提升风险管理能力和服务效率。移动互联网的普及为服务渠道创新提供了新的可能，银行要积极探索线上线下相结合的服务模式。但要注意防范科技应用中的风险，确保业务安全运行。最后，综合金融服务方案的成功实施需要银行内部各部门的密切配合。要建立高效的跨部门协作机制，明确职责分工，提高响应速度。同时，要加强与外部机构的合作，整合各类资源，为客户提供更加全面和专业的金融服务支持。

综合金融服务方案的实施过程中，绩效评估和考核机制的建设也至关重要。银行需要建立科学合理的评价体系，将服务质量、风险控制、客户满意度等多个维度纳入考核范围。对于客户经理团队，要设置合理的业绩目标，既要激励团队积极开拓业务，又要防范过度追求规模而忽视风险。同时，要建立长效的激励约束机制，将团队收入与服务效果挂钩，促进服务质量的持续提升。在产品创新方面，银行要密切关注市场需求变化，随着企业经营模式的创新和行业格局的变迁，传统金融产品可能无法完全满足新的市场需求。银行要加强产品研发力度，根据不同行业、不同类型企业的特点，设计差异化的产品方案。在产品设计过程中，要特别注意产品的可操作性和风险可控性，确保创新不偏离审慎经营的底线。

区域特色金融服务也需要重点关注，不同地区的经济发展水平、产业结构和市场环境存在差异，银行要根据区域特点制定差异化的服务策略。在经济发达地区，可以重点发展投行业务、财富管理等高端服务；在产业集聚区，要加强供应链金融服务；在农业大区，则要突出涉农金融服务特色。通过区域化服务战略，形成差异化竞争优势。国际化服务能力的提升同样重要，随着我国企业加快国际化步伐，银行的服务范围也需要向海外延伸。这就要求银行加强国际业务团队建设，培养熟悉国际规则、具有跨文化沟通能力的专业人才。要加强与境外银行的合作，扩大服务网络覆盖范围。同时，要注意防范跨境业务风险，建立完善的合规管理体系。

四、服务方案创新发展

在客户关系管理方面，银行要建立全生命周期的服务体系。要关注客户从成立初期到成长壮大的不同发展阶段，提供匹配的金融服务支持。对于初创企业，重点是提供基础金融服务和成长性支持；对于成长期企业，要加大融资支持力度，助力其扩大经营规模；对于成熟企业，则要提供更加综合的金融服务，支持其转型升级和国际化发展。风险定价机制的完善也是服务方案优化的重要环节，银行要建立科学的风险评估模型，根据客户的信用状况、合作历史、发展前景等因素，确定合理的定价水平。对于优质客户，可以适当降低定价，增强合作黏性；对于风险较高的客户，则要通过价格机制传导风险。定价策略要兼顾市场竞争性和风险补偿性，确保业务可持续发展。

在服务效率提升方面，流程优化是重要手段，银行要对现有业务流程进行系统梳理，找出效率瓶颈，通过流程再造提升服务响应速度。可以考虑建立专门的业务审批通道，为重点客户提供快捷的服务。同时，要加强系统建设，实现业务流程的线上化、自动化，降低人工操作环节。环境、社会和治理（ESG）因素也应纳入服务方案考虑范围，银行要支持绿色低碳发展，为环保节能项目提供优惠的金融支持。要关注企业的社会责任履行情况，将其作为授信评估的重要参考。同时，要推动企业完善公司治理，将治理水平作为合作深度的重要考量因素。

金融科技的深度应用将为服务方案带来新的发展空间，通过区块链技术，可以提升供应链金融的效率和安全性；通过物联网技术，可以加强对抵押物的监控管理；通过人工智能技术，可以提升风险评估的准确性。银行要加大科技投入，推动传统业务模式的数字化转型。服务质量的持续提升需要建立完善的培训体系，要加强对客户经理团队的专业培训，提升其行业认知能力和风险判断能力。可以通过案例教学、实战演练等方式，提高团队的实操能力。同时，要注重知识管理，及时总结推广优秀服务经验。

客户反馈机制的建立也很重要，银行要通过客户满意度调查、重点客户访谈等方式，及时了解客户需求变化和服务短板。要建立客户投诉快速响应机制，及时处理客户反映的问题。通过持续的服务优化，不断提升客户体验。市场竞争环境的变化也需要密切关注，随着金融市场开放程度加深，银行面临的竞争压力不断增加。要加强市场研究，及时了解同业动态和创新实践。要根据竞争态势调整服务策略，在细分市场形成特色优势。同时，要探索与其他金融机构的合作模式，实现优势互补。监管政策的变化对服务方案也有重要影响，银行要密切关注监管政策导向，确保业务发展符合监管要求。要主动适应监管政策变化，及时调整业务策略和风险控制措施。同时，要加强与监管部门的沟通，争取政策支持和指导。

人才梯队建设是服务能力提升的基础，银行要建立完善的人才培养机制，为不同层次的客户经理设计职业发展路径。要加强专业人才引进，充实服务团队力量。同时，要建立有效的考核激励机制，稳定核心人才队伍。服务方案的创新还需要注重产品组合的优化，单一产品难以满足企业的全方位需求，银行要善于进行产品组合创新，设计一揽子解决方案。例如，可以将授信业务与投行业务相结合，既满足企业的融资需求，又支持其资本运作；将贸易融资与财富管理相结合，既解决企业的贸易融资需求，又帮助其实现资金的增值。通过产品的有机组合，提升综合服务能力。

信息科技的应用需要进一步深化，银行要加强数据分析能力建设，通过对企业经营数据、交易数据、行为数据的深度分析，精准把握客户需求特征。要利用大数据技术建立客户画像，实现精准营销和风险预警。同时，要加强移动端服务能力建设，开发便捷的线上服务功能，提升客户体验。行业研究能力的提升也很关键，银行要建立专业的行业研究团队，深入研究重点行业的发展趋势和特点。通过行业研究，可以前瞻性地预判行业机会和风险，提前调整服务策略。同时，要加强与行业协会、研究机构的合作，拓宽信息来源渠道。研究成果要及时转化为实践指导，提升服务的专业性和前瞻性。

资源整合能力也需要不断加强，银行要善于整合内外部资源，为客户提供增值服务。可以联合会计师事务所、律师事务所等中介机构，为客户提供专业咨询服务。可以与政府部门建立合作，帮助企业对接政策资源。通过资源整合，扩展服务范围，提升服务价值。风险管理体系需要持续完善，要建立多维度的风险评估体系，将企业自身风险、行业风险、市场风险等因素纳入考量。要加强风险预警机制建设，建立风险监测指标体系，实现风险的早期识别和处置。同时，要注重授信后管理，通过定期检查、动态监测等手段，确保业务风险可控。

产业链金融服务要深化发展，随着产业链分工日益精细化，企业间的联系更加紧密。银行要加强对产业链条的研究，了解各环节企业的金融需求特点。要创新供应链金融产品，通过订单融资、应收账款融资等方式，支持产业链上下游企业发展。同时，要利用金融科技手段，提升供应链金融的效率和安全性。绿色金融服务需要加大力度，随着国家对环境保护的重视程度提升，绿色产业发展空间巨大。银行要加大对节能环保、清洁能源等绿色产业的支持力度。可以设计专门的绿色信贷产品，在授信条件、利率定价等方面给予适当优惠。同时，要加强环境风险评估，将环保要求纳入授信审查标准。

普惠金融服务也要持续推进，要加大对小微企业、"三农"等普惠领域的金融支持。创新适合小微企业特点的融资产品，简化业务流程，提高服务效率。利用互联网技术降低服务成本，扩大普惠金融覆盖面。同时，要加强风险控制创新，探索适合普惠金融特点的风险管理模式。客户分层服务策略要不断优化，要根据客户的规模、贡献度、发展潜力等因素，实施差异化服务。对战略客户要配备专业服务团队，提供一对一服务；对重点客户要保持定期走访和沟通；对一般客户要提供标准化的产品服务。通过分层服务，实现资源的优化配置。

跨部门协作机制需要进一步完善，综合金融服务涉及银行多个部门，需要建立高效的协作机制。要明确各部门的职责分工，建立协调沟通的渠道。可以采用项目制管理方式，组建跨部门服务团队，提高响应效率。同时，要建立考核激励机制，促进部门间的积极配合。人才发展策略要持续优化，要加强专业人才培养，建立完善的培训体系。通过内部培训、外部交流等方式，提升团队的专业能力。要建立合理的晋升通道，为优秀人才提供发展空间。同时，要完善考核激励机制，将团队收入与业绩贡献挂钩。服务标准化建设也需要加强，要制定统一的服务标准，规范服务流程和质量要求。通过标准化建设，提升服务的规范性和一致性。同时，要建立服务质量监督机制，定期开展服务质量评估，及时发现和改进问题。

本章小结

本章系统介绍了商业银行典型综合金融服务方案的主要内容，阐述了其作为现代商业银行服务实体经济的重要手段。综合金融服务方案的核心价值在于根据不同类型客户的特点和需求，提供全方位的金融服务支持。通过构建完整的服务体系，帮助企业解决在发展过程中遇到的各类金融需求问题，实现银行与企业的共同发展。

在服务方案的基本类型方面，主要包括六大类典型方案。供应链金融服务方案围绕核心企业建立服务体系，通过应收账款融资、订单融资等方式支持上下游企业发展，促进产业链良性发展。房地产开发全周期服务方案覆盖从土地获取到项目交付的各个环节，为房地产开发企业提供全方位金融支持。科技创新企业服务方案针对科技企业的特点，创新风险评估方法，开发知识产权质押等专业化金融产品。跨境贸易服务方案为企业提供贸易融资、国际结算、汇率风险管理等综合服务，支持企业国际化发展。农业产业化服务方案通过产业链整合方式创新服务模式，有效解决"三农"融资难题。政府与民生工程服务方案则为基础设施建设和民生改善项目提供长期稳定的资金支持。

方案实施的关键要素包括四个方面。首先是科学的方案设计，需要通过深入的市场调研和客户需求分析，确保方案的针对性和可行性。其次是完善的风险管理体系，建立覆盖事前防范、事中监控和事后处置的全流程风险控制机制。再次是专业的团队支持，配备具有丰富行业经验的服务团队，提供专业化、个性化的金融服务。最后是有效的科技支撑，充分运用金融科技手段提升服务效率，加强风险管理能力，实现业务流程的线上化、智能化。

在方案优化与创新方面，银行需要从多个维度推进创新发展。产品创新要求银行根据市场需求变化，不断开发新型金融产品，提升产品的市场竞争力。服务创新强调要持续优化服务流程，提升服务效率和客户体验，提高客户满意度。技术创新要求深化金融科技应用，推动业务模式创新，提升风险管理水平。管理创新则需要完善内部管理机制，加强部门协作，提升综合服务能力。通过持续的优化创新，确保综合金融服务方案始终满足市场发展需求，保持良好的实施效果。

课后习题

一、单选选择题

1.综合金融服务强调以客户（　　）为导向。

A.信息　　　　　　　　　　B.风险

C.需求　　　　　　　　　　D.服务

2.从价值链角度来看，综合金融服务实现了从（　　）产品销售向全方位服务的转变。

A.个性　　　　　　　　　　B.单一

C.创新　　　　　　　　　　D.多元

3.从客户价值角度分析，综合金融服务通过整体授信和组合定价方式，降低企业（　　）。

A.综合融资成本　　　　　　B.信用风险

C.筹资成本　　　　　　　　D.机会成本

二、多项选择题

1.综合金融服务的内涵特征体现在服务的（   ）等多个维度。

A.全面性   B.专业性

C.协同性   D.互信性

2.综合金融服务面向（   ）群体。

A.企业客户   B.机构客户

C.个人客户   D.资产客户

3.综合金融服务方案设计原则是（   ）。

A.客户导向原则   B.整体性原则

C.可行性原则   D.持续优化原则

三、简答题

1.什么是综合金融服务方案？其主要特点是什么？

2.供应链金融服务方案中，核心企业的选择标准包括哪些方面？如何评估核心企业的资质？

第六章课后习题答案

第七章　信贷业务管理

【导读案例】

化工企业授信风险

2023年年初，某银行客户经理张明接手了某新材料科技有限公司的授信业务。这家位于某沿海城市经济技术开发区的化工企业，成立于2013年，主要生产聚氨酯原料和各类工业涂料，是华东地区重要的化工原料供应商之一。在授信调查过程中，张明发现：公司财务报表显示近两年盈利状况良好，但经营性现金流波动较大，企业提供的厂房抵押评估值4 500万元，但所处位置较偏远，行业环保政策趋严，企业面临转型压力。

案例思考

第一节　银行授信业务流程

商业银行授信业务作为连接银行与企业客户的核心业务，其标准化、规范化的流程管理直接关系到信贷资产质量和风险控制效果。授信业务流程覆盖了从客户准入、尽职调查、授信方案设计、风险评估、授信审批到贷后管理的完整链条。在实践中，银行通过建立科学的授信业务流程体系，实现客户筛选、风险识别、审查审批和贷后管理的有机衔接。规范的授信流程确保了业务开展的合规性，通过分工明确、权责清晰、相互制衡的运作机制，有效防范道德风险和操作风险。同时，完善的授信流程也是提升服务效率、增强市场竞争力的重要保障，对维护信贷资产安全、促进信贷业务健康发展具有重要意义。

在授信业务实践中，银行建立了全流程的风险管理体系，将风险管理贯穿于业务各个环节。客户经理作为授信业务的第一责任人，需要严格执行各项业务操作规程，做好客户准入审查、授信调查、贷后检查等工作。风险管理部门通过独立审查、现场检查等方式，加强风险监督。信贷审批部门则通过严格的授信审查、审批流程，把控信贷风险。各部门通过有效协作，共同维护授信业务的规范运行。授信流程的标准化管理还体现在授信资料的规范化、授信决策的制度化、贷后管理的常态化等方面。银行通过制定统一的业务操作规程、授信调查模板、贷后检查制度等，确保授信业务各环节工作质量，实现风险的有效防控。在授信流程各个环节中，客户经理都要充分发挥主动性，深入了解客户经营状况，准确把握风险特征，提出专业的授信建议，为授信决策提供有力支持。

一、授信申请与审批

制造业企业授信分析是商业银行授信业务的重要组成部分，以江苏某机械制造企业为例，该企业主营数控机床生产，2023年申请3 000万元流动资金贷款。在授信调查中，核心关注设备运转率和订单转化情况。走进企业车间，高速加工中心设备开工率保持在85%以上，配套的工装夹具显示出较强的加工能力。登录企业ERP系统，发现前三季度新签订单4.2亿元，同比增长22%，其中80%来自大型主机厂商的长期合作订单。企业财务状况呈现"两升一降"特点：营收和利润持续增长，但经营性现金流有所下降。深入分析发现，主要客户回款周期从45天延长至75天，导致应收账款占用资金增加。通过走访主要客户发现，下游汽车、工程机械行业景气度上升，但部分客户采用票据方式结算增多。企业原材料采购以现金支付为主，而下游回款更多使用票据，造成现金流错配。

电子制造企业具有典型的轻资产特征，以深圳某电子元器件生产企业为例，企业申请2 000万元授信时，调查重点转向存货管理和技术水平。企业生产的片式电容、电感等产品具有体积小、更新快的特点。登录企业MES系统，关注产品良品率、生产周期等指标。发现企业通过柔性生产线实现快速换产，产品交付周期控制在7天以内，库存周转率达到12次/年。在汽车零部件企业授信中，产业链关系尤为重要。某汽车轴承制造企业虽然规模不大，但其是蔚来等新能源车企的二级供应商。该企业供应链金融平台的数据显示，其获得头部主机厂商的定点项目持续增加。现场查看其PPAP（生产件批准程序）文件，合格供应商资质齐全。结合主机厂商的生产计划，预测企业未来1年的供货需求稳定增长。

贸易企业授信分析更侧重资金流和物权管理，以浙江某大宗商品贸易企业为例，企业从事铜、铝等有色金属贸易。通过查看上海期货交易所交割单、仓单等单据，验证贸易背景真实性。调取企业近1年的银行流水，将资金收付与合同、发票、报关单进行匹配，核实交易真实性。同时，关注企业套期保值操作，评估其风险管理能力。科技创新企业授信更重视其核心竞争力，以一家生物医药企业为例，其研发的创新药物处于三期临床阶段，申请研发资金贷款。授信调查中邀请行业专家参与，评估其专利技术的先进性和市场前景。查看药品注册申报资料，了解临床试验进展情况。通过走访医院、CRO机构，验证临床数据的真实性。

从担保方式看，房地产抵押最为常见，一家食品加工企业以其厂房和土地申请贷款，调查中除了核实产权证书外，还需实地察看资产状况。通过当地土地交易中心了解周边地块成交价格，结合政府规划，判断未来升值空间。特别注意化工、高污染企业的厂房抵押，要考虑环保因素对处置的影响。设备抵押时，要重点关注设备的通用性和处置难度，某注塑件生产企业以进口注塑机作为抵押，需要查验设备原值发票、报关单据，核实购置成本。通过咨询设备供应商，了解二手设备市场行情。对于专用设备，要考虑其处置范围可能较窄的风险。存单和保证金质押虽然较为安全，但也需要规范操作。某外贸企业以500万美元定期存单质押申请融资，需要查验存单原件，核实质权设立手续。对于保证金质押，要严格控制保证金来源，防止企业以贷转存。同时，进行质押账户监管，确保资金安全。

应收账款质押业务增长迅速，以一家通信设备供应商为例，企业应收某国有运营商3 000万元货款，申请质押融资。调查中查看中标通知书、供货合同，核实应收账款的真实性。通过现场走访、函证等方式，确认债务人的付款意愿和能力。特别注意防范虚构应收账款、一账多押等风险。第三方保证要审慎评估担保人实力，某医疗器械企业由其大股东提供连带责任保证，需要穿透核查担保人的资产状况。查询担保人的对外投资和担保情况，评估其担保能力。通过税务等渠道，核实担保人主营业务的稳定性，防范担保人因经营恶化出现担保违约风险。

下面以某新能源企业授信为例，展示完整的授信调查审批流程：该企业主营光伏组件生产，申请5 000万元项目贷款用于扩产升级工程建设，实地调查显示企业拥有第三代PERC电池片生产技术，产品转换效率达到24.2%，处于行业领先水平，企业已建成两条智能化生产线，良品率维持在98%以上，在手订单覆盖未来4个月产能。财务分析反映企业处于快速发展态势，2023年营业收入12.6亿元，同比增长86%，净利润8 600万元，同比增长92%，资产负债率62%，经营性现金流3.2亿元。通过供应链核查发现，企业已成为行业龙头企业的合格供应商，与主要硅片供应商签订长期供货协议，技术团队核心成员来自行业领先企业，已获授权专利42项，研发实力突出。项目评估显示N型电池片技术已经过小批量试产，转换效率达到25.1%，项目采用全自动化生产线，技术路线合理可行，光伏行业处于高速增长期，欧美市场需求旺盛。

银行在授信风险评估中重点关注技术迭代风险、市场竞争风险和汇率风险等关键要素，并基于评估结果设计了5 000万元、5年期的项目贷款方案，采用项目资产抵押加实际控制人保证的担保方式，按工程进度分期投放。贷后管理要求建立严格的监测机制，按月监测工程进度和资金使用情况，按季走访核查生产经营状况，定期评估抵押物价值。授信审查会重点讨论了项目投资收益的测算依据、产能消化的保障措施、技术路线选择的合理性和资金使用的监管方案等核心问题。最终审批意见同意授信，但要求项目资产抵押率不超过60%，设立资金监管账户，严格控制投放进度，提高贷后监测频率，确保项目建设和资金使用符合预期。企业运营过程中需要持续关注产品转换效率等技术指标，跟踪项目建设进度，评估市场竞争态势，监测现金流变化情况，及时发现和防范各类风险。

在授信业务中常见的风险点包括业务真实性风险、担保圈风险、管理层变动风险、资金挪用风险等多个方面。业务真实性风险主要表现在贸易融资领域，需要通过建立单据验证数据库，实行多渠道核查，将单据记录与企业实际经营规模相匹配，对超出企业正常经营规模的业务进行重点核实。担保圈风险要求严格限制互保贷款，建立担保人数据库，实时监测担保人代偿能力，对互保过多的企业实行限贷退贷策略。管理层变动风险需要密切关注股东大会、董事会重大决策，建立管理层履历档案，定期评估企业管理团队稳定性。资金挪用风险通过加强受托支付管理，建立资金流向追踪机制，定期核查企业大额资金往来进行防范。财务造假风险运用大数据分析识别财务异常，将企业财务数据与电力消耗、员工社保等经营数据交叉验证，对明显偏离行业正常水平的指标进行重点核查。

环保政策风险、知识产权风险和市场竞争风险也需要重点防范和监控。环保政策风险要求建立环保政策跟踪研究机制，定期评估企业环保达标情况，对高污染行业企业实行名单制管理，提前化解环保风险。知识产权风险需要引入专业机构评估，建立纠纷预警机制，密切跟踪行业专利诉讼动态，合理评估知识产权价值。市场竞争风险则需要密切跟踪行业产能变化，定期分析市场供需状况，建立价格波动监测机制，对产能过剩行业从严控制新增授信。下游行业风险需要建立产业链预警机制，定期分析上下游行业景气度，对产业链风险集中的领域实行限额管理。授信后监管需要制订科学的贷后检查计划，运用科技手段提升监管效率，建立客户经理考核激励机制，对风险征兆及时预警处置。风险防范体系的建立需要充分运用大数据、人工智能等科技手段，提升风险识别和预警能力，实现风险管理的智能化和精细化，将风险管理贯穿于授信业务全流程。

二、贷款发放与监管

在贷款发放与监管环节，银行对广东某新能源汽车零部件生产企业的3 000万元授信业务进行严格管理。企业取得授信批复后，客户经理首先组织法律合规部门审核合同要素。重点关注授信合同中的授信金额、期限、利率、用途等条款是否与审批意见保持一致，担保合同中对抵押物的处置权限、处置方式是否明确约定。同时，要求企业补充提供股东会决议、担保人授权等法律文件，确保合同签署程序完备。资金支付环节采取受托支付为主、自主支付为辅的管理模式。对于单笔500万元以上的大额设备采购，银行严格执行受托支付。企业提出支付申请时，客户经理实地核实设备到货情况，查验订购合同、送货单、发票等原始单据，电话核实供应商收款账户，确认无误后安排支付。对于日常原材料采购等小额支付，允许企业自主支付，但要求每月汇总资金使用明细，并抽查大额支付的原始凭证。项目评估是授信决策的重要依据，以江苏某高端装备制造企业的智能化改造项目为例，企业计划投资5亿元建设数字化车间，银行组织开展全面评估。首先邀请行业专家进行技术评估，专家组深入生产现场，重点考察企业引进的德国西门子新一代数控系统。评估结果显示，设备技术水平处于国际领先，现有技术人员通过3~6个月培训能够掌握操作要领，项目分三期实施的计划安排合理可行。市场前景分析显示项目具有良好的发展空间，企业在轨道交通、航空航天等细分领域深耕多年，与中国中车、中国商飞等核心客户建立了稳定合作关系。技术改造完成后，产品精度将显著提升，有助于承接高附加值订单。通过走访主要客户了解到，已有意向性订单超过8亿元，未来3年订单规模有望突破20亿元。财务测算结果支持项目可行性，项目投资回收期5.2年，内部收益率16.8%，各项财务指标均优于行业平均水平。达产后预计年新增销售收入12亿元，新增利润1.8亿元。考虑到企业现有资产负债率为52%，自有资金实力较强，项目融资风险可控。项目建成后将显著提升企业的市场竞争力，为银行授信提供了良好的成长空间。

浙江某外贸企业的综合授信方案设计体现了风险与效益的平衡，该企业年进出口额8亿美元，主要从事纺织品贸易，经营稳健，但面临汇率波动、原材料价格波动等多重风险。银行在充分评估企业需求的基础上，设计了包含流动资金贷款、贸易融资、票据池和外汇衍生品交易等多个授信品种的组合方案，总授信额度达到1亿美元。授信额度结构充分考虑了企业经营特点，其中流动资金贷款3 000万美元主要用于原材料采购，贸易融资额度5 000万美元支持进出口业务，票据池额度2 000万美元帮助企业盘活商业汇票资产，外汇衍生品交易额度1 000万美元则用于对冲汇率风险。不同授信品种之间设置额度调剂机制，提高了授信资源使用效率。

担保方式采取组合设置，提高风险缓释能力，企业提供评估值8 000万美元的自有房产作为主要抵押物，对优质客户的应收账款和监管仓库的库存商品提供质押担保，同时要求股东提供连带责任保证。通过多层次担保安排，确保银行债权安全。客户经理定期评估担保物价值变化，根据库存周转情况动态调整抵押率，实现风险的动态管理。在贷后管理环节，银行建立了全方位的监控体系，客户经理每月至少一次实地走访企业，重点关注订单完成情况、库存商品市值变化、应收账款回收进度等关键指标。通过实地察看生产经营场所，了解企业开工率、订单储备等情况。同时，定期收集企业财务报表，分析经营性现金流变化，监测预警指标。对于发现的问题，及时要求企业整改或调整授信策略。在具体执行中，客户经理特别注意市场变化带来的风险，近一年来，由于海外市场需求波动，企业出口订单有所下滑。银行及时调整授信策略，将贸易融资额度部分转为国内信用证额度，支持企业开拓内销市场。同时，考虑到纺织品价格波动加大，适当提高存货质押的折扣率，控制质押融资风险。

综合授信方案的执行效果良好，企业通过票据池业务盘活沉淀票据资产，降低了融资成本。贸易融资额度的灵活使用，帮助企业在原材料价格处于低位时加大储备。通过外汇远期合约锁定汇率，有效规避了汇率波动风险。授信支持下，企业上半年实现营业收入4.2亿美元，同比增长15%，经营质量稳步提升。授信方案设计原则体现在多个层面，首先是匹配性原则，要求授信方案与企业经营特点相符。以江西某工程机械制造企业为例，考虑到其"以销定产"的经营模式，将授信额度的70%配置为订单融资，便于企业及时组织生产。其次是灵活性原则，根据市场变化预留调整空间。

风险可控性原则在授信方案中得到充分体现，以福建某外贸企业为例，考虑到当前外贸环境复杂，在设计2亿元综合授信方案时，将押汇等贸易融资业务控制在总额度的40%以内，并要求提供信用保险。同时，建立了包括订单转化率、应收账款账龄、存货周转率等在内的立体监控体系，实现风险早发现、早预警、早处置。收益性原则要求授信方案具有合理的收益水平，通过对山东某化工企业的综合授信方案测算，预计年收益率达到2.8%，其中利息收入1 200万元，中间业务收入380万元。在风险可控的前提下，通过产品组合优化，提高收益水平。同时，关注交叉销售机会，为企业提供结算、理财等综合金融服务。

多层次风险管理是方案设计的重要内容，以安徽某汽车零部件企业为例，在1.5亿元综合授信方案中设置了多重风控措施。实物资产抵押覆盖率达到150%，应收账款质押实行动态管理，存货质押采用第三方监管。同时，通过设立资金监管账户，严格控制贷款资金支付路径，防止资金挪用。综合授信策略安排更加注重前瞻性管理，对湖南某光伏企业的授信方案，充分考虑了行业周期特征。在上游硅料价格处于低位时，增加采购资金支持；在组件价格承压时，适当控制库存质押融资。通过灵活调整授信策略，帮助企业应对市场波动，实现平稳发展。

授信组合管理体现了总量控制和结构优化的要求，针对浙江某外贸企业集团，统一设置集团授信额度上限，严格控制关联企业授信集中度。在产品结构上，根据不同企业的经营特点，合理配置信贷、贸易融资、票据等不同融资工具，提高授信资源使用效率。方案执行中的动态管理尤为重要，客户经理定期评估方案执行效果，适时调整授信策略。比如，发现广东某电子企业存货周转放缓时，及时收紧质押融资额度；了解到江苏某机械企业获得重大订单后，相应增加订单融资支持。通过动态管理，确保授信方案始终满足企业需求，并且有效控制风险。

在授信政策执行层面，银行严格落实差异化授信策略。对河北某钢铁企业的授信支持中，充分考虑环保政策影响。企业投入3亿元进行超低排放改造，银行在原有3亿元综合授信基础上，追加1.5亿元绿色信贷额度，并给予优惠利率。同时，要求企业定期提供环保监测数据，将环保达标情况纳入贷后监管重点。供应链金融创新丰富了授信方案内容，深圳某电子制造企业作为华为重要供应商，银行创新推出订单融资、应收账款池、经销商融资等产品组合。通过提供核心企业信用支持，带动产业链上下游企业融资，仅2023年就支持配套企业融资超过12亿元。产业链融资模式既扩大了授信客户群，又提高了风险管理效率。科技赋能提升了授信管理水平，在上海某贸易企业的授信管理中，运用物联网技术实时监控质押仓库，通过区块链技术验证贸易单据真实性，利用大数据分析预测企业经营风险。科技手段的应用不仅降低了操作成本，还提高了风险管控的及时性和准确性。

产融结合提高了授信支持效果，针对四川某新材料产业园区，银行创新采用"基金+信贷"模式，设立10亿元产业基金，撬动50亿元信贷投放。通过股权投资和债权融资结合，既支持了园区内企业发展，又分享了企业成长收益。这种模式特别适合科技创新企业，在助力企业突破发展瓶颈的同时，也为银行培育了优质客户。授信资源的区域配置更加精准，在长三角一体化发展背景下，银行对江苏某高端制造业园区的授信支持采取"总对总"合作模式，与园区管委会签署战略协议，建立白名单制度，对优质企业开辟绿色通道。同时，发挥集团联动优势，整合境内外授信资源，满足企业跨境融资需求。

资产负债管理要求也反映在授信方案中，考虑到四川某建筑企业的经营周期特点，将5亿元授信额度按1年期、3年期、5年期搭配组合，既满足企业长期稳定资金需求，又符合银行资产负债匹配管理要求。通过期限结构优化，实现了银企双方的良性互动。风险定价机制更加市场化，对云南某有色金属企业的授信定价，综合考虑客户评级、担保方式、服务成本、市场竞争等因素，采用"基准利率+调整系数"的定价模式。通过科学定价，既保证了合理收益，又增强了市场竞争力。对于战略性新兴产业客户，适当给予利率优惠，支持企业创新发展。集团客户统一授信管理不断深化，在服务山东某化工集团时，对母公司及下属12家子公司实行统一授信管理，明确集团授信总额度、统一授信政策、集中风险管控，避免过度授信和重复授信。同时，考虑不同子公司的经营特点，合理分配授信额度，提高授信资源使用效率。

以上内容全面阐述了授信方案设计和执行的各个维度，体现了商业银行在服务实体经济过程中的专业能力和管理水平。银行通过科学的授信方案设计和严格的贷后管理，既支持了企业发展，又实现了风险的有效控制。

第二节　客户信用评估与风险控制

商业银行客户信用评估工作建立在全面的信息收集和系统分析基础之上，通过定量与定性相结合的评估方法，对客户的经营能力、财务状况、信用记录和偿债能力进行综合评价，在企业客户评估中重点关注企业的经营模式、市场地位、行业前景、管理团队、财务指标等关键要素，结合宏观经济环境和行业发展趋势，运用科学的评分模型和风险量化工具，建立客观公正的信用评级体系，对企业的信用风险水平进行动态监测和预警管理，通过实地走访、财务分析、同业调研等多种方式，深入了解企业的实际经营状况和发展潜力，为授信决策提供可靠的依据和支持。

在风险控制方面，商业银行需要建立全面的风险管理体系和内控机制，围绕客户准入、授信审批、贷后管理等关键环节设置严格的风控标准和操作规范，通过担保方式设计、授信额度管理、贷款用途监控等多种措施，有效防范和控制信用风险，针对不同行业和客户类型的风险特征，制定差异化的风险管理策略和控制措施，包括抵质押管理、担保人资格审查、交叉检验等具体操作要求，加强对重点行业、重点客户和重点业务领域的风险监测和预警管理，建立风险预警指标体系和应急处置机制，及时发现和化解潜在风险隐患。

商业银行风险控制工作需要依托先进的技术手段和管理工具，通过大数据分析、人工智能等科技手段，提升风险识别和管理能力，建立完善的风险管理信息系统和数据分析平台，实现风险信息的实时监测和共享，在贷后管理中加强对客户经营状况、财务指标、担保物状况等关键信息的动态跟踪，通过定期评估和不定期检查，及时掌握风险变化情况，采取有效的风险控制措施，对于出现风险预警信号的客户，及时启动风险处置程序，通过贷款重组、担保方式调整、诉讼保全等多种手段，最大限度降低信用风险损失，保障信贷资产质量和银行经营安全。同时，加强对客户经理和风控人员的专业培训和考核管理，提升风险管理能力和职业素养，确保各项风控制度和操作规范的有效落实。

一、抵押品管理与处置

抵押品选择与估值是信贷风险管理的重要环节，房产抵押作为主要的担保方式，需重点关注房产的区位、用途、市场价值和变现能力。工业厂房抵押要评估其工艺适用性和未来发展潜力，避免接受过度专业化或环保不达标的厂房。机器设备抵押需考虑设备的通用性、成新率和市场需求，优先接受标准化程度高、市场流通性强的设备。土地抵押应重点关注土地性质、规划用途和剩余使用年限，严格控制受限土地准入。商业银行应建立专业的评估团队，采用科学的评估方法，确保估值的公允性和准确性。对于不同类型的抵押物，设置差异化的抵押率标准，定期评估抵押物价值变化情况，及时发现和应对风险。

抵押登记与监管要求严格规范执行，抵押登记必须依法办理，确保抵押权利的法律效力。工作人员需核实抵押人的权属证明文件，审查抵押物是否存在共有、租赁、查封等权利限制。完整搜集抵押登记所需文件，确保手续齐备。建立定期检查制度，关注抵押物的使用状态、保管条件和价值变化。对于设备类抵押物，重点监控使用情况和维护保养状况。对于房产类抵押物，关注建筑结构安全和消防设施完好性。发现问题及时要求借款人整改，必要时采取补充担保等措施。

保险管理是抵押品风险防控的必要措施，应要求借款人为抵押物投保足额保险，保险期限应覆盖贷款期限。审核保险合同条款，确保保险责任和赔付范围符合要求。建议选择资信良好的保险公司，并由银行作为第一受益人。定期检查保险状态，督促借款人及时续保。建立保险赔付快速响应机制，确保出险后能及时获得赔偿。完善保险管理台账，实行动态跟踪管理。

抵押物处置是风险化解的最后防线和关键环节，制定完善的抵押物处置预案，明确处置流程和审批权限。建立专业的处置团队，培养专业人才。选择合适的处置方式，可采用拍卖、变卖、协议转让等方式。注重处置时机选择，避免盲目压价处置造成损失。加强与法院、资产管理公司等机构的合作，提高处置效率。完善处置后评价机制，总结经验教训，持续改进管理水平。规范处置全流程管理，确保处置结果公开透明。

二、重点行业信用评估特点

重点行业信用评估需要结合行业特点构建差异化的评估体系和重点关注要素，形成科学合理的评估框架。制造业企业信用评估着重关注产业链地位、技术创新能力和运营效率，尤其要深入分析企业在产业链中的议价能力和配套能力。装备制造业企业评估中，核心技术水平、研发投入、专利储备构成关键指标。需要特别关注设备成新率、产能利用率、自动化水平等生产要素。新能源制造企业评估则重点分析技术路线选择、产品转换效率、市场竞争格局等要素。同时，要深入研究上游原材料供应稳定性、下游需求持续性和政策支持力度，形成全方位的评估视角。

电子信息制造企业信用评估需要高度关注技术迭代风险、知识产权保护和供应链安全。技术评估指标包括研发投入占比、研发人员数量、专利数量、新产品开发周期等核心要素。市场评估指标重点关注市场占有率、品牌影响力、客户结构、产品迭代速度等方面。供应链评估要深入分析关键原材料供应保障、采购集中度、存货周转率等指标。财务评估时要特别关注研发支出资本化比例、存货跌价准备计提的充分性、应收账款账龄结构等关键财务指标。尤其要评估企业的抗风险能力和持续创新能力，确保企业具备长期发展潜力。

传统制造业企业信用评估则要重点关注转型升级进程、环保达标情况和成本控制能力。产业升级评估指标包括智能化改造投入、新产品研发成果、节能减排效果、生产效率提升等要素。环保评估指标涵盖污染物排放达标率、环保设施投入、清洁生产水平、环保资质等级等内容。成本评估指标主要考查原材料采购成本率、人工成本率、制造费用率、期间费用率等财务指标。要特别关注企业的市场竞争力和盈利能力的可持续性，评估企业在产业升级过程中的投入产出效率。

房地产企业信用评估要突出土地储备质量、开发能力和销售回款能力的分析。土地储备评估重点关注土地区位、获取成本、规划条件、开发周期等要素。开发能力评估包括项目管理水平、工程质量控制、成本管理能力、融资能力等方面。销售能力评估则需要分析市场定位、营销策略、去化周期、回款效率等指标。财务评估要特别关注现金流状况、负债结构、融资成本等核心指标，评估企业的偿债能力和经营稳定性。商贸流通企业信用评估要围绕采购销售能力、渠道管理和资金周转效率展开。采购能力评估包括供应商管理、议价能力、库存管理等方面。销售能力评估重点关注市场覆盖率、客户结构、渠道控制力等要素。资金周转评估则要分析应收账款管理、存货周转、经营性现金流等指标。要特别注意评估企业的供应链管理能力和风险抵御能力，确保企业具备稳定的经营基础。

基础设施建设企业信用评估要着重分析项目储备、施工能力和回款保障。项目储备评估包括在手订单、投资规模、收益预期等要素。施工能力评估需要关注资质等级、技术水平、设备配置、项目管理等方面。回款保障评估则要分析业主方资信、项目收益、政府支持等因素。财务评估要特别关注资产负债结构、现金流状况、融资能力等核心指标，评估企业的长期发展能力。农业产业化企业信用评估要特别关注产业链整合能力、抗风险能力和政策支持力度。产业链评估包括基地建设、加工能力、市场渠道等要素。风险管理评估需要分析自然灾害防范、市场波动应对、质量安全控制等方面。政策支持评估则要关注补贴政策、金融支持、产业规划等因素。要充分考虑农业生产的季节性和周期性特点，合理评估企业的经营稳定性。

三、信用风险评级方法

商业银行信用风险评级方法是授信决策的重要依据和风险管理的基础工具，其核心在于通过科学化的评估方法，对企业信用风险进行全面、客观的评价。定量评级方法主要依托财务指标构建评分模型，评估指标涵盖企业偿债能力、盈利能力、营运能力和发展能力等维度。偿债能力指标包括资产负债率、流动比率、速动比率、现金流量比率等，重点评估企业的长短期偿债能力。盈利能力指标包括销售毛利率、营业利润率、净资产收益率、EBITDA、利息保障倍数等，反映企业的获利能力和经营效率。营运能力指标包括应收账款周转率、存货周转率、总资产周转率等，体现企业的资产运营效率。发展能力指标包括营业收入增长率、净利润增长率、总资产增长率等，评估企业的成长性。通过对各项指标设定科学的权重，形成综合评分，实现对企业信用风险的量化评估。

定性评级方法着重关注企业的竞争实力和管理水平，评估维度更加全面和深入。竞争力评估包括行业地位、市场份额、品牌影响力、技术创新能力、产业链整合能力等多个方面。管理水平评估涵盖公司治理结构、内部控制体系、人才团队建设、信息化程度等要素。外部环境评估则包括宏观经济形势、产业政策导向、市场竞争格局、区域发展环境等因素。通过对这些定性因素的系统分析，形成全面的风险评估结论。在评估过程中，要特别注重企业的核心竞争优势、可持续发展能力和风险抵御能力，确保评估结果的科学性和准确性。

评级结果确定需要将定量评估和定性评估有机结合，形成全面的信用风险评价。根据评估结果将企业信用等级划分为AAA、AA、A、BBB、BB、B、CCC、CC、C等不同级别，每个级别反映不同的信用风险水平。在确定最终评级结果时，需要充分考虑行业特点、企业发展阶段、经营周期等因素的影响。对于不同行业、不同规模的企业，应建立差异化的评级标准，提高评级结果的针对性。同时，要关注评级结果的动态变化，及时捕捉企业信用状况的变化趋势，为授信决策提供有力支持。

评级结果的动态管理和调整机制是确保评级有效性的关键。通过建立持续监测机制，定期跟踪企业经营情况变化，包括财务状况、经营规模、市场地位、管理水平等方面的变化。设置包括财务指标、经营指标、风险指标在内的预警指标体系，对企业信用风险进行实时监控。特别关注可能导致信用等级下调的重大风险事件，如经营业绩大幅下滑、重大投资失败、管理层变动、重大诉讼等。建立评级结果定期复审机制，根据企业实际情况及时调整信用评级，确保评级结果的时效性和准确性。

风险评级成果的应用和管理是评级工作的重要环节。评级结果直接影响授信决策、授信定价、限额管理等多个方面。高信用等级企业可以获得更大的授信额度、更优惠的贷款利率和更灵活的授信方案。通过评级结果指导客户准入和退出管理，对于评级较低或评级下降的客户，适时采取压缩授信、退出授信等措施。建立评级结果质量检验机制，通过跟踪评级结果的准确性和预警效果，不断优化评级方法和指标体系。加强评级信息管理，确保评级过程和结果的客观公正，为银行信用风险管理提供可靠依据。评级工作应严格执行内部控制制度，确保评级操作规范，评级结果真实可靠，有效支撑商业银行的风险管理决策。

四、信用风险管理体系

商业银行信用风险管理体系是实现全面风险管控的制度保障和操作框架，其核心在于建立覆盖贷前、贷中、贷后全流程的风险管理机制。在组织架构方面，设立风险管理委员会统筹全行风险管理工作，风险管理部门负责具体政策制定和监督执行，各业务条线和分支机构负责风险管理的具体实施。建立独立的授信审批体系，实行审贷分离，确保风险管理的独立性和专业性。明确各层级、各部门的风险管理职责，形成职责清晰、分工明确、相互制衡的组织架构体系。通过建立完善的规章制度，规范业务操作流程，明确风险管理要求，确保风险管理工作有章可循。

信用风险识别和计量是风险管理的基础环节，需要建立科学的风险识别方法和量化工具。通过深入的行业研究，把握行业发展趋势和风险特征，识别行业系统性风险。运用现代信用评级技术，对企业信用风险进行量化评估，为授信决策提供科学依据。建立完善的风险预警体系，设置包括财务指标、经营指标、外部风险等在内的预警指标，实现风险的早期识别和预警。加强客户集中度风险管理，从行业集中度、客户集中度、区域集中度等维度进行风险控制。运用大数据分析等技术手段，提升风险识别的准确性和及时性，增强风险管理的前瞻性和主动性。

授信审批流程管理是风险控制的关键环节，要求建立严格的审批标准和操作规程。客户准入环节，制定科学的准入标准，实行名单制管理，严格把控新增客户质量。尽职调查环节，规范调查程序，确保信息收集的真实性和完整性，深入分析企业经营状况和风险因素。审查审批环节，实行分级授权管理，建立集体审议制度，确保授信决策的科学性。放款审核环节，严格执行合规检查，确保授信条件得到落实。建立完善的授信档案管理制度，做好资料的收集、整理和保管工作，为后续风险管理提供基础支持。

贷后管理是风险防控的重要保障，需要建立全面的贷后监控机制。定期开展贷后检查，了解企业经营状况、财务状况和用信情况，及时发现风险隐患。加强担保物管理，定期评估担保物价值，确保担保物保管完好，保证担保权利的法律效力。建立风险分类制度，定期对信贷资产进行风险分类，及时识别和处置不良资产。加强客户经理队伍建设，提升专业素质，强化风险管理意识。实施贷后管理考核制度，将贷后管理质量与绩效考核挂钩，调动工作积极性。

风险预警和处置机制是实现风险有效管控的重要手段。建立多层次的风险预警体系，包括系统预警、人工预警和外部预警等多个维度。设置科学的预警指标，覆盖企业经营、财务、管理等各个方面。建立预警信息处理机制，明确预警信息的报告路径和处置流程。对预警客户实施名单制管理，采取差异化的管理措施。对于风险暴露客户，制订专项处置方案，采取重组、清收、诉讼等多种方式化解风险。加强不良资产管理，建立专业的清收团队，提高清收效率。通过持续完善风险管理体系，提升风险管理的专业化水平，确保信贷资产质量的稳定，为银行的可持续发展提供有力保障。风险管理工作应与时俱进，不断创新管理方法和工具，适应金融市场的发展变化，提升风险管理的有效性和适应性。

第三节　抵质押品管理

抵质押品作为商业银行信贷业务风险缓释的重要工具，在授信管理和风险控制中发挥着关键作用，商业银行需要建立健全的抵质押品管理制度体系，对抵质押品的准入标准、价值评估、权属审查、监管要求等关键环节进行规范管理，从抵质押品的选择环节开始，需要重点关注抵质押物的合法性、可转让性、可变现性和稳定性等基本要素，通过专业的尽职调查和价值评估，确定抵质押物的实际价值和变现能力，在房地产抵押业务中，需要审查产权证明、规划用途、市场价值等基本信息，结合区域市场状况和价格走势，合理确定抵押率和抵押期限，对于动产质押业务，则需要重点关注质押物的存放条件、保管要求和市场流通性，建立完善的质物监管机制和保管制度，确保质押物的安全完整。

抵质押品价值评估是管理工作的核心环节，商业银行需要建立专业的评估团队和标准化的评估流程，通过市场法、收益法、成本法等评估方法，对抵质押物的市场价值进行科学评估，在评估过程中充分考虑宏观经济环境、行业发展趋势、市场供需状况等影响因素，对于房地产类抵押物，需要结合区域市场发展状况、物业类型特征、位置交通条件等因素进行综合评估，建立动态的价值评估机制，定期对抵质押物价值进行重估和调整，对于存货、机器设备等动产质押物，则需要重点关注其保值增值能力和市场变现能力，通过专业的评估机构和技术手段，确保评估结果的客观公正和可靠性，在评估管理中建立严格的内控制度和操作规范，防范评估风险和道德风险。

抵质押品的日常管理和风险监控需要建立完善的管理制度和工作机制，通过定期检查、动态监测、信息报送等多种方式，及时掌握抵质押物的状态变化和风险情况，对于房地产抵押物，需要关注产权状况、房屋使用情况、物业管理状况等关键信息，防范产权纠纷和重复抵押风险，定期进行实地察看和价值重估，及时发现和处置风险隐患；对于动产质押物，则需要加强现场监管和出入库管理，通过专业的监管机构和技术手段，确保质押物的安全完整和市场价值稳定，建立完善的保险制度和保管责任制，防范自然灾害和人为损失风险，在风险处置环节，商业银行需要建立快速反应机制和处置预案，通过法律诉讼、拍卖变现、债务重组等多种方式，及时处置风险资产，最大限度降低信用风险损失，保障信贷资产质量和银行经营安全，同时加强与政府部门、行业协会、评估机构的合作，构建专业高效的抵质押品管理体系和风险控制机制，推动抵质押品管理工作向标准化、专业化、精细化方向发展。

一、抵押品管理要点

抵押品管理贯穿整个信贷业务流程，从准入评估、价值评估、权属审查到后续监管都需要严格把控。以江苏某电子制造企业的抵押贷款业务为例，该企业申请2亿元流动资金贷款，拟以厂房和设备提供抵押担保。在抵押物准入环节，银行严格审查资产权属。企业提供的厂房位于苏州工业园区，建筑面积2.8万平方米，产权清晰完整。土地性质为工业用地，使用权期限至2052年。房产已取得不动产权证，不存在查封、租赁等他项权利。生产设备包括全自动SMT生产线、高精度检测设备等，设备原值1.5亿元，成新率85%，具有较好的通用性。抵押物价值评估采取市场法和收益法相结合，邀请具有相关资质的评估机构进行评估，评估机构实地察看资产状况，搜集周边可比案例。考虑到园区位置优越，配套设施完善，周边同类厂房成交活跃，最终确定厂房评估值2.8亿元。设备评估充分考虑设备先进性、通用性和处置难度，评估值1.2亿元。

权属登记环节格外注重程序完备性，抵押合同条款清晰明确，约定抵押物的范围、登记方式、处置权限等内容。企业股东大会决议同意抵押担保事项，法定代表人授权文件齐全。抵押登记部门出具他项权利证明，确保银行抵押权利依法设立。对于设备抵押，在设备铭牌上加贴抵押标识，并在动产融资统一登记系统完成登记。抵押物后续管理建立常态化机制，客户经理每季度实地察看抵押物状况，重点关注厂房使用情况、维护保养情况、有无重大损毁。设备运转情况纳入重点监测，查看设备运行记录、产能利用率等指标。制定抵押物档案管理制度，详细记录评估价值变化、保险续保、登记变更等信息。保险管理作为抵押品管理的重要环节常常被忽视，银行不仅要求企业按照评估价值足额投保财产险，还需要将银行设置为第一受益人。该企业的厂房投保金额3亿元，覆盖火灾、爆炸、自然灾害等主要风险。生产设备投保1.3亿元，包括设备损坏、意外事故等保障。建立保险到期提醒机制，确保及时续保，避免出现保险断档。

定期评估机制有效防范市场风险，每年组织一次全面评估，动态调整抵押率。2023年评估发现，受益于园区整体升值，厂房价值上涨15%，而部分设备因技术更新，价值有所下降。据此调整抵押物担保范围，增加价值上升的资产比重，降低贬值资产占比。环境因素对抵押物价值影响显著，企业所在园区为国家级电子信息产业基地，产业聚集效应明显，基础设施配套完善，区位优势突出。近期园区推动产业升级，引进多家龙头企业，带动周边物业价值持续上涨。但也需关注环保政策趋严对企业生产经营的潜在影响。

处置预案是抵押品管理的最后防线，银行制定详细的抵押物处置预案，明确处置流程、处置方式、估值标准等内容。建立意向购买方数据库，包括同行业企业、资产管理公司等，为快速处置创造条件。考虑到电子设备更新较快，处置时要重点关注设备实际状态与技术先进性。评估机构选择标准严格，银行建立评估机构准入制度，定期考核评估质量。选择的评估机构在电子行业资产评估方面经验丰富，熟悉设备特性和市场行情。评估报告质量控制到位，数据来源可靠，评估方法适当，价值判断客观公正。区位因素分析深入细致，厂房位于苏州工业园区核心区域，距离高铁站15分钟车程，园区配套设施齐全。周边聚集多家同行业企业，产业链配套完善。土地性质为工业用地，规划稳定，未来5年无改造计划。区位优势明显增强了抵押物的变现能力。产权瑕疵排查彻底，银行法律部门对房产证、土地证、规划许可等权证进行严格审查。通过查询不动产登记中心、法院系统等渠道，确认无查封、抵押等他项权利。对于新增建筑面积，要求企业补办相关手续，确保产权完整。

监管责任明确到人，指定专人负责抵押物日常监管，建立定期巡查、报告制度。每月现场检查抵押物状况，拍照留档。发现问题及时报告，推动整改。建立监管责任追究机制，将监管质量纳入绩效考核。市场价值动态监测及时，通过政府土地交易平台、房地产中心等渠道，及时掌握市场价格变化。搜集周边同类物业成交案例，分析价格走势。关注区域规划调整、产业政策变化对物业价值的影响。根据监测结果适时调整抵押率。抵押物准入标准的严格执行确保了抵押物质量，除了传统的房产、土地抵押外，企业的专利技术、商标权等无形资产评估价值达3亿元，但考虑到无形资产处置难度大，银行仅接受其中核心发明专利作为抵押补充。对于企业申请抵押的生产设备，优先选择通用性强、市场需求稳定的设备，对于专用设备、老旧设备、维护不善的设备一律不予接受。

抵押物评估价值的确定过程严谨规范，评估机构采用多种方法交叉验证，房产评估采用市场比较法和收益法，设备评估采用重置成本法和市场法。在市场比较法中，选取近1年内同区域、同类型的6个可比案例，从区位、面积、层高、朝向等方面进行修正，得出客观评估值。收益法评估中，根据周边同类物业租金水平，测算未来现金流，选取合理的折现率计算收益价值。抵押合同要素的完整性要求严格，合同中明确约定抵押物的具体范围，包括附属设施、未来新增部分的处理方式。对于设备抵押，详细列明设备名称、规格型号、生产厂家、出厂编号等信息。约定抵押权的实现条件、处置方式、收益分配等内容。同时，要求企业保证抵押物正常使用、及时维护，未经银行同意不得改变用途、转让、拆除。保险覆盖全面周到，针对不同类型抵押物的风险特点，制订差异化的保险方案。厂房投保内容包括火灾、爆炸、台风、暴雨等自然灾害，以及第三方责任险。设备保险覆盖机器损坏、意外事故、停产损失等风险。所有保单都将银行设定为第一受益人，确保在发生保险事故时，赔付金额优先用于归还贷款。

抵押物日常管理制度执行到位，客户经理每月至少一次实地察看抵押物状况，重点检查如下方面：房产使用情况、有无擅自改建、消防设施运转情况、安全生产措施落实情况。对于抵押设备，查看开机记录、维护保养记录、产能利用率等数据。每季度对抵押物拍照存档，建立影像资料库。对于异常情况，第一时间报告并启动风险预警。评估价值调整机制及时有效。根据市场变化，动态调整抵押物价值。近期因园区引进重大项目，周边物业价值上涨明显，评估机构对厂房价值上调20%。部分进口设备因技术更新，评估值有所下降，银行要求企业补充抵押物。建立价值波动监测机制，重点关注影响抵押物价值的各类因素。处置预案的制定充分考虑市场实际情况，预案包括多种处置方式：整体转让、分拆处置、委托经营等。对于电子厂房，优先考虑同行业企业整体收购，确保资产保值。生产设备处置以设备供应商回购、业内转让为主，提高处置效率。建立处置台账，记录意向购买方信息、报价情况、洽谈进展等，为快速处置创造条件。抵押登记环节的风险控制措施严密。在办理抵押登记前，法律部门对企业章程、股东大会决议、授权委托书等文件进行严格审查。派专人跟进抵押登记过程，确保登记信息准确完整。对于新增抵押事项，及时在动产融资统一登记系统登记公示。建立登记文书档案，定期核查登记状态，防止出现登记瑕疵。

价值重估制度与市场变化紧密联系，除固定的年度重估外，当出现以下情况时启动临时重估：市场价格波动超过20%、园区规划发生重大调整、周边基础设施建设推进、产业政策出现重大变化等。重估工作邀请多家评估机构参与，交叉验证评估结果，确保评估价值客观公允。抵押物管理制度的动态更新机制完善。根据市场变化和实践经验，定期修订抵押管理制度。近期重点修订了科技型企业无形资产抵押准入标准、新能源设备评估方法、环保达标企业抵押率优惠等内容。制度修订广泛征求业务部门意见，确保规定切实可行。跨区域抵押物管理难度加大，企业在苏州、南通两地都有生产基地，银行针对异地抵押物制定专门管理办法。与当地分支机构建立协作机制，委托其协助开展实地监管。统一监管标准和要求，建立信息共享平台，实现跨区域抵押物的有效管理。环保合规要求对抵押管理提出新挑战。企业所在园区环保标准日益严格，银行在抵押准入时增加环保达标审查。定期检查企业环保设施运转情况，关注环保处罚信息。对于可能面临环保整改的企业，适当提高抵押物准入门槛，增加环保责任条款。通过总结处置经验改进管理方法。通过分析以往处置案例，发现设备处置中存在评估值偏离市场、处置周期过长等问题。据此改进管理措施：细化设备评估标准，建立专业处置团队，拓展处置渠道，提高处置效率。同时，加强与资产管理公司合作，为处置提供支持。

二、贷款风险识别与防范

贷款风险识别需要建立全方位的监测体系。以浙江某化工企业为例，该企业获得3亿元综合授信，银行通过多维度风险监测，及时发现潜在风险。生产监测数据显示企业开工率从85%下降到65%，原材料采购量减少30%，这些指标变化反映经营压力加大。应收账款账龄分析发现，超过90天的应收账款占比由15%上升至28%，显示回款质量下降。供应链风险日益突出，企业主要原材料依赖进口，受国际贸易形势影响，供应商交货周期延长，采购成本上升25%。部分供应商要求预付款比例从30%提高到50%，加大企业资金压力。下游客户受行业景气度下行影响，订单量减少，部分客户要求延长账期，形成资金链紧张局面。经营风险体现在多个层面，产品毛利率从25%下降到18%，表明竞争加剧、成本上涨侵蚀利润。费用率上升2个百分点，反映管理效率下降。经营性现金流连续两个季度为负，经营性应付账款快速增长，显示经营质量恶化。库存周转天数延长至120天，存在产品积压风险。技术风险不容忽视，企业研发投入持续下降，新产品开发进度滞后，市场竞争力减弱。核心技术人员流失率上升，研发团队不稳定。设备更新改造计划推迟，部分生产线接近使用年限，产品质量隐患增加。环保设施运行监测数据显示，废水、废气处理指标波动较大，存在环保风险。市场风险呈现新特征，行业产能过剩矛盾突出，市场需求增速放缓。主要竞争对手采取降价策略，企业市场份额下降3个百分点。新进入者带来技术替代威胁，传统产品市场空间收窄。客户集中度上升，对单一客户依赖程度加大，增加经营风险。

针对识别出的各类风险，银行制定了全面的防范措施：授信结构调整方面，将流动资金贷款期限缩短为6个月，便于动态评估风险。综合授信总量收紧20%，要求企业增加抵押担保。订单融资、应收账款融资等业务暂停办理，控制新增敞口。贷后监管频率提升，由季度检查改为月度检查。每月对企业存货、应收账款进行盘点核实，并监控大额资金收支。聘请第三方机构对企业财务状况进行专项审计，核实经营真实性。

本章小结

本章系统阐述了商业银行信贷业务管理的核心理论框架与实践操作，从银行授信业务流程、客户信用评估与风险控制、抵质押品管理三个层面构建了完整的知识体系。全章以风险控制为主线，结合丰富的行业案例，剖析了信贷业务全流程中的关键环节与管理要素。

从宏观上梳理了银行授信业务的完整流程。内容涵盖了从授信的申请、调查、评估、审批，到贷款的发放、支付与贷后监管的全流程。通过对不同行业和企业（如制造业、贸易业、科技创新企业）以及不同担保方式（如房地产担保、设备担保、应收账款质押）的案例分析，展示了信贷业务的复杂性和专业性，凸显了标准化、规范化的流程管理对于信贷资产安全、提升业务效率的重要性。

聚焦了信贷业务的核心——客户信用评估与风险控制。在信用评估方面，详细介绍了不同重点行业的评估特点，结合定量信用与定性指标的信用风险评级方法，为授信决策流程提供了科学依据。在风险控制方面，构建了一个覆盖贷前、贷中、贷后的全面风险管理体系，强调通过独立的组织架构、科学的风险识别和计量工具、严格的贷款以及全面的贷后监控系统，实现对风险的预警。

抵押品作为信贷风险缓释的关键手段，其准入标准、评估、权属审查、后续监管等要重点关注。通过具体案例，剖析了实际操作中如何进行风险识别与预警。有效的抵质押品管理是一个动态过程，银行需要建立从准入到全面、精细的管理机制，应对市场变化和潜在价值风险，确保银行债权的安全。

本章旨在帮助读者建立信贷业务管理的全面认知。信贷业务不仅是银行的核心盈利来源，更是风险管理的前沿阵地。客户经理和其他相关从业人员必须掌握科学的业务流程，具备敏锐的风险识别能力和专业的评估技能，并严格执行各项管理规定，才能在支持实体经济发展的同时，有效控制信贷风险，实现银行的稳健与可持续发展。

课后习题

一、单项选择题

1.通过（　　）锁定汇率，能有效规避汇率波动风险。

A. 外汇远期合约   B. 期货合约

C. 货币互换   D. 期权

2. 信贷业务风险管控的关键环节为（ ）。

A. 贷前调查   B. 贷时审查

C. 信用分析   D. 贷后管理

3. （ ）是授信决策的重要依据和风险管理的基础工具，其核心在于通过科学化的评估方法，对企业信用风险进行全面、客观的评价。

A. 商业银行信用风险评级方法 B. 风险监控

C. 担保措施   D. 保险措施

二、多项选择题

1. 在授信业务中常见的风险点包括（ ）等多个方面。

A. 业务真实性风险   B. 担保圈风险

C. 管理层变动风险   D. 资金挪用风险

2. 商业银行在风险控制方面，应围绕（ ）等关键环节设置严格的风控标准和操作规范。

A. 客户准入   B. 授信审批

C. 贷后管理   D. 加强贷款资金管理

3. 资金周转评估要分析（ ）等指标。

A. 应收账款管理   B. 存货周转

C. 经营性现金流   D. 流动比率

三、简答题

1. 授信审批流程管理是风险控制的关键环节，试述其具体操作方式。

2. 阐述抵质押品管理中的房地产抵押业务的具体做法。

第七章课后习题答案

第八章 银行产品营销

中国建设银行"建融智融"产品创新之路

中国建设银行"建融智融"产品的创新实践展现了商业银行服务小微企业的新思路。小微企业在我国经济发展中发挥着重要作用，但长期面临"融资难、融资贵"问题。传统银行信贷模式下，小微企业由于缺乏抵押物、经营不够规范等原因，难以获得金融机构的有效支持。中国建设银行通过深入研究小微企业金融需求，以科技创新为驱动，推出"建融智融"产品系列，开创性地解决了这一难题。产品运用大数据、人工智能等技术，构建了智能化风控体系，系统通过整合企业交易、纳税、水电费等多维度数据，精准画像企业经营状况。这种数据驱动的信用评估模式，突破了传统抵押担保的限制，让更多优质小微企业获得融资机会。

"建融智融"产品设计突出"快速、简便、灵活"的特点，企业通过手机银行 App 即可在线提交申请，系统自动审核、智能授信，最快 15 分钟即可完成放款。在营销推广策略上，中国建设银行采取"线上+线下"一体化营销模式。线上依托手机银行、微信银行等渠道进行精准广告投放，线下发挥网点优势，组织小微企业主题活动，深入园区、商圈进行产品宣讲。银行还与地方政府、产业园区等机构合作，建立小微企业服务联盟，通过政银企合作扩大产品覆盖面，提升市场认知度。

产品上线后表现亮眼，3 个月内服务小微企业 5 万家，授信总额 280 亿元，平均单笔贷款金额 560 万元，产品不良率控制在 1% 以下，展现出良好的风险管理能力。获客成本显著降低，线上化模式使获客成本降低约 40%，人工运营效率提升 3 倍，客户满意度达到 95%，位居同业前列。这种高效的服务模式大大降低了小微企业融资成本，提升了服务效率。

"建融智融"的创新实践提供了重要启示。科技赋能是产品创新方向，运用新技术突破传统业务模式限制，提升服务效率和客户体验。场景化服务要更接地气，深入理解客户需求，设计符合小微企业经营特点的产品方案。风控创新要守住底线，在提升便利性的同时，通过科技手段加强风险管理，实现可持续发展。这种创新实践为银行服务小微企业提供了有益借鉴，产品创新要以客户需求为导向，以科技应用为支撑，以风险控制为保障，才能实现银行和客户的互利共赢。

案例思考

第一节　银行产品体系概述

商业银行客户经理在产品营销过程中，必须深入理解银行产品体系的系统性和复杂性。银行产品体系是指商业银行为满足客户各类金融需求而设计和提供的产品及服务的总和，包括存款类、贷款类、中间业务类等多个产品序列。完善的银行产品体系能够为客户提供全方位的金融服务解决方案，有效提升银行的市场竞争力和客户满意度。在产品设计和开发环节，商业银行遵循标准化与个性化相结合的原则，根据不同客户群体的特点和需求，开发具有针对性的产品组合。产品标准化有助于提高业务处理效率和风险控制能力，产品个性化则能满足客户的差异化需求，实现精准营销和服务。

银行产品体系的创新和优化是商业银行提升核心竞争力的关键举措。随着金融科技的快速发展，银行产品呈现出线上化、智能化和场景化的发展趋势。产品创新应着重考虑客户体验、风险控制和收益平衡等多个维度。商业银行通过大数据分析和人工智能技术，持续优化产品功能和服务流程，为客户提供更加便捷和智能的金融服务体验。在风险管理方面，银行产品体系建设需要综合考虑信用风险、市场风险、操作风险等多个风险因素，建立健全的产品全生命周期风险管理机制。产品定价策略应充分考虑市场竞争环境、客户价值贡献和风险收益平衡，制订科学合理的定价方案。客户经理作为银行产品营销的重要执行者，需要深入了解产品特征、目标客户、营销策略等核心要素，提供专业化的产品咨询和营销服务。

一、主要产品线介绍

现代商业银行产品体系经历了长期发展与积累，形成了全面完整的产品线布局和深度覆盖的客户服务方案。个人金融产品线涵盖存款、贷款和银行卡三大类别，存款产品包括活期存款、定期存款和大额存单等基础产品，以及结构性存款等创新型产品。中国工商银行"如意存"和招商银行"聚益生金"等产品通过灵活的期限设计和收益机制满足客户资金配置需求。贷款产品覆盖住房贷款、消费贷款和信用贷款等多个领域，中国工商银行"安居贷"提供最长30年的分期还款方案，招商银行"闪电贷"实现线上化操作，浦发银行"随薪贷"面向代发工资客户提供纯信用方式融资。银行卡产品通过借记卡和信用卡的差异化定位，实现客群精准服务，中信银行"商务卡"针对商旅人士提供机场贵宾厅等权益，平安银行"千禧黑金卡"配备专属管家服务高净值客户，体现产品的客群细分策略和品牌价值。

对公金融产品线围绕企业客户多元化需求构建立体化综合服务方案和专业化解决体系。对公存款产品通过活期存款、定期存款和协定存款等工具支持企业资金管理，中国银行"单位活期存款"提供透支额度助力企业应对临时资金缺口，中国建设银行"单位定期存款"设置灵活期限满足不同期限资金配置需求，中国工商银行"智能存款"根据账户余额自动调整利率优化企业现金管理。现金管理产品提供专业化的资金管理服务平台，中国银行"全球现金管理"和招商银行"招银智管家"实现企业资金的统一管理和灵活调配，浦发银行"云财资"产品运用区块链技术提升资金管理透明度和安全性。对公融资产品覆盖流动资金贷款、项目贷款和银团贷款等传统信贷业务，中国工商银行"e-抵快贷"创新动产抵押模式盘活企业存货和应收账款，中国建设银行"智慧工程贷"运用物联网技术监控项目进度实现贷款投放与项目匹配。供应链金融和贸易金融产品创新丰富融资渠道，浦发银行"浦银快贷"和平安银行"供应链云平台"运用金融科技提升业务效率，中国银行"全球智慧信用证"实现国际贸易结算线上化转型。

投资理财产品线完成净值化转型升级，构建多层次产品服务体系，提高专业投资管理能力。银行理财产品按投资策略不同分为"固收+"、"混合类"和"权益类"等类别，中国工商银行"添利宝"系列产品通过量化策略优化组合收益，招商银行"朝朝盈"产品根据市场环境动态调整仓位，中国建设银行"乾元"系列产品依托专业投研团队把握市场机会。净值型理财产品在收益类型、投资范围和销售方式等方面实现创新突破，通过收益类型从预期收益转向净值波动提高产品透明度，投资范围从单一债券扩展到多元资产组合提升收益空间，销售方式从预约发行转向开放申购提高产品流动性。代销基金产品覆盖货币基金、债券基金和股票基金等品类，中国农业银行代销的"农银货币"基金提供T+0快速赎回服务，中国银行代销的"中银债基"产品覆盖不同债券品种，中国建设银行代销的"建信基金"产品涵盖主动和被动等投资策略。代销保险产品提供人身保障和养老规划解决方案，平安银行代销的"平安福"系列产品覆盖意外和重疾等保障需求，中国工商银行代销的"工银年年"产品提供稳定生存金给付。

同业金融产品线是支持银行间市场深化发展和金融市场运行效率提升的重要业务领域，同业存款和同业借款产品提高资金融通效率，同业活期存款满足清算备付需求实现市场化定价，同业定期存款锁定中长期资金，通过期限利差获取收益，同业协议存款根据协议约定进行资金存放提高资金使用效率。同业投资产品创新推动市场化发展，中国民生银行"同业投资池"提供灵活的投资工具，同业存单发行规模稳步扩大成为重要的市场化融资工具，资产证券化业务快速增长盘活存量资产提升资金使用效率。票据业务通过贴现、转贴现和票据资产证券化等方式服务实体经济，中国工商银行"e票贴"产品实现票据业务线上化转型，票据转贴现活跃二级市场交易提升票据流动性，票据资产证券化创新发展推动票据市场深化发展。同业业务创新带动银行间市场深化发展，提升金融市场运行效率和服务实体经济能力。

金融科技在产品创新中发挥重要作用，推动银行产品服务升级和业务模式创新，大数据技术提升风控能力，中国建设银行运用数据分析优化信贷决策，招商银行通过交易数据分析客户行为实现精准营销，有效提升风险管理水平和客户服务质量。人工智能改善服务体验，中国工商银行智能客服提供7×24小时咨询服务，平安银行利用人脸识别技术优化开户流程，显著提升服务效率和客户体验。区块链技术创新业务模式，中国银行将区块链应用于供应链金融提升业务透明度，浦发银行开展区块链支付结算降低结算成本。云计算支撑系统建设，中国农业银行搭建云平台支持产品创新，交通银行依托云技术提升系统处理能力。开放银行推动场景融合，招商银行将金融服务嵌入各类生活场景，中国建设银行通过API接口对接合作伙伴，平安银行打造开放银行生态圈。产品创新呈现场景化服务深化发展、智能化水平持续提升、线上化程度不断提高、综合化经营成为方向和生态化布局日益重要等发展趋势。

产品管理体系建设是创新发展的基础支撑，形成完整的产品管理闭环和创新治理机制，产品全生命周期管理贯穿设计、开发、运营和退出环节，设计环节注重需求调研和可行性分析充分论证产品方案，开发环节强调系统建设和流程优化确保产品顺利上线，运营环节重视销售管理和风险控制保障业务稳健发展，退出环节做好客户权益保护实现产品平稳过渡。产品标准化建设加强，制定统一的产品设计标准，规范产品要素定义，建立产品文档体系完善产品操作手册，设计标准化流程提升运营效率，构建产品评价体系科学评估产品表现。产品分层管理深化，根据客户群体特点设计差异化产品，针对大众客户推出标准化产品注重普惠性和便利性，面向财富客户提供定制化服务突出专业性和个性化，服务私行客户开发专属产品强调高端性和私密性。市场导向的创新机制保障快速响应客户需求，科技驱动的创新模式提升产品竞争力，协同联动的创新体系提高运营效率。专业支持体系通过产品研发团队建设、系统平台支撑优化和风控体系升级，保障产品创新稳健发展。

特色产品创新实践彰显银行战略布局和发展重点，推动重点领域业务创新，数字人民币创新应用探索支付场景落地，中国工商银行开展数字人民币支付创新探索场景落地，中国建设银行推出数字人民币钱包服务优化用户体验，中国农业银行拓展数字人民币惠农应用服务乡村振兴。绿色金融产品支持低碳转型，中国银行发行绿色债券支持低碳转型发展，招商银行推出碳账户服务助力企业碳资产管理，浦发银行开展环境权益融资创新绿色金融模式。养老金融服务创新满足居民养老需求，中国工商银行推出养老理财产品满足居民养老规划需求，中国建设银行开发适老化服务提升老年客户体验，平安银行打造"医食住行"养老生态圈提供综合养老服务。乡村振兴金融创新支持农业农村现代化，中国农业银行创新"三农"信贷产品支持农业现代化发展，中国邮政储蓄银行推广普惠金融服务提升农村金融可得性，中国建设银行开展数字乡村建设助力农村数字化转型。未来银行产品创新将在场景生态融合、智能化水平提升和线上化程度提高等方面持续深化，通过完善的产品体系和稳健的风控能力，推动银行业高质量发展和服务实体经济能力提升。产品创新需要平衡发展与风险，强化消费者权益保护，推动行业规范发展，实现商业银行产品创新和稳健经营的统一。

二、产品定价机制

商业银行产品定价理论建立在成本导向、市场导向和价值导向三大理论基础之上，形成科学完整的定价体系和分析框架。成本导向定价理论强调产品定价需覆盖资金成本、运营成本和风险成本，并获取合理利润，中国工商银行在小微企业贷款定价时通过测算综合成本确定最低定价水平，招商银行在零售信贷产品中建立成本分析模型，实现精准定价。市场导向定价理论关注市场供需关系和竞争态势，产品定价考虑市场利率水平、竞争对手价格和客户支付意愿等因素，招商银行在理财产品定价时密切跟踪市场变化，保持产品收益率的市场竞争力，中国建设银行根据区域市场特点制定差异化定价策略。价值导向定价理论体现不同客户群体和业务类型的价值贡献差异，平安银行针对私人银行客户提供差异化定价方案，体现高端服务价值，中国银行通过客户价值评估体系确定产品定价区间，中国农业银行在普惠金融领域实施普惠性定价政策。

宏观经济环境和市场竞争态势对银行产品定价机制产生深远影响，构成定价策略制定的重要外部环境因素。经济增长、通货膨胀等宏观指标变化影响市场利率走势，货币政策调整直接影响银行资金成本，财政政策变化影响特定领域产品定价，支持小微企业发展的财政贴息政策使相关贷款利率适当下调，房地产调控政策影响个人住房贷款定价，产业政策引导信贷资源优化配置。同业竞争加剧推动产品价格下行，互联网金融带来价格竞争压力，客户议价能力增强影响实际定价水平。中国建设银行在制定存款利率时充分考虑同业竞争形势，在确保效益的基础上保持市场竞争力，招商银行通过产品创新和服务升级提升差异化竞争优势。客户规模、信用水平、合作深度等特征影响最终定价结果，大型优质企业具有较强议价能力，长期合作客户享受价格优惠，中国银行针对核心客户群体实行差异化定价策略，中国工商银行建立客户分层定价机制，实现精准定价管理。

产品属性差异和运营成本变化构成产品定价的重要考量因素，体现定价策略制定的内在逻辑和科学方法。产品期限结构影响资金成本，业务复杂程度影响运营成本，风险特征差异影响风险溢价水平，浦发银行在设计结构性存款利率时综合考虑产品结构特点，平衡风险和收益，招商银行针对不同期限的理财产品设置差异化收益率，中信银行在对公融资产品中建立风险定价模型。网点运营成本、科技投入和人工成本持续上升，交通银行通过精细化测算综合成本率确定产品定价区间，中国建设银行在零售业务中推行电子渠道差异化定价策略，降低运营成本。信用风险影响预期损失水平，市场风险要求合理风险补偿，流动性风险需要适当溢价，中国农业银行在涉农贷款定价时充分考虑农业生产特有风险，平安银行运用大数据技术优化风险定价模型，提高风险识别能力。监管政策约束要求产品定价在合规前提下开展，存贷款利率管理、资本监管标准和流动性监管规定影响定价空间，中国邮政储蓄银行严格执行监管要求，确保定价合规性。

差异化定价策略在商业银行产品营销中得到广泛应用，推动定价模式从标准化向个性化方向发展。通过细致的客户分层和价值评估确定差异化价格，中国银行针对不同区域市场采取灵活定价策略，中国工商银行对公存款产品根据存款规模、期限和客户贡献度实行差异化利率，中国建设银行在零售业务中实施客户等级定价，中国光大银行推出供应链核心企业定价方案。组合定价策略通过考虑客户整体贡献确定综合定价方案，招商银行"全球账户"服务将结算、理财、融资等产品打包定价，中国建设银行小微企业综合服务方案通过产品打包降低企业融资成本，平安银行私人银行业务采用财富管理组合定价模式。灵活定价策略提升市场响应能力，平安银行实施"阳光定价"机制授权分支机构自主确定具体价格，浦发银行对公司客户实行"一户一价"策略，中信银行在同业业务中采用市场化定价机制。成本加成定价策略通过准确测算各类成本确定目标利润空间，中信银行建立精细化成本核算体系，中国光大银行在对公业务中采用成本加成定价模型，交通银行制定产品最低定价标准。

完善的定价决策体系和系统支撑是科学定价的制度保障，体现银行定价管理的专业化水平和科技化程度。商业银行普遍建立专业定价委员会统筹价格管理工作，中国银行构建总分行联动的定价决策机制，中国农业银行制定差异化的定价授权方案，中国建设银行实施矩阵式定价管理模式。招商银行建立智能定价支持系统运用大数据技术分析客户价值和市场态势，中国建设银行开发定价管理平台实现定价政策快速传导，平安银行构建智能定价决策模型，提供科学定价建议。中国工商银行建立定价违规监测机制通过系统筛查异常定价行为，交通银行定期开展定价效果评估分析价格调整对业务发展的影响，浦发银行开发定价效益测算模型，评估不同定价方案的收益影响，中国建设银行实施利率风险限额管理控制利率敏感性缺口，中国民生银行建立价格风险预警机制对重点产品和客户群体进行持续监测，中国光大银行构建定价风险管理体系，实现全面风险管控。

市场化定价改革和科技赋能推动银行定价能力升级，形成更加市场化和智能化的定价体系。存款利率市场化和贷款市场报价利率机制不断完善，中国银行优化内部定价机制提升市场化定价能力，兴业银行探索同业业务市场化定价模式，中国农业银行完善内部资金转移定价体系。平安银行运用金融科技提升定价精准度，通过客户画像和行为分析实现个性化定价；招商银行在支付结算产品中探索智能定价模式；中国建设银行推进定价管理数字化转型。场景化定价创新丰富定价手段，中国工商银行在消费金融领域推出场景化分期定价方案，中国邮政储蓄银行结合县域特点开展普惠金融差异化定价，平安银行在供应链金融中实施场景化定价策略。绿色金融定价创新引导资金流向，中国建设银行对绿色信贷项目给予利率优惠支持企业节能减排，中国农业银行在涉农信贷中实施绿色定价政策，中国银行推出碳金融产品定价方案。

商业银行在产品定价领域进行广泛创新实践，探索更加精准和灵活的定价模式。零售业务方面，中国银行推出基于客户评级的财富管理产品定价模型，将客户资产规模、综合贡献度和合作年限等因素纳入定价考量体系；中国工商银行在信用卡业务采用动态定价策略，根据客户用卡行为和信用表现调整分期费率；招商银行实施零售客户分层定价策略；中国建设银行开展个人贷款智能定价试点。对公业务领域，中国建设银行创新开展供应链金融定价，基于核心企业信用为上下游企业提供梯度定价方案；招商银行在现金管理产品上实施阶梯式定价；中信银行推出对公客户综合定价方案；浦发银行实施投行业务项目制定价。同业业务创新中，平安银行在同业存单发行定价中引入做市商机制；中国民生银行推出同业投资产品组合定价模式，兴业银行探索同业资产交易定价机制，中国光大银行开展理财直融业务定价创新。

银行持续优化定价政策体系和风险防控机制，构建全面的定价管理制度框架。中国农业银行制定分层分类的定价政策，针对不同业务条线和客户群体设置差异化定价标准，中国邮政储蓄银行完善定价授权体系适度下放定价权限，兴业银行建立定价政策评估机制定期评估执行效果，华夏银行强化定价政策传导机制确保政策有效落实。定价风险防控体系不断完善，北京银行建立价格风险监测预警体系设置关键风险指标，上海银行完善价格风险应急处置机制制定突发事件应对预案，南京银行加强利率风险管理评估利率变动影响，宁波银行强化价格合规管理确保定价行为合规。招商银行"全账户定价"模式将客户各类资产统筹考虑制定差异化收费标准，中国工商银行"信用+数据"评分定价模型引入多维度信息建立精准风险定价模型，中国建设银行"智慧供应链"定价方案基于核心企业信用评级提供差异化融资利率，中国农业银行"产业链+信用村"定价模型创新农村金融服务定价机制。

定价能力建设和市场化改革深化推动银行产品定价持续优化，实现高质量发展和可持续经营。中信银行构建"价值贡献度–定价区间"矩阵针对不同客户层级设置差异化定价区间，平安银行"智能定价推荐系统"整合多维度数据提供科学定价建议，浦发银行"存款价值评估"机制通过综合评分确定差异化存款利率，招商银行开发定价决策支持系统提升定价管理效率。交通银行建立"季度定价评估报告"机制分析定价策略执行效果，中国邮政储蓄银行开发"定价效益测算模型"评估不同定价方案对银行收益的影响，中国建设银行实施定价政策穿透管理确保政策有效执行，中国银行完善定价监督检查机制防范定价风险。随着市场化改革深化和金融科技发展，银行产品定价将呈现更加市场化、精准化和差异化的特征，通过科学定价促进业务发展，增强风险管理能力，提升经营效益水平，推动商业银行实现高质量可持续发展。定价管理能力已成为银行核心竞争力的重要组成部分，需要持续完善定价机制，加强科技赋能，优化管理流程，提升专业水平，在市场竞争中保持领先优势，更好服务实体经济发展。

第二节　产品推广策略

商业银行产品推广策略体系围绕目标客群和产品特点展开系统性营销布局。在推广策略制定过程中，客户经理需深入把握产品功能特征、目标客户需求和市场竞争态势，构建多层次的推广方案。传统营销渠道包括网点营销、客户拜访、产品路演、客户活动等线下方式，中国工商银行围绕"工银财富季"开展主题营销活动，通过专业投资策略分享、高端客户沙龙等形式提升产品吸引力。中国建设银行针对小微企业客群开展"中小企业投融资对接会"，搭建银企交流平台，提供综合金融服务方案。招商银行私人银行中心定期举办财富论坛，邀请行业专家分享市场观点，增强高净值客户对产品的认知和信任。数字化营销渠道涵盖手机银行、网上银行、微信银行等线上平台，平安银行运用大数据技术进行客户画像分析，实现产品精准推送，提升营销转化效果。

产品推广过程中需要综合运用多种营销工具和传播方式。精准营销策略通过数据分析识别目标客户，中国银行基于交易数据和行为特征筛选潜在目标客群，制定差异化营销策略。交叉营销策略深入挖掘客户多样化需求，浦发银行围绕基础账户客户开展理财产品营销，实现产品渗透率提升。场景营销策略将金融服务嵌入客户生活和经营场景，中国农业银行依托惠农场景开展支付结算产品营销，提升农村市场覆盖面。活动营销策略通过主题活动提升品牌影响力，中国邮政储蓄银行开展"普惠金融进社区"活动，深化基层市场渗透。在具体营销工具运用中，客户经理需要制订完整的产品推介方案，包括产品卖点提炼、客户利益分析、竞品对比说明等内容，通过专业化的产品解读增强客户信任。同时，加强营销过程中的合规管理和风险提示，确保营销行为规范有序。通过科学的产品推广体系建设和营销能力提升，推动银行产品市场竞争力持续增强。

一、产品营销方案

商业银行产品营销方案构建立足精准的市场定位和系统的目标客户分析，形成科学完整的营销体系和推广策略。中国建设银行养老理财产品通过大数据分析将目标客户细分为即将退休群体、已退休群体和子女代买群体，分别推广灵活型、稳健型和长期投资型产品组合，实现精准营销定位。客群细分方案涵盖年龄、职业、资产规模和风险偏好等多个维度，中国工商银行在手机银行App推广中突出功能全面、操作便捷和服务及时的优势，平安银行在信用卡营销中强调场景多、权益好、额度高的特色，形成差异化竞争优势。招商银行"朝朝盈"产品将灵活存取、收益稳定和全天可用的功能特点转化为打理闲钱的理想选择价值主张，中国建设银行"建融通"产品将供应链金融服务定位为企业经营的加速器，突出对企业发展的促进作用，充分体现产品价值转化能力。

产品营销策略规划注重功能创新与体验优化，推动营销体系全面升级和服务模式创新。中信银行在手机银行App引入生物识别技术提升登录便利性，中国邮政储蓄银行针对老年客户开发大字版界面优化适老化体验，浦发银行在理财产品增加可视化收益分析功能，全面提升产品体验。线上渠道包括手机银行、网上银行和微信银行等平台，线下渠道涵盖物理网点、自助设备和营销团队，招商银行构建线上线下远程三位一体的服务体系，实现渠道深度融合。传统媒体渠道扩大品牌影响力，新媒体渠道增强互动传播效果，中国建设银行通过抖音直播介绍理财产品，中国工商银行与知名IP合作推广信用卡，平安银行开展社交媒体矩阵传播，形成立体化营销格局。

营销活动执行把握市场节点和创新活动形式，深化营销活动影响力和转化效果。中国工商银行在开学季推出青春卡套餐，中国建设银行在春节期间开展年味系列活动，中国银行结合重大节日推出主题营销活动，形成全年营销活动体系。平安银行开展金融知识进万家公益活动提升品牌形象，招商银行举办财商训练营系列活动培养客户理财意识，浦发银行通过游戏化方式推广电子银行产品提高客户互动。科学分配营销预算重点支持高效营销方式，建立营销效果追踪机制及时调整资源配置，中信银行采用ROI模型评估营销投入效果，中国农业银行构建营销资源配置优化模型，实现资源精准投放。销量、客户数和市场份额等定量指标衡量营销效果，品牌形象和客户满意度等定性指标评估长期影响，形成完整的营销评估体系。

精细化营销管理体系通过客户分层分类和生命周期管理提升营销效率，构建系统化的客户营销管理框架。中国银行建立客户分层分类营销体系，针对高净值客户配备专属客户经理提供一对一服务，通过产品组合营销提升潜力客户贡献度，依托电子渠道开展基础客户批量营销，形成差异化服务模式。交通银行实施客户全生命周期营销管理，在新客户阶段重点做好产品导入培养使用习惯，成长期客户注重产品交叉销售扩大业务合作范围，成熟期客户强化综合服务提升客户忠诚度，休眠客户开展唤醒营销恢复业务往来。兴业银行推行网格化营销管理，配备专门营销团队深入了解区域特点和客户需求，建立网格营销绩效考核机制，实现区域精细化经营。江苏银行围绕产业链组织营销团队，建立产业研究和客户开发机制，形成专业化营销能力。

大数据技术驱动营销创新，深化智能化营销决策体系建设和数字化转型升级。平安银行构建客户画像系统整合交易数据、行为数据和外部数据，通过机器学习算法预测客户需求实现主动营销，建立智能化营销推荐引擎。招商银行智能营销决策系统自动识别客户理财需求推送个性化产品建议，通过分析客户资产配置结构发现潜在投资机会，实现产品精准匹配。浦发银行应用场景数据分析挖掘客户消费特征和生活习惯，针对不同消费场景设计专属营销方案，通过场景数据分析及时发现客户需求变化调整营销策略，建立场景化获客模式。中国工商银行开发智能营销管理平台，整合客户信息、产品数据和营销资源，支持营销团队开展精准营销，提升营销效率。中信银行运用人工智能技术优化营销流程，实现营销自动化和智能化，提高营销响应速度。中国建设银行构建数字化营销体系，打造线上获客、数字运营、智能服务的全新模式。

商业银行需要通过专业化的金融知识传播和品牌建设来提升营销效果和品牌影响力，中国工商银行打造"财智课堂"系列活动，通过专家解读市场动态、投资机会分析、线上直播互动等多种形式，构建了系统化的金融知识传播体系。中国建设银行推出"金融素养提升计划"，针对不同客群开发差异化的教育内容，如面向青少年群体的理财启蒙课程、面向中老年群体的防诈骗教育等，全面提升客户的金融认知水平。中信银行鼓励客户经理在工作中发挥专业优势，通过分享市场观点和专业见解，建立客户经理的专业形象，同时建立严格的内容审核机制，确保分享内容的合规性和专业性。中国农业银行围绕普惠金融和服务"三农"特色开展品牌营销，通过开展公益活动展示企业社会责任，加强媒体传播扩大品牌影响力。中国光大银行实施"阳光服务"品牌战略，将优质服务作为品牌核心价值，通过开展服务标准化建设和服务标杆评选，不断提升服务质量。华夏银行注重展示科技创新成果，通过数字化创新案例宣传和金融科技论坛等形式，突出科技赋能服务升级的品牌特色，提升在业内的品牌影响力。

营销合规管理和营销能力建设形成完整的营销管理体系，保障营销工作规范发展。中国民生银行建立营销内容审核机制规范营销宣传用语，加强营销人员合规培训提高合规意识，开展营销行为监督检查防范违规风险。北京银行完善营销投诉处理机制及时响应客户诉求，分析投诉案例优化营销策略，加强投诉溯源管理消除风险隐患。南京银行强化营销过程管理规范营销行为记录，实施营销台账管理跟踪营销活动开展情况，建立营销质量评估机制确保营销效果和合规性统一。专业团队培养加强产品知识培训提升营销人员专业素养，开展场景化练兵增强实战能力，建立绩效激励机制调动营销积极性。运用大数据分析客户需求实现精准营销，利用人工智能优化服务流程提高响应速度，应用区块链技术保障营销合规防范操作风险。中国建设银行打造智能营销平台支持精细化营销管理，中信银行构建定价分析模型支持科学定价决策，交通银行升级价格监控系统加强异常定价行为监测。

维度营销创新实践和产品创新营销方案丰富营销模式，推动营销创新发展。广州农商银行针对粤港澳大湾区推出跨境金融服务方案满足区域客户往来需求，成都银行围绕天府新区建设开发科创企业服务产品助力区域经济发展，上海银行依托自贸区政策优势创新离岸业务产品服务企业国际化经营。江苏银行针对制造业转型升级需求推出智能制造贷款产品支持企业技术改造，杭州银行针对文创产业特点设计知识产权质押融资方案解决轻资产企业融资难题，宁波银行聚焦港口物流行业开发供应链金融产品优化产业链资金流转。温州银行针对小微企业主群体开发经营性物业贷款产品满足资产配置需求，青岛银行面向科技人才群体推出专属金融服务方案支持创新创业，西安银行针对军人群体设计专属优惠政策提供便捷金融服务。徽商银行推出数字人民币应用场景通过补贴激励培养使用习惯，重庆银行开展养老金融服务创新举办养老规划讲座优化服务体验，长沙银行创新乡村振兴金融产品依托村镇银行渠道深入农村开展服务。

银行产品营销未来发展方向呈现智能化、场景化和数字化特征，驱动营销模式持续创新升级。人工智能技术深化应用提升营销智能化水平，大数据分析能力增强实现精准营销，智能设备普及拓展营销渠道。金融服务与场景深度融合提供一站式解决方案，场景生态不断丰富扩大服务覆盖面，场景数据价值挖掘优化营销策略。线上营销比重提升拓展数字营销空间，移动营销持续创新适应客户习惯，数字技术赋能提升营销效率。客户需求多样化推动服务个性化，产品创新加快满足差异化需求，服务模式升级提升客户体验。营销合规要求提高防范风险能力，客户权益保护加强维护银行形象，内控管理完善确保稳健发展。区块链技术在营销管理中的应用不断深化，江西银行利用区块链技术构建农产品溯源平台提供风控支持，苏州银行应用区块链存证技术确保营销过程可追溯，九江银行开发区块链供应链金融平台提升业务效率。物联网技术助力场景化营销创新，贵阳银行在商圈放置智能终端采集消费数据实现精准营销，厦门银行运用物联网技术监控融资物降低风险，威海银行利用物联网设备监测企业经营状况优化信贷决策。通过不断创新营销方式、优化营销管理、加强合规建设，推动银行产品营销实现高质量发展，为银行业务发展提供有力支撑。

二、营销渠道选择

商业银行营销渠道选择体系建立在物理网点渠道创新和立体化渠道布局基础之上，全面构建多层次的营销服务网络和科学化的渠道管理体系。物理网点渠道转型方面，传统柜台服务向智能化转型，中国建设银行打造"5G+智能银行"，旗舰店运用生物识别和智能机器人等技术提供自助化服务体验；中国银行推行"全员营销"模式培养复合型人才队伍。中国工商银行采用"总分支"三级网点体系在核心商圈设置旗舰店、社区设置轻型网点有效延伸服务触角，招商银行实施"商圈+社区"双轮驱动策略根据客群特点配置差异化网点实现精准服务。专业化服务能力提升体现在交通银行设立财富管理中心为高净值客户提供一站式服务、中国农业银行建设普惠金融服务站下沉服务重心服务小微企业和"三农"客户、浦发银行打造科技支行全面展示金融科技创新应用等实践中，中信银行实施"一站式"服务改革大幅简化业务办理流程，中国光大银行推广"引导分流"模式提高服务效率，中国邮政储蓄银行开展"温暖服务"行动持续提升客户服务体验。

商业银行营销渠道选择评估体系围绕覆盖能力、营销效能、运营效率和客户体验等维度构建科学合理的评估指标，形成系统化的渠道选择方法论和全面的评估管理机制。渠道覆盖能力聚焦目标客群匹配度、地域覆盖范围、服务时间可得性等指标，营销效能关注获客能力、产品渗透率、交叉销售水平等要素，运营效率考查响应速度、业务处理量、差错发生率等方面，客户体验评估服务便利性、问题解决率、满意度水平等维度。渠道建设成本涵盖场地投入、设备购置、系统开发等固定成本，运营成本包括人工费用、维护费用、营销费用等可变成本，收益测算考虑业务收入、客户贡献、品牌价值等因素，通过成本收益分析实现渠道资源合理配置。风险评估体系覆盖操作风险、信息安全风险、声誉风险和合规风险等多个层面，通过完善的风险监测预警机制和应急处置机制，确保渠道运营安全稳健，为客户提供可靠的金融服务保障。

商业银行产品渠道适配分析基于产品特征和客户需求构建差异化的渠道策略，建立全面的产品渠道匹配体系和精准的渠道管理模式。存款产品以物理网点和电子银行为主要渠道满足客户便利存取需求，定期存款通过网点理财经理和手机银行推广便于产品介绍和购买，大额存单主要依托网点渠道确保产品销售合规。贷款产品针对不同业务类型选择适配渠道，个人住房贷款以网点渠道为主确保风险审查，消费贷款通过线上渠道提高审批效率，小微企业贷款需要网点客户经理深入走访了解企业经营情况。投资理财产品突出专业服务能力，净值型理财产品通过理财经理专业讲解揭示投资风险，基金产品通过手机银行提供便捷交易服务，保险产品依托网点和视频银行渠道确保销售规范。中间业务产品注重场景覆盖，支付结算业务以电子银行为主提供便捷支付，信用卡业务通过线上线下多渠道获客扩大发卡规模，收单业务依托商户服务团队拓展市场版图，通过多元化的渠道布局满足不同客户群体的金融服务需求。

商业银行渠道资源投入与产出分析遵循市场导向和效益优先原则，实现资源精准配置和价值最大化，建立科学的渠道资源管理体系。渠道资源配置策略根据市场潜力差异化布局，在经济发达地区加大网点投入把握业务机会，在新兴市场区域布局电子渠道培育客户基础，在县域地区以轻型网点为主控制运营成本，通过动态调整渠道布局保持市场竞争优势。人力资源配置与业务需求紧密匹配，网点配备客户经理团队开展营销拓展，电子银行配备产品经理负责功能开发，远程银行配备专业坐席提供咨询服务，建立灵活的人员调配机制提高资源使用效率。科技资源投入聚焦手机银行系统建设、数据分析平台完善、风控系统升级等重点领域，通过新技术应用提高创新能力，持续优化升级系统功能和服务体验，提升渠道运营效率和服务水平。

商业银行渠道创新发展把握监管要求和风险防控，探索创新与规范并重的科学发展路径和长效管理机制。渠道准入要符合监管规定，业务流程设计满足合规要求，系统建设达到安全标准，建立创新评估机制防范各类风险。风险管控体系覆盖事前评估、事中监控和事后分析全流程，构建多层次的风险管理架构，建立健全风险预警机制实现风险早发现早处置。应急管理机制前瞻布局，制定完善应急预案，配备充足应急资源，定期开展演练检验，建立跨部门协调机制形成处置合力，确保渠道运营持续稳定，为客户提供安全可靠的金融服务。

商业银行面向未来的渠道布局紧跟技术发展趋势和客户需求变化，打造智能化、场景化和专业化的现代金融服务体系。5G技术和区块链技术支持渠道创新应用，提升业务处理效率和安全性，人工智能技术提升服务智能化水平降低运营成本，大数据技术支持精准营销和风险控制。场景化服务深度融入客户生活和经营场景，个性化服务满足客户差异化需求，专业化服务能力不断提升创造更大价值贡献。金融科技公司带来的竞争压力推动传统渠道转型升级，异业竞争加剧催生场景创新，客户争夺加剧倒逼服务体验提升。监管要求引导创新发展方向，强调防范金融风险、保护消费者权益、支持普惠金融和服务实体经济，推动银行渠道建设实现高质量发展。

商业银行互联网渠道创新战略围绕社交媒体营销、社区营销和搜索引擎营销展开深度布局，构建全方位的数字化营销服务体系。社交媒体营销通过短视频和直播等形式创新传播产品信息，提升品牌影响力和市场认知度。社区营销加强互动交流构建客户交流平台增强用户黏性，搜索引擎营销优化关键词策略提高产品曝光度。开放银行渠道拓展注重API接口规范管理、场景深度对接、数据合规共享，持续推进服务创新扩大影响力。移动营销团队建设强调人才选拔培养、工具配置支持、考核机制设计和风险管控落实，具有专业化的移动展业能力，通过多元化的互联网渠道布局，提升银行数字化服务能力和市场竞争力。

商业银行渠道协同机制优化和运营效能提升构建科学完善的渠道管理体系，实现渠道资源整合和服务能力提升。渠道协同机制打通信息壁垒实现数据互通，明确客户管理权责避免渠道冲突，统筹资源配置提高使用效率，建立协调统一的考核激励机制。运营效能提升聚焦流程优化、系统支撑、人员配置和成本控制等关键环节，推动数字化转型夯实数据治理基础，整合服务资源提升运营效率。渠道生态圈建设坚持开放合作，优选合作伙伴创新业务模式，加强风险管理和品牌建设。渠道安全管理体系强化身份认证、交易监控、系统防护和应急处置，持续优化客户体验设计，通过创新实验探索新技术应用和新模式发展，不断提升渠道服务能力和运营效率，为客户提供更加优质的金融服务体验。

商业银行未来渠道发展将呈现智能化、场景化和专业化特征，推动服务模式创新和客户体验升级。智能化渠道建设依托人工智能、大数据等技术，提供智能化服务体验，实现精准营销和风险控制。场景化服务深度融入各类生活和经营场景，打造一站式金融服务解决方案，满足客户多样化需求。专业化服务能力持续提升，通过专业团队建设和服务流程优化，为客户创造更大价值。渠道管理体系不断完善，强化风险管控和合规建设，确保稳健经营。渠道创新与风险防控并重，通过科技赋能提升服务效率，深化渠道协同降低运营成本，加强生态合作拓展服务边界，推动银行渠道建设实现高质量可持续发展，更好服务实体经济和满足居民金融需求。

第三节　产品风险管控

商业银行产品风险管控体系构建以全面风险管理为导向，围绕信用风险、市场风险、操作风险和流动性风险等多个维度展开系统化防控。在信用风险管理方面，中国建设银行建立客户信用评级体系，通过财务指标分析、非财务因素评估和外部评级参考等方式，对客户违约风险进行量化评估，为信贷决策提供依据。在市场风险管理领域，招商银行建立市场风险限额体系，对利率风险、汇率风险等进行动态监控，通过敏感性分析和压力测试评估市场波动影响。中国银行完善衍生产品交易管理制度，规范交易流程，防范市场风险。操作风险防控方面，交通银行推行业务流程标准化管理，制定详细的操作规程，强化内部控制和合规管理。平安银行运用科技手段提升风控能力，通过系统自动核验、人脸识别等技术降低操作风险。

产品风险管控机制建设要求建立全流程的风险监测、评估和处置体系。中国农业银行构建产品全生命周期风险管理框架，在产品设计环节进行风险评估论证，运营过程中实施持续监控，到期做好风险处置。浦发银行建立风险预警指标体系，设置量化阈值，实现风险的早期识别和主动防范。中国邮政储蓄银行完善突发事件应急预案，针对信用风险、市场风险、操作风险等不同类型风险制订专项处置方案。中国光大银行加强产品合规审查，规范披露信息，切实保护消费者权益。中信银行健全产品风险评审机制，实行分级审批，严格把控产品风险。中国民生银行建立风险监测报告制度，定期评估产品风险状况，及时调整管理策略。通过科学完善的风险管控机制，有效防范和化解各类产品风险，保障银行业务稳健运行。

一、产品合规性审查

商业银行产品合规性审查体系建立在全面法律法规审查和严格操作风险防控基础之上，构建系统化的合规管理框架和专业化的风险防控体系。法律法规审查层面涵盖《中华人民共和国商业银行法》《中华人民共和国银行业监督管理法》等基本法律和国家金融监督管理总局、央行等监管部门发布的各类规章制度，重点关注业务准入、风险限额、信息披露等关键要素。产品发行主体资质审查确认业务资格，产品管理团队资质审查验证专业胜任能力，销售人员资质审查核实相应资格证书，合作方资质审查评估准入标准。合同文本规范性审查确保条款设置明确清晰，权利义务约定公平合理，风险揭示充分翔实，法律效力完整有效。内控制度审查关注业务管理制度健全性、操作流程清晰性、岗位职责明确性和应急预案完备性，通过完善的内控管理体系实现全面风险管控。业务流程完整性审查关注关键风险点识别、操作标准规范、控制措施设置和监督检查机制，形成严密的操作风险防控网络。

产品风险审查体系覆盖信用风险、市场风险、流动性风险和操作风险等多个维度，形成多层次的风险防控架构和全面的风险评估体系。信用风险评估重点关注交易对手资质、担保措施、限额管理和压力测试等要素，通过严格的信用管理体系防范违约风险。中国工商银行运用大数据技术构建风险预警平台，实时监测客户经营状况和还款能力变化，建立动态的风险监测机制。市场风险评估关注价格风险、利率风险、汇率风险和波动风险，建立市场风险限额体系，开展定期压力测试评估风险承受能力。中国建设银行建立利率风险管理体系，通过久期缺口分析和敏感性分析，评估利率变动对产品收益的影响。流动性风险评估关注资产负债期限匹配、流动性储备、市场流动性和应急预案，确保产品具备充足的流动性支持。招商银行建立流动性风险预警指标体系，实时监测产品流动性状况，及时采取应对措施。

产品压力测试体系通过设置不同压力情景，形成科学完整的风险评估机制和预警处置体系。市场压力情景设计考虑利率、汇率、股价等市场因素波动对产品的影响，通过设置不同压力程度的情景评估产品承受能力，分析极端市场条件下的最大损失，预留充足的风险缓冲。中国银行建立市场风险压力测试模型，定期开展压力测试评估产品抗风险能力，动态调整风险限额。信用违约压力测试评估重要交易对手违约影响、担保措施失效损失和行业系统性风险冲击，测算最大可能损失并制定应对预案。平安银行构建信用风险压力测试体系，模拟不同违约情景下的损失分布，完善风险缓释措施。流动性压力测试评估大额赎回变现压力、市场流动性枯竭处置难度和融资渠道受阻应对能力，确保产品具备充足的流动性支持。浦发银行建立流动性压力测试模型，评估极端情况下的流动性需求，优化产品流动性管理策略。

风险管理框架构建要求建立健全完善的制度体系、科学合理的组织架构和规范有效的流程机制，形成全面的风险管理治理体系。全面风险管理制度明确管理原则，专项风险管理办法规范具体操作方式，配套实施细则指导日常工作，评价考核机制推动制度执行。交通银行建立三级风险管理架构，董事会承担最终责任，高管层负责具体实施，各部门分工协作形成管理合力。组织架构设置实现风险管理责任明确、权限清晰、报告及时，建立独立的风险管理部门统筹协调全行风险管理工作。中国邮政储蓄银行建立风险管理信息系统，实现风险数据的集中管理和分析，为风险决策提供支持。流程机制确保风险识别全面、风险评估科学、风险控制有效、风险报告及时，通过先进可靠的系统工具提供全流程风险管理支持。中国光大银行构建风险管理评价体系，定期评估风险管理成效，持续优化风险管理机制。

产品退出管理审查要求建立完善的退出机制、审慎的成本测算和充分的风险评估，构建系统化的产品退出管理体系。退出机制设计明确退出触发条件，规范退出操作流程，设置应急处置预案，建立沟通机制做好客户告知。中国民生银行制定产品退出预案，针对不同退出情景设计处置方案，确保产品平稳退出。退出成本测算评估提前终止的总体影响、清盘处置成本、声誉风险成本和员工安置成本，设置合理的补偿机制。中信银行建立退出成本测算模型，全面评估退出成本，制订科学的退出方案。退出风险评估关注市场风险、流动性风险、声誉风险和操作风险，确保产品有序退出。兴业银行建立产品退出风险评估机制，实时监控退出过程中的各类风险，及时采取应对措施。

合规培训体系涵盖产品知识培训、合规意识培训和专业技能培训，打造专业化的人才队伍和完善的培训管理机制。产品知识培训组织相关人员学习法规政策、监管要求和产品特点，通过定期考试检验学习效果。中国农业银行建立合规培训体系，针对不同岗位人员制订培训计划，提升合规管理水平。合规意识培训树立全员合规理念，通过案例学习和警示教育提高合规自觉性。中国建设银行开展合规文化建设，将合规理念融入日常工作，形成良好的合规氛围。专业技能培训提升风险识别能力、风险评估能力、风控控制能力和创新管理能力，建立考核机制落实培训要求。北京银行建立专业人才培养机制，通过实操训练提升风险管理能力，打造专业的风控队伍。

科技系统保障体系要求功能完备、数据可靠和性能稳定，实现科技赋能风险管理的创新发展模式。产品管理系统覆盖全流程运营，风控系统实现实时监控预警，核算系统保证准确高效，档案管理系统确保资料完整。上海银行建设智能风控平台，运用大数据技术提升风险识别能力，实现风险管理智能化。数据质量管理确保采集全面、处理准确、存储安全和应用有效，系统性能管理保障运行可靠、并发高效、容灾到位和维护及时。南京银行构建数据治理体系，提升数据质量和应用水平，为风险管理提供数据支持。监督检查机制通过日常监测、专项检查和问责处理，建立全面的监督管理体系。宁波银行建立风险监督检查机制，定期开展风险排查，及时发现和处置风险隐患。

创新管理体系要求创新流程规范、风险评估审慎和配套管理到位，推动产品创新与风险防控的协调发展。创新流程管理建立规范的制度流程，开展可行性研究和分步试点，及时总结评估完善机制。中国工商银行建立产品创新评审机制，严格把控创新风险，确保创新发展稳健可控。风险评估管理识别创新业务风险点，开展压力测试评估承受能力，建立预警机制和应急预案。招商银行建立创新风险评估模型，全面评估创新产品风险，制定针对性的风控措施。配套管理确保人员配备充足、系统建设先行、制度建设同步和资源保障充分，推动产品创新健康发展。平安银行建立创新管理配套机制，为创新发展提供全方位支持，实现创新与风控的平衡。通过建立科学完善的合规审查体系，加强全流程风险管理，提升风控管理能力，推动银行业务持续稳健发展，为实体经济发展提供有力支持。

二、客户权益保护

商业银行产品信息披露管理体系建立在完整性、及时性和准确性三大原则基础之上，形成科学规范的信息披露框架和全面的客户保护机制。产品基本信息披露包括产品名称、期限、起点金额、投资范围、收益分配方式等要素，风险等级划分清晰明确不同产品的风险程度，费用标准详细列明认购费、赎回费、管理费等各项费用，业绩比较基准客观设置避免误导客户。产品发行前披露预留客户决策时间，存续期信息定期更新反映产品最新状况，重大事项及时披露包括投资方向调整和管理人变更等在内的各种情况，产品到期信息提前告知做好客户沟通。中国工商银行建立分层次的信息披露机制，针对不同客户群体采用差异化的披露方式，通过多渠道传递确保信息覆盖面。中国建设银行运用数字化技术优化信息披露流程，实现信息传递的及时性和准确性，提升客户服务体验。

客户适当性管理要求建立科学的风险评估体系和严格的匹配管理机制，打造全面的客户分类管理体系和动态的风险评估机制。客户风险承受能力评估设计科学评估问卷，评估维度包括财务状况、投资经验、风险偏好、投资目标等方面，根据评估结果对客户分级建立风险承受能力档案，定期更新评估结果及时调整客户分级。招商银行运用大数据技术构建客户画像，精准识别客户风险特征，实现智能化风险评估。产品风险等级评估建立产品风险评级体系，评估维度涵盖信用风险、市场风险、流动性风险等各类风险，根据产品复杂程度和投资标的特点等因素综合评定，定期评估产品风险变化动态调整风险等级。中国银行建立产品风险评估模型，全面评估产品风险特征，为客户适当性管理提供科学依据。交通银行构建适当性匹配系统，实现客户风险偏好与产品风险等级的智能匹配，提高销售管理效率。

客户投诉处理机制通过便捷畅通的受理渠道和规范高效的处理流程，构建多层次的投诉处理体系和快速响应机制。浦发银行建立"一站式"投诉处理平台，整合各类投诉渠道，提供7×24小时服务响应。投诉处理流程明确受理标准规范登记流程，建立分级处理机制及时转办投诉，严格限时办结要求保证处理时效，答复内容翔实解释说明到位，处理结果及时反馈跟踪客户满意度。中国农业银行开发投诉分析系统，运用人工智能技术识别投诉特征，提取共性问题，为管理决策提供支持。中国光大银行建立投诉预警机制，对重大投诉实施全程跟踪，防范声誉风险，确保处理到位。中国邮政储蓄银行完善投诉考核机制，将投诉处理纳入网点和员工绩效评价，推动服务质量持续提升。

特殊群体权益保护体系围绕老年客户、残障人士和农村客户等群体构建差异化服务方案，形成特色化的金融服务体系和精准的保护措施。中信银行打造适老化服务体系，在网点配备老年客户专区，开发大字版手机银行，提供贴心的养老金融服务。中国民生银行推出无障碍金融服务方案，配备专业手语人员，设计无障碍设施，开通绿色通道，满足残障人士金融需求。中国建设银行深化普惠金融服务，下沉服务网点布局，培养专业客户经理队伍，开发特色农村金融产品，助力乡村振兴发展。平安银行建立特殊群体金融教育机制，开展形式多样的金融知识普及活动，提升风险防范意识和金融素养水平。

客户隐私信息保护机制建立规范的信息管理制度和安全的技术防护体系，实现全方位的信息安全保障和风险防控。中国工商银行构建分级分类的客户信息管理体系，规范信息采集流程，加强授权管理，防止信息泄露风险。招商银行运用区块链技术保障数据安全，建立信息使用溯源机制，实现全程可监控可追溯。中国银行完善信息安全应急预案，定期开展应急演练，提升突发事件处置能力。中国建设银行加强员工信息安全培训，提高合规意识，规范操作行为，防范人为风险。交通银行建立信息安全评估机制，定期开展安全检查，及时发现和整改安全隐患，保障客户信息安全。

产品全生命周期管理体系覆盖设计、营销、存续和终止清算各个阶段，打造系统化的权益保护框架和规范化的管理流程。浦发银行建立产品需求调研机制，深入了解客户需求，优化产品设计，提升客户体验。平安银行规范产品营销行为，加强合规审查，防范销售误导，保护客户权益。中信银行完善存续期管理，及时披露产品信息，规范收费行为，妥善处理客户诉求。中国光大银行建立产品退出机制，规范清算流程，保障资金安全，维护客户利益。华夏银行构建全流程风险管理体系，识别和防范各类风险，确保产品运作安全稳健。

金融教育宣传和内部管理机制构建双重保障体系，推动客户服务质量和权益保护水平持续提升。中国工商银行开发线上线下相结合的金融教育平台，创新教育方式，扩大覆盖范围，提高教育效果。中国建设银行建立金融风险教育机制，通过案例分析和实践演练，提高客户风险识别能力。中国农业银行完善内部管理制度，健全组织架构，强化考核评价，提升管理效能。招商银行加强科技系统建设，优化业务流程，提高运营效率，改善服务体验。中国银行建立权益保护评价体系，定期开展评估，推动持续改进，实现管理提升。

权益保护评估体系和客户服务标准化建设提供科学的考核标准和规范的服务流程，实现服务管理的精细化和规范化。交通银行建立多维度的评估指标体系，涵盖投诉处理、信息披露、客户满意度等方面，全面评价保护成效。中国邮政储蓄银行开展重点领域专项评估，关注创新业务风险和特殊群体服务，及时发现和解决问题。中国民生银行推进服务标准化建设，优化网点布局，完善服务设施，提升服务水平。浦发银行加强电子渠道建设，创新服务方式，优化客户体验，满足多样化需求。平安银行完善从业人员管理，严格准入标准，加强培训考核，提升专业能力。

科技驱动的未来发展趋势将推动客户权益保护升级转型，形成以科技赋能和管理创新为特征的新型保护模式。人工智能应用提升服务智能化水平，通过智能客服、智能风控等创新应用，提高服务效率和风险防控能力。大数据分析实现精准服务，深入挖掘客户需求特征，提供个性化金融解决方案。区块链技术保障信息安全，构建可信任的数据共享机制，提升业务处理透明度。生物识别技术强化身份认证，优化业务办理流程，防范欺诈风险。场景化服务深度融入客户生活场景，提供一站式金融服务体验。专业化服务提升服务质量，满足客户多样化金融需求。内控管理持续完善，适应监管要求提升，推动银行业务规范健康发展。通过科技创新和管理升级，持续优化客户服务体验，加强权益保护力度，推动银行业务高质量可持续发展。

本章小结

商业银行产品体系经过长期发展形成全面完整的产品线布局，涵盖个人金融、对公金融、投资理财和同业金融等多个领域。个人金融包括存款类、贷款类和银行卡类产品，通过差异化设计满足个人客户理财、融资和支付结算需求。对公金融产品覆盖存款、融资、贸易金融等业务条线，为企业提供全方位的金融服务解决方案。投资理财产品包括银行理财产品、代销基金和保险产品，完成净值化转型后形成多层次的产品体系。同业金融产品支持银行间市场发展，通过创新发展推动市场化进程，提高金融市场运行效率。产品体系建设坚持以客户为中心，通过持续创新满足客户多样化的金融服务需求。

商业银行产品定价机制建立在科学的定价理论基础之上，综合考虑多重因素影响，形成规范的定价体系。定价影响因素包括成本因素、市场因素、客户因素和监管因素等，需要在资金成本、运营成本和风险成本基础上，结合市场竞争态势、客户议价能力和监管政策要求，确定合理的定价水平。产品定价策略通过差异化定价、组合定价和灵活定价等方式，实现价值创造和风险管理的平衡。银行通过完善的定价决策体系、系统支撑和风险管控机制，推动定价管理的规范化和科学化，确保定价策略有效执行。产品营销体系围绕目标市场定位构建科学的营销策略，通过线上线下多渠道协同提升营销效能。渠道体系建设统筹物理网点、电子银行和远程银行等多种渠道，建立标准化的服务流程，优化资源配置效率，提升客户服务体验。

商业银行产品风险管控体系通过全面的合规审查和严格的权益保护机制，实现产品运营的稳健发展。产品合规性审查贯穿设计开发、营销推广、运营管理和退出清算全过程，包括建立健全风险管理制度，完善风险监测预警机制，从而防范各类风险。客户权益保护落实在产品全生命周期各个环节，通过规范信息披露、加强投诉处理、保护客户隐私和开展金融教育等措施，维护客户合法权益。风险管控能力的提升依托科技手段应用和管理机制创新，推动风险管理的智能化和精细化，构建全面的风险管理体系。通过风险管控和权益保护的有机结合，能够实现银行业务的可持续发展，更好服务实体经济发展。

课后习题

一、单项选择题

1. 下列关于银行产品定价的说法中，错误的是（　　）。

A. 定价需要考虑成本因素　　　　B. 市场竞争会影响产品定价

C. 所有产品采用统一定价标准　　D. 监管政策会约束定价空间

2. 银行产品营销渠道不包括（　　）。

A. 物理网点　　　　　　　　　　B. 电子银行

C. 社交媒体　　　　　　　　　　D. 竞争对手网点

3. 产品合规性审查的重点内容不包括（　　）。

A. 法律法规审查　　　　　　　　B. 操作风险审查

C. 客户满意度调查　　　　　　　D. 信息披露审查

二、多项选择题

1. 银行产品体系包括哪些主要产品线（　　）。

A. 个人金融产品　　　　　　　　B. 对公金融产品

C. 投资理财产品　　　　　　　　D. 同业金融产品

2. 客户权益保护的主要措施包括（　　）。

A. 加强信息披露　　　　　　　　B. 实施适当性管理

C. 完善投诉处理机制　　　　　　D. 保护客户隐私信息

3. 产品风险审查体系覆盖（　　）等多个维度。

A. 信用风险　　　　　　　　　　B. 市场风险

C. 流动性风险　　　　　　　　　D. 操作风险

三、简答题

1. 简述银行产品定价需要考虑的主要因素。

2. 银行在进行产品营销渠道选择时应考虑哪些要素？

第八章课后习题答案

第九章 绩效管理与职业发展

【导读案例】

中国建设银行客户经理分层分级管理创新实践

2023 年，中国建设银行推出客户经理分层分级管理新模式，建立"基础层—骨干层—专家层"三级发展通道。通过科学的绩效考核机制和完善的培训体系，实现了客户经理队伍专业化、差异化发展。近三年来，客户经理队伍整体绩效提升 30%，人员流失率下降 15%。该案例展现了科学的绩效管理和职业发展体系对提升客户经理队伍专业能力的重要作用。

案例思考

第一节 客户经理绩效考核机制

商业银行客户经理绩效考核机制建立在全面的业绩评估和专业能力评价基础之上，构建科学完整的考核体系。考核指标体系涵盖业务发展、风险管控和团队管理等多个维度，通过 KPI 关键指标设置引导业务重点，包括存款规模、贷款投放、中间业务收入等业务量指标，不良贷款率、风险预警反馈等风险指标，以及客户满意度、团队建设等管理指标。中国工商银行建立"3+2"考核模式，将经营效益、风险控制和合规管理作为基础指标，客户拓展和创新转型作为特色指标，实现考核指标的平衡性。中国建设银行推行"基础层—骨干层—专家层"分层考核机制，根据客户经理职级设置差异化考核标准，体现岗位价值贡献。中国银行运用大数据技术构建智能考核平台，实现考核数据的自动采集和分析，提升考核效率和准确性。

考核管理机制要求建立规范的考核流程和科学的评价方法，实现考核的公平公正。考核周期设置包括月度、季度和年度考核，通过不同频次的考核及时评估和指导工作。考核方式采用定量与定性评价相结合，客观数据与主观评价互补，实现全面评估。平安银行建立"量化指标+行为观察"双维度考核体系，通过行为事件记录丰富考核维度。招商银行实施"积分制"考核管理，将各项工作量化为积分，客观反映工作成效。考核结果应用于绩效分配、职级晋升和培训发展等方面，中国农业银行建立"考核—薪酬—发展"联动机制，增强考核激励作用。浦发银行完善考核申诉和监督机制，确保考核过程的公平性和透明度，维护客户经理合法权益。通过完善的考核机制设计，推动客户经理队伍专业化发展，提升经营管理水平。

一、关键绩效指标体系

关键绩效指标是评价客户经理工作成效的重要依据，科学合理的指标体系对引导客户经理行为、促进业务发展具有重要意义。指标体系设计需要遵循科学性、导向性和可操作性原则，构建全面、客观的评价标准。绩效指标设计原则首先要体现科学性，指标内容要具有明确的衡量标准和统计口径，避免模糊不清或难以量化的表述。指标权重设置要反映不同工作内容的重要程度和工作量，保持各项指标之间的平衡。指标目标值的确定要建立在深入调研和科学测算的基础上，既要有一定挑战性，又要切实可行。导向性原则要求指标设计符合银行战略目标和业务发展方向，业务发展指标要引导客户经理关注重点业务领域，推动业务结构优化。客户服务指标要引导提升服务质量，提高客户满意度。风险管理指标要引导强化风险意识，确保业务健康发展。创新发展指标要引导加强创新，提升市场竞争力。

可操作性原则强调指标实用性和可执行性，指标数据来源要清晰，便于采集统计。计算方法要简单明确，易于理解掌握。考核标准要客观公正，便于结果运用。同时要考虑工作实际，避免因指标设置不合理造成不必要的工作量。业务发展类指标是考核的重要组成部分，存款业务指标主要包括对公存款增长、个人存款增长等，反映客户经理拓展存款业务的成效。贷款业务指标包括对公贷款投放、个人贷款发放等，体现信贷业务发展水平。中间业务指标包括代理保险、基金销售、结算收入等，衡量创收能力。客户基础类指标重点关注客户拓展和维护成效，新增客户数指标反映市场开发能力，包括对公客户和个人客户的拓展数量，客户活跃度指标评价存量客户维护效果，体现在客户交易频率和业务量上。客户流失率指标考察客户维护质量，关注重点客户的稳定性。

财务效益类指标衡量经营创利能力，业务收入指标包括利差收入、中间业务收入等，反映创收水平。利润贡献指标体现经营效益，要考虑各项成本费用。产品渗透率指标评价产品营销能力，关注产品覆盖面。客户服务类指标注重服务质量评价，客户满意度指标通过问卷调查、电话回访等方式收集客户评价。客户投诉率指标关注服务质量问题，包括投诉次数和处理效果。服务规范性指标评价服务标准执行情况。风险控制类指标确保业务稳健发展，信用风险指标包括不良贷款率、逾期率等，评价资产质量。操作风险指标关注业务差错率、内控执行情况等。合规风险指标评价制度执行和行为规范情况，声誉风险指标关注负面舆情和品牌影响。团队管理类指标评价管理能力，对于承担管理职责的客户经理，要关注团队建设成效，包括团队业绩达成、人才培养、团队氛围等方面。同时要评价配合协作情况，促进团队协同发展。

创新发展类指标引导业务创新，产品创新指标评价新产品开发和创新应用情况。服务创新指标关注服务模式和流程优化，技术创新指标考察新技术应用成效。管理创新指标评价工作方法改进情况。指标应用管理要做好四个方面工作，首先是指标分解细化，将银行整体目标层层分解到部门和个人，形成完整的指标体系，要根据不同岗位的职责特点，设置差异化的指标内容和权重。要充分考虑地区发展差异，合理确定目标值。要建立动态评估调整机制，及时优化指标设置。其次是指标监测分析要到位，建立常态化的监测机制，定期跟踪指标完成情况。要深入分析指标差异原因，找出存在的问题和不足，要评估指标设置的科学性和合理性，适时进行优化调整。要加强指标分析结果运用，指导改进工作。再次是考核结果运用要有效，要将考核结果与薪酬分配挂钩，体现绩效导向作用。要运用考核结果评选先进，树立典型标杆，要分析考核中发现的问题，有针对性地改进管理工作。考核结果也要作为职业发展的重要参考。最后是持续优化完善，要根据内外部环境变化，及时调整优化指标体系。要听取客户经理意见建议，提高指标的认可度，要总结评价指标运行效果，不断改进完善。通过动态优化，确保指标体系的科学性和有效性。

建立科学的指标体系是做好绩效考核工作的基础，通过合理设置和有效运用关键绩效指标，引导客户经理在业务发展、客户服务、风险管控等方面全面发力，推动业务健康发展，实现银行和个人的共同成长。指标体系还要重视可持续性，要注意平衡短期目标和长期发展的关系，避免过分追求短期业绩而忽视长远发展，要关注客户经理的成长进步，将能力提升、创新发展等纳入考核范围，要重视团队建设和梯队培养，为银行持续发展储备人才。

指标设置要注意与时俱进，随着银行业务模式创新和经营环境变化，要及时调整和完善指标体系，数字化转型背景下，要增加数字化能力、线上业务等方面的考核指标。普惠金融发展要求下，要设置支持小微企业、服务"三农"等方面的考核指标。区域差异化考核要科学，不同区域经济发展水平、市场竞争状况存在差异，指标设置要体现差异化，经济发达地区可以设置较高的业务发展目标，欠发达地区要适当降低考核要求，要考虑市场容量、竞争态势等因素，确定合理的目标值。

分层分类考核要合理，根据客户经理的级别、专业方向设置差异化指标，初级客户经理以基础业务发展为主，高级客户经理要突出专业能力和创新贡献，零售客户经理和对公客户经理的指标体系要有所区别，体现不同条线的特点。

定性指标与定量指标要结合，除了可量化的硬性指标外，还要设置行为规范、职业道德等定性指标，通过同事评价、客户反馈等方式，对服务态度、团队协作等软性指标进行评价，定性指标的权重要适当，避免评价过于主观。过程指标与结果指标要平衡，既要考核最终的业绩达成情况，也要关注过程中的工作表现。例如营销计划执行、客户拜访频率、问题整改等过程性指标都要纳入考核范围。过程管理有助于及时发现和解决问题。动态调整机制要建立，定期评估指标执行效果，根据实际情况进行动态调整，对于完成明显困难的指标要分析原因并适当调整，对于发展变化中出现的新情况新问题，要及时补充相关指标。绩效辅导要跟进到位，考核不是目的，促进提升才是关键，要定期与客户经理沟通考核情况，分析存在的问题和不足，针对薄弱环节制订改进计划，提供必要的支持和帮助。通过绩效辅导促进持续改进。

激励约束要合理，要发挥绩效考核的激励导向作用，对于表现优秀的客户经理要给予适当奖励，同时也要建立问责机制，对于出现重大问题的要严肃处理。奖惩要公平公正，充分调动积极性。考核结果要充分应用，除了与薪酬挂钩外，还要在职务晋升、评优评先、培训发展等方面充分运用考核结果。对于优秀的客户经理要创造更多发展机会，对于表现欠佳的要加强培训指导。信息系统要提供支撑，建立绩效管理信息系统，支持指标数据的采集、统计和分析。通过系统实现考核过程的规范化和自动化，提高工作效率。系统要具备指标监测、分析报告等功能。

考核的长效机制要建立，要建立完整的制度体系，规范考核工作的组织实施。要配备专门的考核管理人员，确保考核工作持续有效开展，要加强考核人员培训，提升考核工作水平。

二、考核方法与应用

商业银行客户经理考核方法主要包括定量考核和定性考核两大类体系，定量考核通过业务量、客户数、收入等可量化指标衡量工作成效，具有客观性强、可比性好的特点，而定性考核则针对服务态度、团队协作等难以量化的指标，通过主管评价、同事互评、客户反馈等多维度评价方式进行。两种考核方法相辅相成，通过绩效面谈深入开展，了解工作情况并分析存在问题，促进相互理解达成改进共识。考核指标的设计要符合SMART原则，设置科学合理的评估标准和权重，建立完整的考核评分体系和结果应用机制，确保考核结果的公平性和激励性。同时要注重考核方法的创新，运用现代信息技术提升考核效率，通过多维度评价提高考核的全面性和准确性。

考核实施流程贯穿全年工作的各个阶段，从年初目标设定到年终评价反馈形成完整闭环。目标设定阶段将总体目标分解到季度和月度，与客户经理充分沟通取得认可，确保目标的科学性和可达性。过程监控阶段建立常态化的监测机制，实现动态管理，及时发现和解决问题。评价反馈阶段对照目标全面评价工作成效，收集各方面意见进行多维度评价，形成客观公正的考核结论。结果应用阶段将考核结果与薪酬分配、职级晋升、评优评先等紧密挂钩，充分发挥考核的激励导向作用。整个流程要严格执行考核制度，确保每个环节规范有序，考核结果真实可靠。

商业银行考核体系的创新发展体现在方法手段和技术应用两个层面，线上考核依托信息系统实现数据自动采集和智能分析，提高考核工作效率。360度评价方法从上级、同事、下级、客户等多个维度收集评价意见，全面反映工作表现。行为锚定量表通过具体行为描述界定评价标准，提高考核的客观性和可操作性。等级评定采用优秀、良好、合格、不合格等分档，合理设置各等级比例，体现适度竞争。评定过程要组织专门评审会议，集体研究确定等级，确保评定结果公平公正。考核创新要注重实践效果，不断总结经验，完善考核方法。

考核结果应用机制构建了全方位的激励约束体系，建立考核结果与薪酬激励的直接联系，月度考核与月度绩效工资挂钩，年度考核与年终奖金挂钩，体现多劳多得、优绩优酬的分配原则。将考核结果作为职级晋升和评优评先的重要依据，对连续多年考核优秀的员工优先考虑晋升机会。根据考核发现的问题和不足，制订针对性的培训计划，创造实践锻炼机会，促进能力提升。考核结果运用要坚持客观公正，严格执行相关规定，确保激励措施落到实处。同时要建立动态调整机制，根据实际情况适时优化考核指标和标准。

考核监督管理体系建立了全面的制度保障和执行监督机制，通过健全考核管理制度规范工作流程，明确各方职责权限和工作标准。对考核工作开展情况进行全程监督检查，重点关注考核制度执行情况、数据真实性和结果公正性，发现问题及时整改。建立完善的考核结果申诉渠道，规范申诉处理流程，及时回应合理诉求，妥善处理争议问题。考核监督要注重过程管理，加强日常检查和指导，建立考核工作档案，定期开展考核质量评估。监督检查结果要及时反馈，督促整改落实，确保考核工作规范有序开展。

差异化考核策略根据区域发展水平、业务条线特点和岗位层级设置不同的考核标准，对经济发达地区和欠发达地区实施差异化的考核目标和要求。针对零售、对公等不同业务条线特点，设置与业务性质相匹配的考核指标体系。根据客户经理的职级和岗位特点，确定不同的考核重点，高级别客户经理更注重团队管理和创新发展能力，初级客户经理以基础业务完成情况为主。差异化考核要充分考虑实际情况，既要体现工作要求，又要照顾客观差异，确保考核的科学性和激励性。通过差异化考核引导各层级员工在各自岗位上发挥最大效能。

考核结果分析应用建立了系统的数据分析和问题改进机制，通过多维度分析发现考核数据中反映的问题和规律，运用统计分析方法为管理决策提供参考依据。针对考核发现的普遍性问题和个性化不足，制定有针对性的整改措施和提升计划，明确整改责任和时限要求，建立跟踪督导机制确保整改落实。定期总结考核工作经验教训，持续优化考核方案和工作流程，推广先进做法，建立长效机制推动工作质量持续提升。结果分析要注重实效性，形成务实管用的改进建议，真正发挥考核的导向作用。

考核文化建设营造了良性竞争和持续改进的工作氛围，通过树立良性竞争理念引导员工比学赶超，宣传先进典型发挥示范引领作用。坚持公平公正原则，建立透明的考核机制和监督制度，杜绝人情因素干扰，维护考核工作的公信力。培养持续改进意识，鼓励创新突破，总结经验教训优化工作流程，实现工作质量和服务水平的不断提升。建立考核工作定期评估机制，组织各方力量参与评估，根据评估结果及时调整完善考核工作。考核文化建设要注重长期积累，形成良好的工作传统和价值导向。

档案管理和持续改进构建了完整的考核资料管理和工作提升体系，建立规范的考核档案管理制度，完善档案收集整理流程，实现电子档案信息化管理。建立健全问题收集反馈机制，定期梳理总结存在问题，研究制定改进措施并跟踪落实。鼓励工作创新，开展考核创新试点，及时总结推广成功经验，将行之有效的做法固化为制度。持续改进要坚持问题导向，着眼长远发展，建立科学的考核评估和优化机制，推动考核工作不断完善和提升。通过严格的档案管理为考核工作持续改进提供可靠依据，实现考核工作的良性循环和健康发展。

第二节　职业发展通道及胜任要素

商业银行客户经理的职业发展通道包括管理序列和专业序列两条主线，管理序列面向具有领导潜质和管理能力的客户经理，通过团队主管、部门经理等职级晋升路径，培养综合型管理人才。专业序列针对专注业务领域的客户经理，设置初级、中级、高级、资深等专业等级，打造专业化人才队伍。两个序列各有侧重、相互衔接，为客户经理提供了多元化的发展空间。客户经理可根据个人特点和职业规划选择适合的发展路径，通过持续学习和实践提升专业能力，在管理岗位或专业领域实现职业价值。建立科学的职级晋升标准和评价机制，设置合理的职级台阶，明确各层级的任职要求和能力标准，确保晋升的公平性和激励性。

客户经理胜任要素体系涵盖专业能力、管理能力和个人素质三个维度。专业能力要求深入掌握银行业务知识、金融市场规律和风险管理技能，具备产品营销、客户服务和风险评估等核心业务能力。管理能力包括团队建设、资源整合、沟通协调等方面，要求具备统筹规划、组织协调和问题解决的综合管理水平。个人素质强调职业操守、学习创新和抗压韧性，注重诚信合规、持续学习和创新思维的培养。通过建立完整的胜任要素模型，指导人才选拔和培养工作，促进客户经理队伍的专业化建设和整体素质提升。职业发展通道和胜任要素的设计要与市场发展趋势和业务转型需求相适应，不断优化调整，为银行持续发展提供人才保障。

一、客户经理职业规划

商业银行客户经理职业规划是实现职业发展的重要指引和战略布局，在银行业快速变革的背景下显得尤为重要。科学的职业规划有助于明确发展方向、合理配置资源、实现职业目标，而缺乏规划则容易导致发展随意性强，难以形成核心竞争力。数字化转型带来岗位要求变化，业务创新对能力提出新要求，市场竞争加剧职业风险，这些都要求客户经理通过科学规划来适应变化。职业规划的目标要立足当前，着眼未来，综合考虑个人发展意愿、能力特点和市场机会，制定切实可行的发展规划，并根据环境变化适时调整，保持规划的动态性。规划制定过程中要全面评估当前工作情况，包括岗位职责、工作业绩、能力水平等要素，分析存在的问题和不足，明确改进方向，为规划制定提供科学依据。

职业定位与目标设定需要从自我认知和市场环境两个维度进行系统分析。客观评估自身优势和不足，包括专业知识、业务能力、性格特征等因素，了解个人兴趣爱好和价值追求，分析发展潜力，找准努力方向。深入研究银行业发展趋势，了解不同业务领域的发展前景，分析岗位要求变化，预判能力需求。职业目标设定要符合SMART原则，短期目标注重能力提升和业绩达成，中期目标关注专业积累和岗位晋升，长期目标体现职业理想和价值追求，目标之间要保持关联性和递进性。根据职业目标选择合适的发展路径，可以选择专业发展路线深耕某一业务领域成为专家，也可以选择管理发展路线培养管理能力走向管理岗位，还可以选择创新发展路线投身新兴业务领域。

客户经理在职业发展过程中需要重点关注资源支持和风险防范。资源支持方面要主动参加各类培训学习，利用网络资源进行自主学习，参与行业交流拓展视野，建立知识更新机制保持竞争力。建立良好的人际关系网络，加强与同事、客户的交流互动，参与行业协会活动扩大社交圈，维护重要人脉关系实现互利共赢。争取优秀导师的指导帮助，通过"传帮带"加快成长，建立长期的师徒关系获得持续指导。风险防范方面要密切关注行业政策变化，研究市场竞争态势，适应技术发展变革。注重全面发展避免能力单一，持续学习提升保持竞争优势，加强创新能力适应变革需要，培养抗压能力应对工作压力。

执行与评估机制是确保职业规划落地的关键环节。建立规划执行跟踪机制，定期检查进度，分析存在的问题及时采取措施，调动各方资源支持规划实施。定期评估规划执行效果，检验目标达成情况，收集相关方反馈意见查找差距不足，总结经验教训优化完善规划。将规划执行情况与绩效考核挂钩，对执行好的给予激励表彰，对执行不力的加强督促指导，建立长效机制推动持续发展。同时要注重评估结果的应用，根据评估情况及时调整规划内容和实施策略，确保规划的科学性和可行性。

职业素养提升和能力建设构成客户经理职业发展的核心要素，职业道德修养方面要恪守职业道德和树立正确价值观，严守合规底线远离道德风险，践行社会责任维护行业形象。专业能力建设要持续提升专业知识和技能水平，关注业务创新发展动态，参与专业实践积累工作经验，营销能力的培养需要经过系统训练和实践积累，深入研究客户需求特点，掌握产品营销技巧，通过实战历练提高营销谈判能力。风险管理能力要系统学习风险管理理论，掌握风险识别和防控方法，在业务实践中加强风险意识，建立科学的风险评估框架。创新发展能力要培养开放创新思维，主动关注市场变化和技术发展，勇于尝试新的业务模式和服务方式，通过持续创新推动个人发展和业务发展。

团队协作和自我管理能力对客户经理的职业发展起着重要支撑作用，沟通能力方面要提升语言表达能力，善于倾听和理解客户需求，处理好与同事及上下级的关系，建立有效的沟通机制促进信息共享。团队协作要树立团队合作意识和主动承担责任的精神，发挥团队协同效应实现共同发展，维护团队整体利益促进团队建设，培养团队凝聚力。资源整合能力要善于整合内外部资源创造发展机会，建立广泛的合作网络实现优势互补，统筹协调各方关系推动共同发展。时间管理能力要科学安排工作时间提高工作效率，合理分配精力避免疲劳，把握工作节奏保持良好状态。压力管理能力要培养积极心态提高心理承受力，掌握压力调节方法保持心理健康，建立有效的减压机制。

信息技术应用和创新突破能力在数字化转型背景下显得尤为重要，要熟练掌握各类业务系统操作提高工作效率，学习运用大数据分析工具增强数据分析能力，了解人工智能等新技术应用适应数字化转型需求。创新突破方面要敢于打破常规思维，探索新的发展方向，把握市场机遇开拓创新领域，总结创新经验形成可复制的模式。领导力培养要学习领导力理论提升战略思维能力，在实践中培养决策判断能力积累管理经验，注重团队建设提高资源整合能力。专业资格认证要根据发展方向选择合适的认证项目，制订系统的认证考试计划，注重实践应用提升专业能力。职业机遇把握和长期发展规划需要系统谋划和前瞻性布局，政策机遇方面要密切关注行业政策变化，研究政策导向调整发展方向，用好政策支持创造发展条件。市场机遇要关注市场需求变化发现业务机会，把握市场热点开拓新的领域，适应市场竞争提升竞争力。技术机遇要跟踪技术发展趋势，提升科技应用能力推动创新发展，把握技术变革机遇实现转型升级。长期发展规划要充分考虑个人特点和发展潜力，设定既有挑战性又切实可行的目标，将长期目标分解为阶段性目标循序渐进实现。

品牌建设和可持续发展战略构成职业规划的重要内容和长远布局，个人品牌建设要树立良好的职业形象展现专业素养，培养独特的服务特色形成个人品牌，注重品牌维护和推广扩大影响力。可持续发展要平衡短期利益和长远发展避免急功近利，关注行业发展趋势提前布局重点领域，持续投入学习和实践保持竞争优势。人脉资源建设要建立广泛的人际关系网络创造合作机会，加强与业内同仁的交流分享经验体会，维护好客户关系增强客户黏性。执行与评估机制是确保职业规划落地的关键环节和保障措施，建立完善的规划执行跟踪机制，定期检查进度，分析存在的问题及时采取措施，调动各方资源支持规划实施。

能力建设和素质提升需要建立系统的培养机制和长效体系，专业知识方面，要深入学习银行各项业务政策和操作流程，掌握金融市场规律和风险管理要求。创新意识方面，要保持开放思维，关注市场变化趋势，善于发现问题和解决问题，推动业务模式和服务方式创新。长期目标实现和职业理想达成方面，需要持之以恒的努力和科学的路径，建立终身学习的理念和习惯，不断更新知识结构提升专业能力。客户经理要把握市场机遇和政策导向，积极探索业务创新和管理创新，实现个人价值和组织目标的统一。职业发展道路上要坚持正确的价值取向，恪守职业操守，严守合规底线，践行社会责任，在服务实体经济发展中实现自身价值。通过科学规划、系统培养和持续努力，实现职业发展目标和事业理想。

二、职业发展路径分析

客户经理职业发展路径涵盖专业发展、管理发展和创新发展三个主要方向，专业发展路径适合具备专业钻研能力和业务专长的客户经理，通过深耕细分业务领域如投资银行、贸易金融、科技金融等方向成为业务专家，这类客户经理需要持续提升专业知识水平，积累丰富的业务经验，获取相关领域的专业资质认证，逐步形成个人专业品牌和市场影响力。

管理发展路径适合具有领导潜质和管理才能的客户经理，通过团队管理、部门管理等岗位历练提升综合管理能力，这类客户经理需要加强战略思维、决策判断、资源整合等管理能力培养，积累团队建设和项目管理经验，最终成长为业务骨干和管理人才。

创新发展路径适合具有创新思维和开拓精神的客户经理，主要投身金融科技、绿色金融、财富管理等新兴业务领域，通过业务创新和模式创新实现职业突破，这类客户经理需要保持开放的思维方式，加强创新能力培养，把握市场机遇推动业务创新，在创新发展中实现自身价值。科学选择适合自身特点的发展路径对职业成长具有重要意义，要结合个人能力特点、发展潜力和市场机会，选择最适合的发展方向，并通过持续努力实现职业发展目标。

（一）专业发展路径分析

专业发展路径作为客户经理职业发展的重要选择，适合具备专业精神和系统学习能力的人才，可选择零售金融、公司金融、投资银行等特定领域深耕细作，通过持续学习和实践积累专业经验，逐步成长为业务专家。这一发展路径要求客户经理具备扎实的专业知识基础，能够深入理解行业政策和市场规律，掌握产品营销和风险管理技能，具有较强的业务创新意识和问题解决能力。专业发展要注重资质建设，获取相关领域的职业资格认证，提升专业竞争力，通过系统化学习和实践提高专业服务能力。在专业化发展过程中，要建立个人品牌，形成独特的业务特色和专业优势，在市场竞争中树立良好的专业形象和影响力。

专业发展的核心要素包括专业知识积累、业务能力提升和市场影响力构建三个关键维度，专业知识方面要系统学习银行业务政策和操作规程，深入研究金融市场规律和风险管理要求，掌握相关法律法规和监管政策，建立完整的知识体系。业务能力提升要通过实践历练提高业务操作熟练度，培养风险识别和控制能力，提升客户服务和营销能力，形成专业化的业务特色。市场影响力构建要注重与客户建立长期合作关系，通过优质服务和专业表现赢得客户认可，逐步扩大市场知名度和行业影响力。在专业发展过程中，要持续关注市场动态和政策变化，及时更新知识储备，保持专业竞争力。

专业发展路径需要建立系统的能力培养机制和资源支持体系，组织参加各类专业培训和行业交流活动，学习先进理论和实践经验，了解行业前沿动态和创新趋势。积极参与重点项目和业务创新实践，在实战中锻炼能力提升水平，积累丰富的业务经验。加强与业内同行交流，学习借鉴成功经验，拓展专业视野和发展思路。建立完善的知识更新机制，保持专业领域的持续学习，养成终身学习的良好习惯。通过多样化的培养方式，如导师带教、项目锻炼、轮岗交流等，全面提升专业素质和业务能力。在专业发展过程中，要善于总结经验教训，形成个人的专业特色和工作方法。

专业发展的长期目标是成为业内权威专家和业务领军人才，树立正确的职业价值观，坚持专业精神和职业操守，在服务实体经济发展中实现自身价值和社会贡献。关注行业发展趋势和市场机遇，持续推动业务创新和服务升级，保持专业竞争优势。注重专业经验的总结和传承，积极培养和帮带年轻人才，发挥示范引领作用，推动整个团队的专业化发展。专业发展路径对客户经理的专业能力、学习意识和职业精神都提出较高要求，需要以长期发展的战略眼光，持续投入时间和精力进行专业积累，在专业化道路上不断进取和突破。

风险管理和创新发展是专业发展路径中的重要内容，要建立科学的风险评估体系和管理机制，提升风险识别和控制能力，确保业务健康发展。创新发展方面要保持开放的思维方式，关注市场变化和客户需求，推动业务模式创新和服务方式升级。加强金融科技应用能力，运用现代技术手段提升服务效率和管理水平。在专业发展过程中，要注重理论与实践的结合，将专业知识转化为解决实际问题的能力，真正实现专业价值。通过系统化的风险管理和持续创新，推动专业能力的全面提升和业务的可持续发展。

(二) 管理发展路径分析

管理发展路径作为客户经理职业发展的重要通道，适合具备领导潜质和综合管理能力的人才，通过团队管理、部门管理等岗位历练提升管理水平，最终成长为业务骨干和管理人才。这一发展路径要求客户经理具备战略思维能力，能够准确把握市场方向和发展趋势，具有较强的决策判断能力和资源整合能力。管理发展过程中需要系统加强管理理论学习，掌握现代管理方法和工具，培养团队建设和项目管理能力。同时要深化管理实践，通过带领团队完成各类重点任务和战略项目，积累丰富的管理经验，形成科学的管理风格和方法体系。在团队管理中要注重人才培养和梯队建设，营造良好的团队氛围，建立有效的激励约束机制，提升团队的凝聚力和战斗力。

管理发展的核心要素涵盖战略能力、团队管理能力和资源整合能力三个关键维度，战略能力要求能够从宏观层面分析市场形势，规划发展战略和实施路径，把握业务发展方向和重点。团队管理能力侧重于建立高效的团队运作机制，培养和激励团队成员，营造良好的团队氛围，提升团队整体战斗力。资源整合能力强调善于统筹协调各类资源，建立广泛的合作网络，实现资源的优化配置和高效利用。在管理发展过程中，要持续提升领导力，增强凝聚力和影响力，推动团队持续进步和发展。管理者要具备系统思维和创新意识，善于发现问题和解决问题，推动管理方式和业务模式的创新升级。在日常管理中要注重过程管理和结果导向，建立科学的绩效评估体系，形成良性的竞争机制。

管理发展路径建立在完善的管理能力培养体系和资源支持平台之上，应系统参加管理类培训课程，学习先进管理理论和实践经验，提升综合管理素质。积极参与重大项目管理和业务创新，在实践中锻炼决策能力和执行力。加强与优秀管理者交流，学习成功经验，拓展管理视野和思维格局。建立管理知识更新机制，关注管理理论发展和创新趋势，保持管理思维的先进性。通过导师指导、轮岗交流、项目历练等多种方式，全面提升管理能力和领导力。管理者要建立长效的学习机制，持续更新管理知识和技能，适应快速变化的市场环境。在团队建设中要注重文化引领和价值观塑造，形成积极向上的团队文化。

管理发展的长期目标是成为卓越的管理者和业务领导者，通过科学的管理方法和高效的团队运作，推动业务持续发展和创新。要建立正确的管理价值观，坚持以人为本的管理理念，注重团队成员的成长和发展。关注行业发展趋势和市场机遇，带领团队开拓创新，实现业务突破。注重管理经验的传承和分享，培养后备管理人才，发挥示范引领作用。在管理实践中要保持战略定力，坚持长期主义，推动组织的持续健康发展。管理者要具备高度的责任感和使命感，在服务实体经济发展中实现管理价值。通过建立科学的管理体系和有效的激励机制，推动团队不断进步和发展。

风险管理和科技应用构成管理发展中的核心支撑要素，要建立全面的风险管控机制，加强团队的风险意识和管理能力，确保业务健康发展。科技应用方面要善于运用现代管理工具和信息技术，提升管理效率和决策水平。加强数字化转型和创新应用，推动管理模式升级和流程优化。在管理发展过程中，要平衡好发展与风险的关系，推动业务可持续发展。管理者要树立科技思维，积极推动科技创新应用，提升管理的智能化和精细化水平。建立健全的风险管理体系，将风险管理贯穿于业务发展全过程。通过科学的风险管理和技术创新，持续提升管理效能和团队竞争力，实现管理价值的长期提升。

（三）创新发展路径分析

创新发展路径作为客户经理职业发展的战略选择，适合具备创新思维和开拓精神的人才，主要投身金融科技、绿色金融、财富管理等新兴业务领域，通过业务创新和模式创新实现职业突破。这一发展路径要求客户经理具备开放的思维方式和敏锐的市场洞察力，能够准确把握创新趋势和发展机遇，具有较强的学习能力和创新实践能力。创新发展过程中需要加强新技术、新业务的学习和应用，掌握数字金融、产业金融等创新领域的专业知识，培养跨界整合和创新突破能力。创新发展要注重实践探索，通过参与创新项目和业务试点，积累创新经验，形成创新方法论。在创新过程中要充分运用金融科技手段，推动业务模式创新和服务方式升级，提升创新的科技含量和市场竞争力。

创新发展的核心要素涵盖创新思维、科技应用能力和市场开拓能力三个关键维度，创新思维强调突破传统思维模式，善于发现市场机会和客户痛点，提出创新解决方案。科技应用能力要求深入理解金融科技发展趋势，掌握大数据、人工智能等新技术应用，推动业务数字化转型。市场开拓能力体现在敏锐把握市场需求变化，开发创新产品和服务模式，拓展新的业务领域和客户群体。在创新发展过程中，要持续关注市场动态和技术进步，保持创新活力和竞争优势。创新工作要建立完整的创新管理体系，从创意产生到方案设计，从试点实施到推广应用，形成系统化的创新机制。要注重创新的商业价值实现，建立科学的创新评估体系，确保创新成果能够转化为实际效益。

创新发展路径建立于完善的资源支持和风险管控体系之上，要充分整合内外部创新资源，加强与科技公司、创新企业的合作，构建开放的创新生态。积极参与金融创新实验室和创新项目孵化，在实践中积累创新经验和方法。加强创新风险管理，建立科学的评估机制和容错机制，在风险可控的前提下推动创新突破。创新发展要注重知识产权保护和合规管理，确保创新工作在合规框架下开展。通过建立创新激励机制，调动创新积极性，营造良好的创新氛围。要重视创新人才培养，建立创新型人才培养体系，通过多种方式提升创新能力和专业素质。在创新实践中要坚持价值导向，将创新与业务发展紧密结合，实现创新价值和商业价值的统一。

创新发展的长期目标指向金融创新领域的领军人才培养和业务价值创造，通过持续创新推动业务转型升级和价值提升。建立创新发展战略，明确创新方向和重点领域，制定系统的创新规划和实施路径。关注行业创新趋势和最佳实践，积极探索新的业务模式和盈利方式。注重创新成果的推广应用和经验分享，发挥创新示范效应。通过长期积累和不断突破，在创新领域建立核心竞争优势，实现个人价值和事业理想。创新发展路径对客户经理的综合素质和创新能力提出较高要求，需要以长期发展的眼光，持续投入精力推动创新实践，在创新道路上不断进取和突破。要树立正确的创新理念，坚持价值创造和风险管控并重，推动创新工作健康可持续发展。

创新管理和生态构建作为创新发展的重要支撑体系，需要建立科学的创新管理机制，包括创新项目管理、创新人才培养、创新绩效评估等关键环节。加强创新生态建设，整合各类创新资源，构建开放共赢的创新网络。重视创新团队建设，培养跨界复合型人才，营造良好的创新文化氛围。在创新实践中要坚持问题导向和价值创造，通过创新解决实际问题，创造商业价值。创新工作要注重系统性思维，统筹考虑业务发展、风险管理、科技应用等多个维度，推动创新工作健康可持续发展。要建立创新项目管理制度，规范创新流程，提高创新效率。通过构建完善的创新支持体系，为创新发展提供坚实保障，实现创新价值的持续提升。

第三节　职业能力提升途径

商业银行客户经理的职业能力提升需要构建系统化的学习和实践体系，通过多元化的培养途径实现能力的全面提升。专业能力方面要系统参加业务培训，学习银行业务政策和操作规程，掌握金融市场规律和风险管理要求，建立完整的知识体系。业务能力提升要通过实践历练提高业务操作熟练度，培养风险识别和控制能力，提升客户服务和营销能力。管理能力培养要加强现代管理理论学习，在团队管理和项目实践中积累经验，提升综合管理水平。创新能力发展要保持开放思维，关注市场变化趋势，通过参与创新项目培养创新意识和实践能力。资格认证方面要根据发展方向选择合适的认证项目，提升专业竞争力。通过导师指导、轮岗交流、项目历练等多种方式，全面提升职业素质和专业能力。

职业能力提升要建立长效的学习机制和资源支持体系，通过内部培训、外部交流、自主学习等多种形式持续充电。积极参与重点项目和业务创新实践，在实战中锻炼提升专业水平。加强与行业专家和优秀同行交流，学习先进经验，拓展视野格局。建立知识更新机制，及时掌握行业动态和政策变化，保持知识的时效性。注重经验总结和知识沉淀，形成个人的专业特色和工作方法。在能力提升过程中要坚持理论与实践相结合，知识与能力并重，通过系统化的培养途径实现职业能力的持续提升。同时要关注市场发展趋势，主动适应数字化转型要求，不断更新知识结构和能力体系，实现个人的可持续发展。

一、培训与研修机制

职业发展的目标设定需要遵循科学性原则，短期目标要立足当前工作实际，制订切实可行的提升计划。中期目标要对标行业标杆，明确能力提升方向。长期目标要体现职业理想，规划清晰的发展路径。各阶段目标之间要保持良好的衔接性和递进性，形成完整的目标体系。资源整合能力的培养要贯穿始终，要学会利用各类资源为职业发展服务，包括培训资源、导师资源、平台资源等。要建立有效的资源获取渠道，保证持续的资源投入。要提高资源使用效率，实现资源效益最大化。要注重资源共享，促进共同发展。职业规划的实施要突出重点，要明确每个发展阶段的重点任务，集中资源推动落实。要把握关键节点，确保如期实现阶段性目标。要建立科学的评估机制，及时发现和解决问题。要保持发展定力，坚持既定方向。团队管理能力的提升要循序渐进，从带领小团队开始积累管理经验，逐步提升管理能力。要注重团队建设，营造良好的团队氛围。要调动团队成员的积极性，实现团队协同发展。要建立有效的考核激励机制，推动团队进步。

职业发展中要注重平衡，要平衡工作与生活的关系，保持良好的身心状态。要平衡短期效益和长远发展，避免急功近利。要平衡个人发展和团队发展，实现共同提高。要平衡创新发展和风险防控，确保稳健经营。品牌形象的建设要持续投入，要树立良好的专业形象，展现过硬的业务能力。要培养独特的服务特色，形成个人品牌。要注重品牌维护，持续提升影响力。要发挥品牌效应，创造发展机遇。

资源保障要充分到位，培训师资队伍建设是关键，要建立内部讲师团队，充分发挥经验丰富员工的作用；要引进外部专家授课，拓展培训视野。要加强师资培训，提升授课水平，要建立科学的师资评价机制，优化师资结构，保证培训质量。同时要保障必要的培训设施和经费投入，为培训开展创造良好条件。课程体系建设要系统科学，要根据客户经理的能力素质要求，设计完整的课程体系。课程内容要涵盖业务知识、专业技能、管理能力等各个方面。要开发实用性强的精品课程，满足实际工作需求。要注重课程更新，保持内容的时效性和先进性。要建立课程评估机制，持续改进优化。

培训平台建设要与时俱进，要搭建功能完备的培训管理平台，支持培训全流程管理。要开发移动学习平台，实现随时随地学习。要引入虚拟仿真等新技术，提升培训体验。要加强平台维护升级，确保稳定运行。要注重数据分析应用，为培训决策提供支持。培训实施过程要规范有序，要制订详细的培训计划，明确培训目标和内容。要选择适当的培训方式，提高培训效果。要加强过程管理，确保培训质量。要做好培训记录，形成完整档案。要及时总结评估，持续改进提高。考核评价机制要科学完善，要建立多维度的培训评价体系，全面评估培训效果。要关注学员反馈，了解培训满意度，要跟踪实践应用，评估培训转化率。要将培训与绩效考核挂钩，强化激励约束。要总结评价结果，指导培训改进。创新机制要不断完善，要探索培训新模式，创新培训方式方法。要开发新型课程，丰富培训内容，要运用新技术，提高培训效果。要优化评价方式，提高评价科学性。要完善激励机制，调动培训积极性。长效机制要持续发力，要建立培训规划机制，加强顶层设计。要完善制度保障，规范培训管理。要创新工作机制，提升培训效能。要强化监督检查，确保工作落实。要总结工作经验，推动持续改进。

培训质量监控要严格，要建立培训质量监控体系，对培训全过程进行监督管理。培训前要审核培训方案的科学性和可行性，确保培训目标明确，内容安排合理。培训中要加强现场管理，保证培训纪律，确保培训效果。培训后要及时收集反馈意见，评估培训成效。培训档案管理要规范，要建立完整的培训档案管理制度，规范档案收集、整理、保管流程。档案内容要包括培训计划、课程材料、考核记录、评估报告等。要实行电子档案管理，提高管理效率，要定期开展档案检查，确保档案完整准确。培训激励机制要完善，要将培训与职业发展紧密结合，激发学习动力。优秀培训成果要与评优评先、职务晋升挂钩。要设立培训奖项，表彰优秀学员和优秀讲师。要营造良好的学习氛围，形成比学赶超的良好风气。

培训转化应用要重视，要建立培训成果转化机制，促进学以致用，培训后要及时组织交流研讨，分享学习心得，要跟踪了解培训知识在实践中的应用情况。要总结推广好的经验做法，发挥示范带动作用。跨境培训交流要加强，要积极开展境内外培训交流，拓宽国际视野。选派优秀客户经理参加境外培训，学习先进经验。邀请国际专家来行授课，分享专业见解。开展跨境业务实践，提升国际化服务能力。数字化培训转型要推进，要顺应数字化发展趋势，推动培训数字化转型。运用大数据技术分析培训需求，精准制订培训计划，利用人工智能技术开发智能课程，提升学习体验。建设数字化学习平台，实现资源共享。

培训研究创新要深化，要加强培训理论研究，提升培训工作科学性，研究新形势下培训规律特点，创新培训方式方法，总结培训实践经验，形成培训工作标准。推动培训工作持续创新发展。专项培训项目要特色鲜明，要根据不同业务领域的特点设计专项培训项目。零售业务方向要突出产品营销、客户服务、财富管理等内容。公司业务方向要强化行业研究、风险管理、方案设计等能力，投资银行业务要注重并购重组、资产证券化等专业知识。新员工培训要系统全面，针对新入职的客户经理开展系统的岗前培训。要让新员工了解银行文化、规章制度、业务流程等基础知识，通过案例教学和实操训练，帮助其快速适应岗位要求。配备导师进行一对一指导，加快其成长进步。

管理人员培训要重点突出，针对各层级管理人员开展有针对性的培训，基层管理人员要注重团队管理、业务指导等实务内容，中层管理人员要加强战略思维、资源统筹等综合能力，高层管理人员要突出战略规划、创新发展等领导力培养。随着银行业务国际化发展，要加强国际化人才培养。要提升外语应用能力，熟悉国际业务规则，要了解不同国家的文化特点，提高跨文化交际能力。要掌握国际金融知识，提升国际业务服务水平。科技人才培训要超前，面对金融科技发展趋势，要加强科技人才培养。要学习新技术应用，提高数字化服务能力。要了解科技发展前沿，把握创新方向。要注重实践应用，推动科技创新发展。风险管理培训要深化，强化全面风险管理意识，提升风险防控能力，要系统学习信用风险、市场风险、操作风险等专业知识，要研究新型风险特点，完善风险管理手段。要总结实践经验，优化风险管理流程。

培训评估体系要科学完善，要建立多层次、全方位的培训评估体系。课程评估要关注内容质量、授课效果、学员反馈等方面，讲师评估要考核专业水平、授课能力、敬业态度等因素，学员评估要测试知识掌握、技能提升、实践应用等情况。培训效果要注重长期跟踪，培训效果评价不能只看短期表现，要建立长期跟踪机制。定期了解培训内容在实际工作中的应用情况，跟踪学员业务能力和业绩表现的提升情况。总结分析培训对职业发展的促进作用。专业资格认证要规划，要鼓励客户经理参加专业资格认证，提升专业水平。根据发展方向，有计划地参加相关资格考试，做好认证考试辅导培训，提高通过率，将资格认证纳入职业发展规划。实践基地建设要加强，要建设实践培训基地，为实战训练提供平台，配备专业的实训设施设备，改善训练条件。开发实用的实训项目，提高实践效果，选派专业教师指导实训，提升训练水平。

知识管理要系统，要建立完整的知识管理体系，实现知识的积累和传承，收集整理各类培训资料，建立知识库。鼓励优秀经验和案例分享，进行知识传播，运用知识管理平台，提高知识使用效率。培训创新要持续，要不断创新培训理念和方法，提高培训效果，探索混合式培训模式，优化培训方式。开发新型培训课程，丰富培训内容，运用新技术手段，积累培训体验。建立创新激励机制，推动持续创新。在线学习平台要完善，要建设功能完备的线上学习平台，满足多样化学习需求。开发形式多样的在线课程，方便灵活学习，提供丰富的学习资源，支持自主学习。持续改善互动交流功能，促进共同提高，完善学习记录和评价功能。培训课程要突出实战性，课程设计要紧密结合实际工作需要，提高实用性。通过案例分析、情景模拟、角色扮演等方式，加强实战训练。邀请一线优秀客户经理分享实战经验，提供实践指导，注重培训内容的转化应用。培训师资队伍建设要加强，要建立专业化的培训师资队伍，提供优质培训服务。选拔业务骨干担任内部讲师，发挥示范作用。引进外部专家授课，拓展培训视野。加强师资培训考核，提高授课水平，建立激励机制，调动积极性。要将继续教育纳入常态化管理，保持学习积极性，建立学分管理制度，规范学习要求，开展多样化的教育活动，丰富学习内容，定期组织知识更新培训，保持知识领先。总结评估学习效果。年度培训计划要科学，要制订详细的年度培训计划，指导培训工作开展。根据战略发展需要，确定培训重点。合理安排培训项目和进度，确保计划可行。做好资源配置和保障，确保计划落实。定期评估计划执行情况。

二、经验交流与学习

经验交流机制构建需要建立多层次的交流平台体系，通过内部交流平台建设促进知识共享和经验传递，组织业务研讨会分享业务创新和成功案例，开展工作坊活动交流工作方法和解决思路。加强与同业机构的交流合作，组织同业交流研讨，分享发展经验，开展业务对标学习找准差距短板。积极参与行业协会活动，参加专业培训和研讨,掌握行业动态,参与行业标准制定,提升行业影响力。建立系统的案例库,收集整理典型业务案例,分类汇编便于学习参考,定期更新案例内容保持时效性。鼓励客户经理总结工作经验,提炼成功经验推广先进做法,分析失败教训防止重复错误。及时总结创新经验推动创新发展,分享创新思路和方法激发创新思维。

学习交流方式应突出导师带教、专题研讨和标杆学习,选聘优秀员工担任导师发挥传帮带作用,制订带教计划明确指导重点,定期交流研讨分享工作经验。围绕热点问题组织专题研讨,邀请专家授课指导,开展案例分析提升分析能力。树立优秀典型发挥示范引领作用,组织学习交流借鉴先进经验,分析成功要素总结有益做法。建设线上交流平台提供便捷学习渠道,开发移动端应用实现便捷互动,提供丰富的分享功能支持多样化交流。开发视频分享功能,录制优秀实践视频直观展示经验,开展在线直播交流扩大覆盖范围。建立专业社群促进深度交流,设置专题讨论区聚焦热点问题。学习提升机制要覆盖自主学习、团队学习和创新学习,鼓励客户经理开展自主学习养成学习习惯,提供学习资源创造学习条件,制订学习计划保持学习持续性。发挥团队学习效应促进共同提高,组织团队研讨分享学习心得,开展团队竞赛营造学习氛围。探索创新学习方式提升学习效率,运用新技术手段优化学习体验,创新学习内容满足发展需要。将学习经验运用于实践检验学习效果,通过实践总结完善工作方法,分析实践问题改进解决方案。鼓励创新应用推动经验创新发展,推广创新成果扩大应用效果。持续改进工作方法提升工作质量,优化业务流程提高工作效率。

跨界交流与学习要加强外部资源对接,与其他行业开展交流合作借鉴先进经验,与高校科研机构合作提升理论水平,与科技企业交流学习技术应用。加强与产业链上下游企业交流了解行业动态,深入企业调研掌握发展需求,参与行业研讨把握发展趋势。将有效的工作经验转化为制度规范指导工作实践,完善工作流程规范操作标准。将优秀经验融入企业文化形成文化传统,培育创新文化鼓励持续创新,发扬工匠精神追求专业卓越。通过"传帮带"机制培养年轻人才实现经验传承,选拔培养骨干力量形成人才梯队。建立科学的评估指标体系全面评价学习效果,采用定量与定性相结合的方法定期开展评估工作。充分运用评估结果改进工作方式,根据评估发现问题制定改进措施。学习激励机制和资源支持是经验交流的重要保障,对在交流学习中表现突出的人员给予适当奖励,将学习成果与绩效考核挂钩体现价值导向。通过评优评先等方式表彰学习标兵,为优秀学习者提供更多发展机会。建立完整的专业图书馆提供丰富的学习资源,开发在线课程资源支持自主学习,建设知识库系统积累经验成果。围绕重点业务领域成立创新工作室,选聘创新导师指导创新实践,开展创新项目研究积累创新经验。组织创新项目大赛激发创新活力,评选优秀创新成果树立创新标杆,推广复制优秀项目扩大创新效应。

本章小结

　　本章围绕客户经理绩效考核和职业发展展开讨论。在绩效考核机制方面，详细阐述了关键绩效指标体系的设计原则和具体内容，介绍了考核方法的应用和结果运用机制。在职业发展方面，分析了客户经理职业规划的重要性和具体路径，探讨了职业能力提升的主要途径。绩效考核机制强调科学性和导向性，通过建立完整的指标体系，实现对客户经理工作的全面评价。指标设置涵盖业务发展、客户服务、风险控制等多个维度，考核方法注重定量与定性相结合。

　　职业发展通道建设采用专业序列和管理序列双通道模式，为客户经理提供清晰的发展路径。职业规划需要结合个人特点和市场机会，制定科学的发展目标和行动计划。能力提升途径包括培训与研修、经验交流与学习两个方面。培训体系要体现系统性和针对性，创新培训方式以取得更好培训效果。经验交流要搭建有效平台，促进知识共享。

课后习题

一、单项选择题

1.客户经理绩效考核的首要原则是（　　）。

A.导向性　　　　　　　　　　B.科学性

C.可操作性　　　　　　　　　D.公平性

2.职业规划最重要的是（　　）。

A.自我认知　　　　　　　　　B.目标设定

C.行动计划　　　　　　　　　D.资源支持

3.培训体系建设的关键是（　　）。

A.培训内容　　　　　　　　　B.培训方式

C.师资力量　　　　　　　　　D.考核评估

二、多项选择题

1.绩效考核指标包括（　　）。

A.业务发展指标　　　　　　　B.客户服务指标

C. 风险控制指标　　　　　　　D. 能力提升指标

2. 职业能力提升途径包括（　　）。

A. 培训学习　　　　　　　　　B. 实践历练

C. 交流研讨　　　　　　　　　D. 自我提升

3. 基层管理人员要注重（　　）等实务内容。

A. 团队管理　　　　　　　　　B. 业务指导

C. 风险监测　　　　　　　　　D. 风险控制

三、简答题

1. 简述客户经理绩效考核指标体系的主要内容。

2. 分析客户经理职业发展的主要路径。

第九章课后习题答案

第十章 风险与内控合规管理

【导读案例】

一次差错引发的风险事件

2025 年春，某城市商业银行 A 支行的对公客户经理小王接待了一位自称是 B 科技公司财务总监的客户。该客户表示要办理一笔 5 000 万元的大额转账业务。由于当天是月末，业务比较繁忙，小王简单核对了客户提供的转账申请书、财务章和经办人身份证件后，就直接将业务提交给了柜员处理。

转账完成后的第 3 天，B 科技公司的法定代表人突然到银行投诉，称公司并未办理过这笔转账业务，要求银行赔偿损失。经过调查发现：前来办理业务的"财务总监"实际是一名冒名顶替者，转账申请书上的财务章是伪造的，转账资金已经被层层转移，追回难度很大。

这起风险事件暴露出以下问题：客户经理未严格执行实名制要求，没有认真核实经办人身份；未按规定开展可疑交易识别和报告；内部控制流程存在漏洞，重大金额业务缺乏有效审核；最终，银行承担了全部赔偿责任，客户经理小王受到了严厉处分，支行负责人也被问责。这一案例充分说明了规范操作和风险防控的重要性。

案例思考

第一节 风险管理

一、常见风险识别

商业银行的风险识别是风险管理的首要环节，作为客户经理，必须具备敏锐的风险识别能力，及时发现各类风险隐患。某国有银行通过建立全面的风险识别体系，有效防范了多起重大风险事件，风险损失率降低了45%，充分体现了风险识别的重要价值。

信用风险是商业银行面临的首要风险，主要表现为借款人或交易对手未能履行合约所带来的风险。在日常工作中，客户经理需要重点关注以下信用风险信号：企业经营业绩持续下滑、现金流趋紧、存货积压严重、应收账款回收困难等。某股份制银行在为一家制造业企业提供授信服务时，发现企业近两个季度营业收入同比下降30%，应收账款周转天数延长至180天，从而及时采取了控制风险的措施。

经营风险信号的识别尤为重要，企业的经营状况直接影响其还款能力，客户经理需要密切关注以下风险：一是行业风险，如行业政策变化、市场需求萎缩、竞争加剧等。某新能源企业因产业政策调整导致补贴大幅下降，经营状况急剧恶化。二是经营风险，如产品竞争力下降、成本上升、库存积压等。某传统制造企业因未能及时转型升级，市场份额持续下滑。三是管理风险，如股东纠纷、管理层变动、内控缺陷等。某企业因实际控制人涉诉，导致经营陷入困境。

现金流风险也需要重点监测，现金流是企业偿债能力的直接体现，以下情况需要特别警惕：经营性现金流持续为负、筹资活动频繁、短期负债过高等。某贸易企业虽然收入规模较大，但经营性现金流持续为负，最终因资金链断裂出现违约。客户经理应通过查看企业银行流水、实地走访等方式，及时掌握企业现金流状况。担保圈风险是另一个需要关注的重点，企业之间的互保、联保容易形成担保链，一旦某个环节出现问题，可能引发连锁反应。某地区因几家企业之间互保，一家企业违约导致多家企业受牵连，客户经理在调查时必须全面摸清企业的对外担保情况，评估潜在风险。

关联交易风险也不容忽视，企业与关联方之间的交易可能存在利益输送、虚假交易等问题。需要重点关注如下问题：交易定价是否公允、交易背景是否真实、资金流向是否合理等。某企业通过向关联公司高价采购、低价销售的方式，转移了大量资金，最终造成银行损失。操作风险在日常工作中较为常见，主要源于内部程序、人员和系统的不完备或失误。客户经理要注意防范以下操作风险：资料收集不完整、尽职调查不充分、审批流程不规范、贷后管理不到位等。某客户经理因未严格核实企业提供的财务报表，导致授信出现风险。市场风险也需要关注，包括利率风险、汇率风险、商品价格风险等。某外贸企业因未做好汇率避险，在汇率大幅波动时遭受重大损失。客户经理应当提醒企业关注市场风险，必要时采取套期保值等风险防范措施。

合规风险识别是风控工作的重要内容，商业银行面临的合规风险主要包括如下方面：监管处罚风险、声誉损失风险、法律诉讼风险等。某银行因未严格执行实名制规定，被监管机构处以重大罚款。客户经理必须严格遵守各项规章制度，确保业务合规开展。客户身份识别是合规工作的基础，根据相关法律法规，银行必须准确核实客户身份。需要重点审查如下方面：身份证件的真实性、有效性；法定代表人、经办人的授权情况；受益所有人的识别等。例如，某银行因未认真核实客户身份，被不法分子利用进行诈骗，造成重大损失。交易监测是发现异常情况的重要手段，客户经理要关注以下可疑交易：交易金额异常、交易频率异常、交易对手异常、资金来源去向异常等。某企业短期内频繁进行大额现金交易，经核查发现其涉嫌非法集资。

授权管理的合规性也很重要，客户经理要严格审查业务经办人的授权文件，确认是否存在如下问题：授权主体不适格、授权范围不明确、授权期限已过期等。某企业财务人员利用已过期的授权书，违规办理了大额转账业务。内部制度执行是合规管理的关键，客户经理要严格执行各项规章制度，特别是涉及以下方面的规章制度：业务准入标准、授信审批流程、贷后管理要求、风险预警机制等。某客户经理因未执行贷后检查制度，未能及时发现企业经营异常。从业人员行为规范也需要重视，客户经理要严格遵守职业道德，防范以下行为风险：收受贿赂、利益输送、内外勾结、徇私舞弊等。某客户经理因收受客户好处，违规发放贷款，最终受到刑事处罚。

声誉风险管理日益重要，银行需要防范经营管理、服务质量、舆情传播等方面的声誉风险。某银行因服务态度问题被媒体曝光，造成了不良社会影响。客户经理要注重服务质量，妥善处理客户投诉。案件防控要常抓不懈，银行要防范各类违法违规行为，如信贷诈骗、非法集资、洗钱犯罪等。某地区出现多起冒用他人身份办理贷款的案件，客户经理要提高警惕，加强防范。信息科技风险也需要关注，随着银行业务的线上化、数字化发展，网络安全、数据保护、系统稳定等风险日益突出，客户经理要注意保护客户信息，防范信息泄露风险。

环境和社会风险是近年来的新趋势，银行要关注企业在环保、安全、社会责任等方面的表现。某企业因环保违规被勒令停产，导致贷款违约。客户经理要将环境和社会风险纳入评估范围。风险动态监测机制的建立很重要，某股份制银行建立了全面的风险监测体系，包括定期排查、现场检查、非现场监测、舆情监控等。通过科技手段提升风险识别能力，如大数据分析、人工智能预警等。

风险信息的收集和分析是基础工作，客户经理要通过多种渠道获取风险信息，比如实地走访、财务分析、市场调研、舆情监测等。建立客户风险档案，记录风险信息，跟踪风险变化。风险评估要注重科学性，银行应建立完整的风险评估体系，从定性和定量两个维度评估风险。某银行开发了风险评分卡，将各类风险因素量化，提高了风险评估的准确性。预警指标体系要不断完善。银行要设置科学的预警指标，包括经营指标、财务指标、交易指标等。建立分级预警机制，根据风险程度采取相应措施。

二、风险预防与应对

风险预防与应对是商业银行风险管理工作的核心环节，科学有效的风险预防措施可以将风险化解在萌芽状态；及时妥善的风险应对，能够最大限度地降低损失。某国有银行通过建立全面风险预防与应对机制，成功防范和化解了多起重大风险事件，资产质量持续保持优良水平，不良贷款率控制在1%以下。风险预防工作要从源头抓起，授信准入环节是风险防控的第一道防线。客户经理要严格执行"了解你的客户"原则，全面收集和核实客户信息。某股份制银行在企业授信准入时，要求客户经理实地走访企业，核实经营场所、查看生产设备、了解员工情况，确保企业真实经营。同时，通过企业征信系统、税务系统等渠道，交叉验证企业提供的信息。这种严格的准入管理，有效降低了信贷风险。

授信调查是防范风险的关键环节，客户经理必须按照"实地、实证、实情"的要求开展调查。某企业在申请贷款时提供了虚假的销售合同和财务报表，客户经理通过实地走访客户、查验原始单据、核实银行流水等方式，及时发现了造假行为。调查中要特别注意以下方面：一是企业主体资格的真实性，包括营业执照、经营许可等证照的核实；二是经营状况的真实性，包括生产经营、销售收入、利润水平等情况的核实；三是财务数据的真实性，包括报表数据、纳税记录、银行流水等信息的核实。授信审批要严格把关，银行要建立科学的授信审批制度，实行分级授权管理。根据客户风险评级、授信金额、担保方式等因素，确定不同的审批权限和审批流程。对于重大授信项目，要实行联合审批制，充分发挥"多双眼睛"的监督作用。某银行在审批一笔大额授信时，通过联合审批发现了企业关联交易中的风险隐患，及时调整了授信方案。

担保管理要严密细致，抵质押物的价值直接关系到风险缓释效果，客户经理要认真审查抵质押物的权属、价值、变现能力等要素。某银行在办理抵押贷款时，发现企业提供的房产证存在瑕疵，经核实该房产已被其他银行抵押。担保管理需要注意以下要点：一是权属清晰，确保抵质押物不存在产权纠纷；二是价值稳定，选择市场认可度高、价值波动小的抵质押物；三是变现便利，考虑抵质押物的处置难度和时间成本。合同管理要规范严谨，授信合同是银行维护权益的法律依据，必须确保其完整性和有效性。某银行在合同管理中采取以下措施：一是使用统一格式的标准合同文本，避免条款遗漏或表述不准；二是严格履行合同签署程序，确保签约主体适格、签字盖章齐全；三是建立合同档案管理制度，妥善保管合同原件。曾有企业在诉讼中以合同签署不规范为由抗辩，最终因银行合同管理规范，维护了债权。

授信支付要严格管控，资金用途管理是防范风险的重要手段。银行要根据授信用途，采取适当的支付管理方式。对于生产经营类贷款，优先采用受托支付方式，确保资金直接支付给供应商；对于固定资产贷款，实行专户管理，专款专用。某企业将流动资金贷款挪用于房地产开发，最终因项目烂尾导致贷款违约，教训深刻。贷后管理要持续跟踪，授信发放后的风险管控同样重要。客户经理要定期开展贷后检查，了解企业经营情况、资金使用情况、还款来源落实情况等。某银行在贷后管理中建立了"周跟踪、月汇报、季检查"的工作机制。通过查看企业财务报表、监测资金流向、走访经营场所等方式，及时发现风险苗头。对于大额授信客户，采取驻厂监管等方式，加强风险管控。

风险预警要及时有效，银行要建立科学的风险预警机制，提高风险识别的准确性和及时性。某股份制银行开发了风险预警系统，设置了多维度的预警指标：定量指标包括财务指标、交易指标等；定性指标包括经营状况、管理水平等。当发现异常情况时，系统自动发出预警信号，触发相应的管理措施。风险分类要科学准确，准确的风险分类是采取管理措施的基础。银行要建立完善的风险分类标准，定期对授信资产进行风险分类。某银行采用"实质重于形式"的原则，综合考虑还款能力、还款意愿、担保状况等因素，对授信资产进行五级分类。风险分类结果直接关系到拨备计提和管理措施的实施。重点领域风险防控要从严，对于房地产、产能过剩行业等重点领域，要采取更严格的风险管理措施。某银行针对房地产行业制定了专门的风险管理办法：严格准入标准，重点支持优质开发商；实行名单制管理，动态调整授信政策；加强项目管理，实行封闭运作。这些措施有效防范了行业风险。

突发风险应对要快速反应，面对突发风险事件，要建立快速反应机制。某银行在处置一起重大风险事件时，采取了以下措施：第一时间成立应急处置小组，明确职责分工；迅速开展风险排查，摸清风险底数；制订处置方案，采取保全措施；加强与相关方沟通，争取支持配合。通过及时有效的应对，最大限度地降低了损失。风险化解要综合施策，对于已经暴露的风险，要根据具体情况，采取适当的化解措施。某银行在处置问题贷款时，综合运用多种手段：通过重组展期，帮助企业解决困难；通过资产重组，盘活存量资产；通过债权转让，及时止损；通过诉讼清收，维护债权，不同措施的选择要考虑效率和成本。

司法清收是维护权益的重要手段，当其他化解措施无效时，要及时采取司法措施。银行要做好以下工作：案件材料收集完整，证据链条清晰；诉讼策略制定合理，程序选择恰当；保全措施落实及时，执行途径畅通。某银行通过有效的司法清收，挽回了大量损失。处置经验要及时总结，每一次风险事件的处置都是宝贵的经验。银行要认真分析风险成因，查找管理漏洞，完善制度流程。某银行在处置一起重大风险事件后，专门组织了经验交流会，总结教训，修订了相关管理制度。这种持续改进的机制，有助于提升风险管理水平。科技赋能要不断加强，现代技术为风险预防与应对提供了新手段。某银行运用大数据技术建立了风险监测模型，通过分析企业经营数据、交易数据、舆情数据等，实现风险的早期识别，同时利用区块链技术加强供应链金融风险管理，有效防范了虚假贸易风险。

团队建设要持续加强，优秀的风险管理团队是有效防范风险的保障。银行要注重专业人才培养，通过培训交流、实践锻炼等方式，提升团队的风险管理能力。某银行建立了风险管理专家库，为重大项目决策和风险处置提供专业支持。制度建设要不断完善。科学的制度是规范风险管理的基础，银行要根据监管要求和实践经验，持续完善风险管理制度体系，制度设计要注意如下方面：操作性强，便于执行；责任明确，便于考核；奖惩配套，激励约束。集团客户风险防控需要系统性思维，大型集团企业往往业务复杂、架构庞大，风险管理难度较大，某股份制银行在服务一家大型制造业集团时，建立了完整的风险管理体系，在准入环节，全面梳理集团股权结构、组织架构、业务模式，识别风险点；在授信审批时，采用"总部统一授信、分支机构分别操作"的模式，确保授信政策的一致性；在贷后管理中，定期收集各子公司经营信息，监测集团内部资金往来，防范关联交易风险。

供应链金融风险防控要注重整体性，供应链金融业务涉及多个参与主体，风险传导机制复杂。某银行在开展供应链金融业务时采取以下措施：严格准入管理，重点选择行业龙头企业作为核心企业；加强真实性审查，核实贸易背景和交易单据；实施平台化管理，搭建线上业务系统，实现全流程管控。通过这些措施，该行供应链金融业务实现了稳健发展，不良率保持在较低水平。科创企业风险防控要有前瞻性，科技创新企业具有轻资产、研发投入大、现金流不稳定等特点，传统的风险管理方法难以适用。某银行专门制定了科创企业风险管理办法：建立专业审查团队，配备具有科技背景的风险经理；开发专门的评估模型，将技术水平、创新能力、市场前景等因素纳入评估体系；设计灵活的授信方案，采用知识产权质押等创新型担保方式。中小企业批量风险防控要注重效率，中小企业数量多、分布广、个体差异大，需要建立标准化、批量化的风险管理机制。某城市商业银行创新推出"小微快审"模式：设计标准化的准入条件和评估指标；开发自动化审批系统，提高审批效率；建立贷后预警模型，实现风险的早期发现，这种模式既提高了服务效率，又有效控制了风险。

跨境业务风险防控要有国际视野，随着企业国际化程度提高，跨境业务风险日益复杂。某国有银行在开展跨境业务时采取全方位的风险防控措施：密切关注国际政治经济形势，及时调整国别风险政策；加强贸易背景审核，防范虚假贸易风险；完善汇率风险管理，提供套期保值服务；强化反洗钱管理，防范跨境违法犯罪风险。互联网金融风险防控要注重科技应用，在数字化转型背景下，银行面临新的风险挑战。某股份制银行在发展线上业务时，建立了多层次的风险防控体系：运用人脸识别技术，进行客户身份认证；应用大数据模型，实现风险的智能预警；利用区块链技术，确保交易的真实性；建设智能反欺诈系统，实时监控异常交易。授信资产重组要把握关键要素，对于出现经营困难但仍有发展前景的企业，可以通过重组帮助其渡过难关。某银行在办理一笔重组业务时，重点关注以下要素：企业重组的可行性，包括行业前景、竞争优势、管理能力等；重组方案的合理性，包括债务调整、经营改善、担保增信等措施；风险控制的有效性，包括还款来源、监管措施、退出机制等。通过科学的重组方案，既帮助企业恢复了经营，又维护了银行权益。

问题授信处置要综合施策，对于已经暴露的风险资产，要根据不同情况采取适当的处置措施。某银行建立了分类处置机制：对于有暂时困难但有市场前景的企业，通过重组展期等方式帮助其恢复经营；对于失去清偿能力的企业，及时启动诉讼程序，维护债权；对于具有重组价值的企业，引入战略投资者，实现资产重组；对于确实无法收回的债权，采取核销处置方式，及时出清。抵质押物处置要注重效率，担保物处置是收回债权的重要途径。银行要建立高效的处置机制：提前做好法律文件准备，确保处置手续完备；选择适当的处置方式，如拍卖、变卖、收购等；把握处置时机，避免资产贬值；加强与相关部门协调，推进处置进程，某银行通过高效的抵押物处置，收回了大部分债权。

不良资产批量处置要注重效益，对于积累的不良资产，可以采取批量转让方式进行处置。某银行在开展不良资产转让时，采取以下措施：科学分类打包，提高资产的整体价值；加强尽职调查，准确评估资产价值；规范转让流程，确保程序合法合规；做好后续追偿，实现效益最大化。诉讼清收要讲究策略，司法途径是维护债权的最后手段，银行要在以下方面做好准备：案件材料完整，证据链条清晰；诉讼策略合理，程序选择得当；保全措施到位，执行渠道畅通；专业团队支持，确保胜诉率。某银行通过专业的诉讼清收，挽回了大量损失。风险损失计提要准确及时，根据风险资产的分类结果，合理计提损失准备。某银行建立了动态的拨备管理机制：定期评估风险资产质量，及时调整拨备水平；对重点行业和客户，适当提高拨备标准；保持充足的拨备覆盖率，提高风险抵御能力。

内部问责要严肃有效，对于因管理不当导致的风险事件，要严格追究责任。某银行建立了全面的问责制度：明确问责情形，细化处罚标准；实行责任倒查，追究相关人员责任；加强警示教育，发挥震慑作用。通过严格的问责机制，提升了全员的风险意识。外部协作要加强配合，风险处置往往需要多方力量的支持。银行要加强与政府部门、司法机关、同业机构的协作：建立信息共享机制，及时交流风险信息；开展联合行动，形成处置合力；争取政策支持，推进风险化解。某银行通过有效的外部协作，成功化解了一起重大风险事件。应急预案要常备不懈，面对突发风险事件，要建立快速反应机制。某银行制定了完整的应急预案：成立应急处置小组，明确职责分工；建立信息报告制度，确保信息畅通；准备应急资源，保障处置需要；定期开展演练，提高应对能力。

科技支撑要不断强化，现代技术为风险管理提供了有力工具。某银行在风险管理中大力应用科技手段：建设风险管理信息系统，实现全流程管控；开发智能预警模型，提高风险识别能力；应用区块链技术，加强业务真实性验证；利用大数据分析，支持科学决策。人才培养要持续加强，专业的人才队伍是风险管理的基础。银行要注重风险管理人才的培养：加强专业培训，提升业务能力；开展案例研讨，总结实践经验；建立交流机制，促进知识分享；完善激励机制，留住核心人才。风险文化要深入人心，良好的风险文化能够提升全员的风险意识。银行要通过多种方式培育风险文化：开展警示教育，以案说法；强化合规培训，普及风险知识；建立考核机制，落实风险责任；营造良好氛围，达成风险管理共识。

第二节　内部合规管理

一、内部控制与合规管理

内部控制与合规管理是商业银行稳健经营的基石，完善的内控体系和有效的合规管理能够防范操作风险、确保依法合规经营。某国有银行通过加强内控合规建设，连续多年保持监管评级优良，为业务发展提供了坚实保障。内部控制体系建设要突出全面性，内控体系应当覆盖各个业务领域、各个操作环节、各个管理层级。某股份制银行构建了"三道防线"的内控体系：业务部门是第一道防线，负责日常业务管理和风险控制；合规部门是第二道防线，负责合规审查和风险监督；审计部门是第三道防线，负责独立监督和评价。这种多层次的内控架构确保了风险管理的有效性。内控制度建设是关键基础，制度是规范经营管理的依据，必须确保其科学性和可操作性。某城市商业银行在制度建设中注重以下方面：一是制度的完整性，建立涵盖各类业务、各个环节的制度体系；二是制度的规范性，确保制度内容符合法律法规和监管要求；三是制度的实用性，保证制度便于执行和操作。同时建立制度评估和更新机制，根据实践经验及时完善。

岗位设置要遵循制衡原则，合理的岗位设置是内控的重要环节。银行要严格执行前中后台分离、关键岗位分设等要求，例如，在信贷业务中，客户经理、审查岗、审批岗必须分别设置；重要空白凭证、印章、密钥等要双人保管。某银行通过科学的岗位设置，有效防范了多起操作风险事件。授权管理要严格规范，清晰的授权体系是规范经营管理的保障，银行要建立分级授权制度，明确各级机构、各类岗位的权限范围。某银行实行"四级授权"：总行、分行、支行、网点层层授权，各司其职。授权管理要注意如下方面：权限明确，避免交叉；动态调整，及时更新；跟踪监督，确保执行。业务流程管理要标准化，规范的业务流程是防范操作风险的基础，银行要制定标准化的作业流程，明确各个环节的操作要求，某银行编制了详细的业务操作手册，将复杂的业务操作分解为标准化的步骤，便于员工掌握和执行。同时建立流程评估机制，持续优化业务流程。

系统控制要强化应用，信息科技是支持内控管理的重要工具，银行要充分运用系统控制手段，实现业务操作的自动化控制。某银行开发了业务处理系统，通过参数设置、权限控制、流程管理等功能，实现了业务操作的标准化和自动化。系统还具备异常交易监测、操作风险预警等功能。内控监督要及时有效，通过日常检查、专项检查等方式，及时发现和纠正问题。某银行建立了多层次的监督检查机制：部门自查、机构互查、总行检查相结合，形成全方位的监督网络，检查中发现的问题要及时整改，并建立问题库，防止类似问题再次发生。

员工行为管理要严格规范，员工是内控管理的执行主体，必须加强行为管理。银行要制定员工行为准则，明确禁止性规定；建立违规积分制度，强化责任追究；开展警示教育，增强合规意识。某银行通过严格的行为管理，有效防范了道德风险。重要岗位管理要从严把关，对于风险敏感岗位，要实施更严格的管理措施。某银行对重要岗位采取特别管理：实行轮岗制度，防止长期任职形成风险；建立强制休假制度，便于及时发现问题；加强离任审计，确保交接规范。这些措施有效防范了操作风险。外部监管要及时做出反应，银行要主动接受监管部门的监督检查，及时报告重大事项。某银行建立了与监管部门的定期沟通机制，主动报告经营情况，及时反馈监管意见，认真整改问题，良好的监管关系有助于提升内控管理水平。

问责机制要严格执行，对于违规行为要严肃处理，绝不姑息，银行要建立完善的问责制度：明确问责情形，细化处罚标准；实行责任倒查，追究相关人员责任；加强警示教育，发挥震慑作用。某银行通过严格的问责，有效遏制了违规行为。合规文化建设要持续推进，良好的合规文化能够增强员工的自觉性。银行要通过多种方式培育合规文化：开展合规培训，普及法律知识；组织案例学习，以案说法；建立激励机制，表彰合规先进；营造良好氛围，形成合规共识。案件防控要常抓不懈，案件风险是内控管理面临的重大挑战，银行要建立健全案防机制：加强员工行为管理，防范道德风险；完善业务流程，堵塞管理漏洞；强化系统控制，防范技术风险；开展警示教育，增强案防意识。某银行通过有效的案防措施，具有了良好的案件防控能力。

突发事件应对要有预案，面对各类突发事项，要建立快速反应机制。银行要制定完备的应急预案：成立应急组织，明确职责分工；建立报告制度，保证信息畅通；准备应急资源，满足处置需要；定期开展演练，提高应对能力。科技支撑要不断加强，现代技术为内控管理提供了新手段。银行要充分运用科技手段提升内控效能：建设内控管理系统，实现全流程管控；开发风险监测模型，提高预警能力；应用大数据分析技术，支持决策判断；利用人工智能，提高监控效果。专业队伍建设要持续加强，高素质的内控管理人才是工作开展的保障。银行要注重人才培养：加强专业培训，提升业务能力；开展实践锻炼，积累工作经验；建立交流机制，促进学习提高；完善激励机制，留住核心人才。

外部协作要加强配合，内控管理往往需要多方支持。银行要加强与监管部门、同业机构、专业机构的合作：建立信息共享机制，交流工作经验；开展联合行动，形成工作合力；借鉴先进做法，提升管理水平。评估优化要持续推进，内控管理要适应形势发展。银行要建立评估机制：定期评估内控体系的有效性，查找不足；根据评估结果优化制度流程，完善管理措施；总结实践经验，推广最佳做法，通过持续改进，不断提升内控管理水平。

信贷业务内控管理尤为重要，作为商业银行的主要业务，信贷业务涉及环节多、风险点多，必须建立严密的内控机制，某股份制银行在信贷业务内控管理中采取了全流程管控：准入环节严格把关，建立了客户准入标准和名单制管理，客户经理必须对企业进行实地调查，核实经营场所、察看生产设备、了解员工情况，确保企业真实经营。授信审查要求严格，实行"双人双线"调查制度。客户经理和审查人员分别独立调查，形成调查报告，确保信息的真实性和完整性。对于重大授信项目，还要组织现场调查，多部门联合把关。某行通过严格的授信审查，及时发现了多起造假行为。审批流程规范严谨，建立分级授权体系。根据授信金额、担保方式、风险等级等因素，确定不同的审批权限和层级。重大项目实行联合审批，充分发挥"多双眼睛"的监督作用。系统设置强制控制点，确保流程不能跨越。

合同管理要求细致，统一使用标准文本。合同签订前要严格审查主体资格、权限证明等要素；签订时要确保内容完整、手续齐全；签订后要妥善保管，定期检查。某行建立了合同管理系统，实现了合同全生命周期管理。支付管理必须规范，严格执行受托支付。对于大额贷款，采用受托支付方式，确保资金直接支付给供应商；中小额贷款也要加强支付监督，及时核查资金去向。该行通过规范的支付管理，有效防范了资金挪用风险。贷后管理不能放松，建立全方位监控体系。定期开展贷后检查，实地了解企业经营情况；动态监测资金流向，关注异常变化；建立预警机制，及时发现风险。该行通过有效的贷后管理，将不良贷款率控制在较低水平。

零售业务内控也要从严。随着零售业务的快速发展，相关风险点也在增多。某城市商业银行在零售业务内控管理中采取了多项措施：个人贷款业务要严格执行"贷前调查、贷中审查、贷后监控"的全流程管理。重点审核收入证明、担保资料的真实性，实地核实住房、车辆等抵押物情况。建立标准化的评估模型，科学评估还款能力。信用卡业务要加强风险管控，建立多维度的监控体系。从申请审核、额度管理、交易监控、催收管理等环节入手，构建全面的风险防范机制。运用大数据技术，识别欺诈风险，预防套现行为。个人理财业务要规范销售行为，落实投资者适当性管理。严格执行客户风险评估，做好产品匹配；规范销售流程，确保信息披露充分；加强投资者教育，提示风险。该行通过规范管理，有效防范了销售纠纷。

金融市场业务内控更要严密，金融市场业务专业性强、风险大，内控管理尤为重要。某国有银行在金融市场业务内控中采取了特殊措施：交易管理要严格执行前中后台分离制度，交易员负责具体交易，风控人员实时监控风险，清算人员独立结算，确保相互约束。建立严格的授权管理，根据不同产品、不同金额设定交易权限。头寸管理要实施限额控制，设置交易限额、止损限额、敏感性限额等多重限额，通过系统实现自动控制，超限额交易必须经过特别审批，确保风险可控。该行通过有效的限额管理，避免了重大交易损失。

估值管理要确保公允准确，建立独立的估值团队，负责金融产品的估值工作；使用市场认可的估值方法，确保估值的客观性；定期开展压力测试，评估极端情况下的风险。国际业务内控要注意特殊性，涉外业务面临更复杂的风险环境，内控管理要更加严格。某股份制银行在国际业务内控中特别注意如下方面：展业原则要严格遵守，必须了解目标市场的法律法规、监管要求，确保业务合规开展。建立国别风险评估机制，对高风险地区采取限制措施。该行通过审慎展业，避免了国际制裁风险。操作流程要特别规范，涉外业务单证审核要特别细致，防范单据造假；跨境支付要严格审查，防范非法套汇；外汇交易要实时监控，防范违规操作。建立专门的业务处理中心，配备专业人员。反洗钱管理要格外重视，建立完善的客户身份识别系统，严格审核跨境资金来源和用途；设置交易监测模型，识别可疑交易；及时报告异常情况，配合监管调查。

互联网金融业务带来新的内控挑战，随着线上业务的快速发展，内控管理面临新的要求。某银行在发展互联网金融业务时采取了如下创新措施：身份认证要更加严格，运用人脸识别、活体检测等技术，确保客户身份真实；建立多重认证机制，防范账户盗用；加强异常登录监控，及时发现风险。交易监控要更加智能，开发智能风控系统，实时监测交易行为；设置多维度的风险规则，自动识别异常；建立快速响应机制，及时处置风险。该行通过科技手段，有效防范了线上欺诈。数据安全要特别重视，加强系统安全管理，防范黑客攻击；严格控制数据访问，防止信息泄露；建立灾备系统，确保业务连续性。第三方合作要审慎管理，严格准入标准，审查合作机构资质；明确责任边界，签订完整协议；加强过程监督，定期评估风险。该行通过规范管理，避免了合作风险。

内控评价与改进要持续推进，内控管理是一项持续性工作，需要不断评估和完善。某银行建立了完整的评价改进机制：定期开展内控评价，全面检查内控体系运行情况。评价内容包括制度健全性、执行有效性、风险防控性等方面，通过现场检查、非现场监测、问卷调查等方式，收集评价信息。问题整改要及时到位，对评价发现的问题建立台账，明确整改责任和时限；跟踪整改进度，验收整改效果；总结经验教训，完善管理措施。该行通过持续整改，内控管理水平不断提升。

二、客户经理的合规管理

客户经理在对公业务中的合规管理尤为重要，某股份制银行根据对公业务的特点，制定了详细的合规要求：实地调查必须亲力亲为，客户经理要实地考察企业生产经营场所，不得依赖他人提供的信息或照片，调查中要重点关注如下问题：生产设备是否与经营规模相匹配、员工人数是否与产能相符、原材料和产成品库存是否合理等。某银行客户经理因未实地调查，仅凭企业提供的照片就出具调查报告，导致贷款发放给空壳公司，造成重大损失。财务核实要深入细致，客户经理要通过多种途径验证企业财务数据的真实性：查看企业财务软件中的原始凭证、核对银行流水与账面记录、实地盘点存货等。某银行在财务核查中发现，一家企业通过虚开发票虚增收入，及时避免了信贷风险。上下游核查要确保真实，了解企业与上下游企业的真实交易情况：实地走访重要客户和供应商、核实主要合同的真实性、查验资金往来记录等。某客户经理通过走访发现，企业提供的销售合同是伪造的，及时阻止了违规放贷。

在零售业务中的合规要求也不容忽视。某城市商业银行针对个人信贷业务制定了严格的管理制度：住房按揭贷款要实地核查；客户经理必须实地察看房产，核实房屋状况；审查购房合同、付款凭证等材料的真实性；核实首付资金来源，防范"首付贷"等违规行为。某客户经理因未认真核查，导致一笔"首付贷"违规发放，受到处分。收入证明要认真核实；对于工资收入，要核实工作单位真实性，查验银行代发工资记录；对于经营收入，要实地了解经营情况，查验纳税记录。某银行通过严格的收入核查，及时发现了多起虚假收入证明。担保措施要严格审核；抵押房产要现场查看、核实产权、评估价值；抵押车辆要查验、核实登记、评估状况；保证人要审查资格、核实能力、确认意愿。

在同业业务合规管理方面也要特别注意。某国有银行制定了同业业务合规管理办法：交易对手审查要严格；必须对合作机构进行尽职调查：审查经营资质、了解业务实力、评估风险水平。某银行因未严格审查，与一家问题机构开展业务，造成损失。业务真实性要核实；同业业务必须具有真实交易背景，严禁利用同业业务进行资金空转或监管套利。客户经理要核实业务实质，了解资金用途。限额管理要执行到位；严格执行同业授信限额、交易限额等管理要求；超限额业务必须经过特别审批；定期监测限额执行情况。

在贸易融资业务中合规管理尤为关键。某股份制银行专门制定了贸易融资合规管理制度：贸易背景审查要严格；客户经理要核实贸易合同的真实性：查验原始单据、核实交易对手、了解物流信息。某客户经理通过细致核查，发现一笔虚假贸易融资申请。单证审核要专业规范；严格审核信用证、提单、仓单等单据的真实性和合规性；重要单据要通过专业渠道验证；发现异常及时报告。融资支付要严格监控；采用受托支付方式，确保资金直接支付给供应商；监控资金流向，防止资金挪用；发现异常及时采取管控措施。

在投资银行业务中合规管理要求更高。某银行针对投行业务制定了专门的合规要求：项目准入要严格把关；客户经理要对拟投资项目进行全面尽职调查：审查项目合法性、评估项目可行性、分析项目风险。某银行因尽职调查不充分，参与了一个问题项目，造成声誉损失。信息披露要充分真实，在项目推进过程中，要确保信息披露的真实性、准确性、完整性，发现虚假记载、误导性陈述要及时报告，不得参与内幕交易。利益冲突要严格防范；识别和评估可能存在的利益冲突；建立防火墙机制，严格隔离；出现利益冲突及时回避。

在资产管理业务中合规管理不容忽视。某银行制定了理财业务合规管理细则：销售行为要规范，严格执行投资者适当性管理；评估客户风险承受能力、匹配合适产品、充分揭示风险。某客户经理因违规销售，造成客户投诉，受到处罚。投资运作要合规，严格遵守投资范围和比例限制；防范非标准化债权投资风险；加强关联交易管理。信息披露要及时，按规定发布产品公告、定期报告；重大事项及时披露；客户查询及时回应。金融科技业务中的合规管理面临新挑战。某银行针对线上业务制定了创新措施：身份认证要到位，运用人脸识别、活体检测等技术，确保客户身份真实；建立多重认证机制，防范账户盗用。交易监控要智能，开发智能风控系统，实时监测交易行为；设置多维度风险规则，自动识别异常；建立快速响应机制。数据保护要严格，加强客户信息保护，防止数据泄露；规范数据使用，确保合规合法；加强系统安全，防范网络攻击。

第三节　反洗钱管理

商业银行反洗钱管理体系是防范金融风险、维护金融秩序的重要组成部分，客户经理作为银行反洗钱工作的第一道防线，需要严格执行客户身份识别制度，建立健全客户风险等级分类管理机制。在日常业务中，客户经理通过完善的尽职调查制度，对客户的身份信息、交易背景、资金来源、交易用途等进行全面审核与评估，针对不同风险等级的客户采取相应的管理措施。对于高风险客户，需要采取强化尽职调查措施，包括核实客户资金来源的合法性、了解客户的实际控制人和受益所有人情况、评估客户的商业模式和交易模式的合理性，并对其交易活动进行持续监控。在发现可疑交易时，客户经理要及时向反洗钱管理部门报告，配合开展可疑交易分析和调查工作。

　　反洗钱工作要求客户经理掌握完备的业务知识和风险防控技能，准确把握监管政策要求和反洗钱法律法规。客户经理需要定期更新客户资料，对存量客户进行持续的身份识别和风险评估，确保客户信息的真实性、准确性和完整性。在办理业务时，客户经理应充分运用科技手段，依托反洗钱监测系统，对客户的交易行为进行实时监控和分析，识别异常交易特征和洗钱风险信号。对于涉及跨境交易、大额现金交易、复杂交易结构等高风险业务，客户经理应加强预防性管控，严格执行交易审核和审批流程，确保业务合规性。通过构建多层次的风险防控体系，客户经理协助银行有效防范洗钱风险，维护金融市场秩序，推动反洗钱管理水平的持续提升。

一、反洗钱概述

　　反洗钱作为商业银行的法定义务和社会责任，要求银行建立全面的反洗钱体系，有效防范洗钱风险。洗钱行为是指通过各种手段掩饰、隐瞒犯罪所得及其收益的来源和性质，使其在形式上合法化的过程。常见的洗钱手法包括利用多个账户频繁转账、通过地下钱庄跨境转移资金、利用现金密集型行业掩饰资金来源等方式。洗钱活动具有隐蔽性强、手段多样、危害严重等特点，犯罪分子往往利用复杂的交易结构和先进的技术手段掩饰资金来源。反洗钱工作涉及客户身份识别、交易监测分析、可疑交易报告、资料保存、协助调查等多个环节，银行必须建立完整的工作机制，确保各环节有效运行，形成前台识别、中台监测、后台分析的三道防线。

　　我国反洗钱法律框架体系完备，以《中华人民共和国反洗钱法》为基本法，《金融机构反洗钱规定》等部门规章和中国人民银行反洗钱工作指引等规范性文件为支撑，明确规定了银行的反洗钱义务和具体要求。在国际层面，金融行动特别工作组（FATF）建议、巴塞尔银行监管委员会指引、沃尔夫斯堡原则等为全球反洗钱工作提供了标准框架。监管要求持续完善，强化风险为本方法，加强受益所有人识别，完善可疑交易报告标准。银行反洗钱组织架构设置方面，通常采用董事会承担最终责任、反洗钱领导小组统筹协调、反洗钱中心具体实施的三级管理体系，配备专职反洗钱人员，加强培训教育，构建科技支撑平台。

　　风险评估是反洗钱工作的基础，银行需要建立科学的评估方法，从客户、产品、地域等维度全面评估风险。客户风险评估考虑客户类型、行业特征、交易特点等因素，对高风险行业客户、跨境业务客户和特殊类型客户重点关注。产品风险评估重点分析现金密集型业务、跨境业务等高风险业务，新型业务需要提前评估风险。地域风险评估关注边境地区走私风险、自贸区跨境风险等地区特点，根据不同地区风险特征调整监测标准。客户身份识别是反洗钱的基础性工作，银行必须严格执行"了解你的客户"原则，建立分层识别机制，对不同风险等级的客户采取差异化识别措施。

交易监测是发现可疑活动的重要手段，银行需要建立完善的监测体系，设置科学的监测指标，运用统计分析、模式识别等方法挖掘交易特征，对系统预警的交易及时分析处理。可疑交易报告是银行的法定义务，要求报告做到及时、准确、完整，制定具体的报告标准，明确报告范围、时限要求和操作流程，建立报告质量控制机制，严格执行保密要求。资料保存管理方面，银行要妥善保管客户身份资料、交易记录、分析报告等文件，保存期限不得少于法定要求，建立规范的管理制度确保资料安全和便于查询使用。互联网金融发展带来新的洗钱风险，犯罪分子可能利用虚假身份信息和技术手段规避验证开立账户，虚拟货币等新型资产增加了资金追踪难度，支付机构可能被用作洗钱通道。银行需要加强线上开户风险防范，运用人脸识别技术增加活体检测，建立多重验证机制交叉核实信息，设置开户限制防范批量开户。在虚拟资产交易风险方面，加强对虚拟货币交易的监测，识别交易特征，监控资金流向。对第三方支付业务，严格准入审查，了解支付机构背景，监测交易模式，加强资金管理。

跨境业务风险防控需要特别关注，国际贸易和跨境资金流动中的洗钱风险较高。银行应当严格审核贸易单据真实性，核实合同价格合理性，验证物流信息准确性，查验货物实际状况。密切关注跨境资金流动，识别资金规模与经营规模不相符、交易对手与业务关系不明确、资金在境内外频繁往来等异常特征。加强对离岸公司和离岸账户的管理，审查设立目的合理性，了解实际控制人背景，监测资金使用情况。对贵金属、房地产等特殊行业客户采取针对性措施，严格客户准入，审查经营资质，监测现金交易，防范非法买卖，关注跨境流动。科技支撑是提升反洗钱工作效能的重要手段，银行应当积极运用人工智能、大数据分析、区块链等现代技术。通过人工智能开发智能监测模型，建立客户画像，分析行为特征，学习交易模式，预测风险趋势。运用大数据技术整合内外部数据，应用关联分析发现隐藏关系，使用图谱技术展示资金路径。利用区块链技术提高交易透明度，防止信息篡改，促进信息共享。在国际合作方面，银行需要建立信息共享机制，配合跨境调查行动，积极参与国际标准制定，推动反洗钱工作标准互认互通，形成打击洗钱犯罪的全球合力。

对高风险客户的管理需要实施更为严格的措施，包括政治敏感人物、高风险行业客户等特殊群体。银行应当加强尽职调查，深入了解客户背景，核实身份信息真实性，了解资金来源合法性，评估交易目的合理性。在持续监控方面，提高监测频率，缩短审查周期，扩大监测范围至关联账户，降低预警阈值以提高敏感度。对高风险客户的可疑交易认定标准要从严把握，降低报告标准，扩大报告范围，提高报告质量，详细说明分析依据，重要情况及时上报。银行需要建立专门的高风险客户审查委员会，定期评估高风险客户状况，及时调整风险等级和管控措施。地下钱庄作为重要的洗钱通道，需要银行建立专门的防控机制。通过分析交易数据识别地下钱庄特征，包括账户间存在固定转账路径、交易金额规律性明显、资金在短期内呈现团伙性转移等。发现涉嫌账户后及时采取管控措施，限制交易功能，督促客户提供合理解释和证明材料。对于涉嫌参与地下钱庄的个人和企业，银行应当将其列入反洗钱监控名单，加强对其关联账户和关联交易的监测分析。在发现重大线索时，及时向监管部门和执法机关报告，配合开展调查工作。

　　银行需要针对不同业务条线制定差异化的反洗钱工作要求，在公司业务方面，重点关注贸易背景真实性、资金链条合理性、商业模式可行性等；在个人业务方面，关注客户身份真实性、资金来源合法性、交易行为合理性等；在金融市场业务方面，关注投资者适当性、交易对手背景、复杂金融工具的使用等。对于新开发的金融产品和业务，应当在产品设计阶段就进行反洗钱风险评估，将反洗钱要求嵌入业务流程，确保产品和业务的合规性。反洗钱内部控制机制建设要求建立健全各项制度和流程，包括客户身份识别制度、客户身份资料和交易记录保存制度、大额交易和可疑交易报告制度、反洗钱内部监督检查制度、反洗钱工作保密制度等。各项制度要明确岗位职责，规范操作流程，设置检查监督点，确保制度执行的连续性和有效性。银行应当定期评估制度执行情况，根据监管要求变化和实际工作需要及时修订完善相关制度，持续提升反洗钱工作质效。

　　员工培训和考核是提升反洗钱工作水平的重要保障，银行需要建立分层分类的培训体系，针对不同岗位人员开展有针对性的培训，对于客户经理等一线人员，重点加强法律法规知识、识别技能、案例分析等实务培训；对于管理人员，重点加强风险管理、内控建设、监管政策等管理能力培训；对于专职人员，重点加强专业技能、调查方法、系统应用等专项培训。建立培训考核机制，将反洗钱工作表现纳入员工绩效评价体系，强化责任意识。电子银行和新兴支付业务的快速发展对反洗钱工作提出新的挑战，银行需要加强对网上银行、手机银行、智能柜台等电子渠道的风险防控，建立电子化身份识别和交易监测机制。对于二维码支付、NFC支付、生物特征支付等新型支付方式，需要评估其潜在的洗钱风险，建立相应的防控措施。加强对支付终端的管理，防范终端被篡改或滥用。建立支付业务大数据分析平台，通过交易行为分析、地理位置分析、设备信息分析等多维度识别异常交易。

二、客户经理反洗钱要点

　　客户经理作为商业银行反洗钱工作的第一道防线，在防范洗钱风险中承担着重要责任，准确识别客户身份、有效监测异常交易、及时报告可疑情况，是客户经理必须掌握的基本技能。某国有银行通过加强客户经理反洗钱管理，成功识别和防范了多起洗钱风险，有效履行了反洗钱义务。客户身份识别是反洗钱工作的基础，客户经理在开展业务时，必须严格执行"了解你的客户"原则。对于个人客户，需要认真核实身份证件的真实性，不能仅凭复印件办理业务；要详细了解客户的职业、收入等基本情况，评估其提供信息的合理性。某股份制银行的客户经理在办理开户业务时，发现一批身份证件存在异常，通过仔细核查，及时发现了一个使用虚假证件的犯罪团伙。机构客户的身份识别则需要更加深入，客户经理要全面审查企业的资质文件，包括营业执照等基本证照；要实地走访经营场所，了解企业的实际经营状况；要特别关注企业的股权结构，识别实际控制人和受益所有人。某城市商业银行的客户经理在走访一家贸易公司时，发现其登记的经营场所实际上是一间空置办公室，由此揭发了一个专门从事洗钱活动的空壳公司网络。

客户身份的识别不是一次性工作，而是需要持续更新和评估的过程。客户经理要定期与客户保持联系，及时了解其经营状况和业务变化；要根据掌握的情况，动态调整客户风险评级；对于出现重大变化的客户，要立即开展更新工作。某银行规定客户经理每年至少要完成一次客户信息的全面更新，确保掌握的信息始终保持准确。交易监测是发现洗钱风险的关键环节，客户经理要对日常业务中出现的异常情况保持高度警惕，例如，交易规模与客户财力或经营规模明显不符；短期内频繁发生大额现金存取；资金往来缺乏明显的经济目的；交易对手与客户没有合理的业务关系等。某客户经理在日常监测中发现，一家小型贸易公司的月度交易量突然增长到数亿元，通过深入调查发现这是一起利用虚假贸易进行洗钱的案件。对于系统预警的异常交易，客户经理要认真核查，不能简单以"了解客户"为由予以排除。要深入了解交易背景，核实资金来源和用途，查验相关单据证明，对交易的合理性作出专业判断。某股份制银行的客户经理在处理系统预警时，通过详细分析交易路径，发现了一个利用多层账户转移赌博资金的犯罪网络。

客户风险分类是实施差异化管理的基础，客户经理要综合考虑客户的身份背景、地域风险、业务特征、历史记录等因素，准确评估其风险等级。对于现金密集型行业、特殊行业客户、跨境业务频繁的客户、复杂股权结构的客户、政治敏感人物等高风险客户，要采取更严格的管控措施。某银行通过建立科学的风险评级体系，将反洗钱资源有效配置到高风险领域。具体业务操作中的合规性也至关重要，在账户管理方面，客户经理要严格审核开户主体资格，关注账户使用情况，防范账户出租、出借、借用等违规行为。在办理现金业务时，要特别关注大额交易和分散交易，核实资金来源的合理性。对于跨境业务，要严格审核贸易背景的真实性，监测资金流向的合理性。某客户经理通过严格的单证审核，及时发现了一起利用虚假出口骗取退税的案件。可疑交易报告是客户经理的重要职责，发现异常情况后，要做到"敢于怀疑、善于发现、勤于报告"。报告内容要确保信息完整、要素准确、分析充分、材料齐全。特别是对交易背景和可疑点的分析要客观翔实，避免主观臆断。某银行通过完善的可疑交易报告机制，为打击洗钱犯罪提供了大量有价值的线索。

内部管理要求同样不容忽视，客户经理要规范管理客户资料和交易记录，确保档案完整并妥善保管，要严格执行反洗钱保密制度，不得向客户或无关人员泄露工作信息。某客户经理因泄露反洗钱工作信息给客户，受到严厉处分，这一案例充分说明了保密工作的重要性。科技手段的应用为反洗钱工作提供了有力支持，现代银行配备了人脸识别、OCR识别等身份核验工具，智能化的交易监测系统，便捷的移动展业平台等。客户经理要熟练运用这些工具，提升工作效率。某银行开发的智能反洗钱平台极大提高了异常交易的识别准确率。持续学习和培训对提升反洗钱工作水平至关重要，客户经理要系统学习反洗钱法律法规和监管规定，了解最新的洗钱手法和风险特征，掌握反洗钱工作要求和标准。通过案例学习和经验总结，不断提升风险识别能力，某银行建立了完善的培训体系，定期组织培训考试，确保客户经理具备必要的专业素质。

互联网金融业务给反洗钱工作带来了新的挑战，客户经理在办理线上业务时，要特别注意身份识别和交易监测，某股份制银行在发展线上业务过程中，发现不法分子利用技术手段突破身份验证，批量开立账户用于洗钱活动。为此，银行加强了远程开户的管控措施，在人脸识别基础上增加活体检测功能，建立多重身份验证机制，有效防范了虚假开户风险。贸易融资业务是洗钱风险的高发领域，客户经理要认真审核贸易背景的真实性，防范利用虚假贸易进行洗钱。某国有银行的客户经理在审查一笔信用证业务时，发现货物价格明显高于市场价格，通过深入调查发现这是一起利用虚高开票转移赃款的案件。这表明在办理贸易融资业务时，要重点关注交易价格的合理性、贸易对手的真实性、物流单据的准确性等要素。

离岸业务的风险管控要求更高，客户经理要充分了解企业设立离岸公司的目的，审查其商业合理性，某城市商业银行在为一家企业办理离岸账户时，发现该企业与多家空壳公司频繁发生资金往来，经调查发现这是一个专门从事跨境洗钱的犯罪网络。这说明在办理离岸业务时，要格外关注资金流向的合理性，防范离岸账户被用作洗钱通道。代理支付业务也需要严格管控，随着第三方支付的发展，支付机构可能被不法分子利用进行洗钱。某银行在为一家支付公司提供服务时，通过交易监测发现其商户存在大量可疑交易，经排查发现这些商户涉嫌"套现"活动，银行及时采取了管控措施。这说明在开展支付业务合作时，要加强商户管理，监测交易行为，防范支付账户被用于洗钱。私人银行业务的反洗钱工作更需谨慎，高净值客户往往业务复杂、资金量大，增加了风险识别的难度。某私人银行客户经理在服务过程中，发现一位客户在短期内进行了多笔大额艺术品交易，通过分析发现这些交易缺乏合理性，及时上报了可疑交易。这说明在服务高净值客户时，要密切关注其财富来源的合法性和交易行为的合理性。

特殊时期的反洗钱工作要从严，在重大活动、敏感时期，犯罪分子可能加大洗钱活动力度。某银行在一次重大国际会议期间，加强了交易监测力度，发现一批涉嫌倒卖门票的资金，及时向监管部门报告。实践经验表明，银行需要根据形势变化，适时调整工作重点和力度。跨境资金流动的监测尤为重要，随着人民币国际化进程加快，跨境资金流动日益频繁。客户经理要准确把握跨境业务政策，识别异常资金流动。某银行在办理跨境结算时，发现一家企业将大量资金分散转移至多个境外账户，经核查发现这是一起利用离岸账户转移腐败资金的案件。数字货币带来新的监管挑战，虚拟资产交易增加了资金流向追踪的难度。某银行通过交易监测发现，一批客户频繁与虚拟货币交易平台发生资金往来，资金规模与其收入明显不符。银行及时采取措施，监测相关账户的资金动向，防范虚拟货币被用于洗钱。

科技赋能需要与人工判断相结合，智能化工具能够提高异常交易的发现效率，但最终的分析判断还需要客户经理的专业能力。某银行开发的智能反洗钱系统虽然准确率很高，但客户经理在处理预警时，仍然要结合对客户的了解，作出专业判断。这说明在实践中应当平衡运用科技手段和人工经验。国际协同合作日益重要，随着洗钱活动的全球化，单一机构难以实现有效监控。客户经理要了解国际反洗钱规则，配合开展跨境协查。某银行在处理一起跨国洗钱案件时，积极配合境外机构调查，提供必要的账户信息和交易记录，协助破获了一个国际洗钱团伙。持续学习是提升反洗钱能力的关键，洗钱手法不断翻新，反洗钱工作要求也在提高。客户经理要及时了解新型洗钱手法，掌握最新监管要求。某银行建立了案例库，定期组织研讨，分享经验教训，有效提升了员工的风险识别能力。

本章小结

本章系统阐述了商业银行风险与内控合规管理的重要内容，风险管理方面，重点介绍了常见风险的识别方法和防范措施，包括信用风险、操作风险、市场风险等。内部控制与合规管理方面，阐述了内控体系建设和合规管理要求，强调了客户经理在合规管理中的重要作用。反洗钱管理方面，详细说明了反洗钱的基本概念、组织架构、工作要求，以及客户经理在反洗钱工作中应把握的关键要点。

风险管理是商业银行稳健经营的基础。银行要建立全面的风险管理体系，做好风险识别、评估、控制和处置工作。内部控制是防范风险的重要手段，要通过制度建设、流程管理、系统控制等措施，规范业务操作，防范操作风险。合规管理是银行经营的底线要求，要严格遵守法律法规和监管规定，确保业务依法合规开展。反洗钱工作是银行的法定义务，要认真履行客户身份识别、交易监测、可疑交易报告等职责，防范洗钱风险。

课后习题

一、单项选择题

1.商业银行的（　　）是风险管理的首要环节。

A.风险识别　　　　　　　　　B.风险计量

C.风险监测　　　　　　　　　D.风险控制

2.（　　）是商业银行面临的首要风险。

A.经营风险　　　　　　　　　B.信用风险

C.流动性风险　　　　　　　　D.关联交易风险

3.（　　）给反洗钱工作带来了新的挑战，客户经理在办理线上业务时，要特别注意身份识别和交易监测。

A.互联网金融业务　　　　　　B.存款业务

C.贷款业务　　　　　　　　　D.中间业务

二、多项选择题

1.商业银行面临的合规风险主要包括（　　）。

A.监管处罚风险　　　　　　　B.声誉损失风险

C.法律诉讼风险　　　　　　　D.关联交易风险

2.反洗钱内部控制机制建设要求建立健全各项制度和流程，包括（　　）等。

A.客户身份识别制度　　　　　B.客户身份资料和交易记录保存制度

C.大额交易和可疑交易报告制度　　D.反洗钱内部监督检查制度

3.客户经理作为商业银行反洗钱工作的第一道防线，在防范洗钱风险中承担着重要责任，（　　）是客户经理必须掌握的基本技能。

A.准确识别客户身份　　　　　B.有效监测异常交易

C.及时报告可疑情况　　　　　D.反洗钱管理

三、简答题

1. 简述商业银行常见风险类型及其主要表现形式。

2. 试述客户经理在合规管理中应当履行的主要职责。

第十章课后习题答案

第十一章 法律法规与职业道德

【导读案例】

一次沉重的职业教训

2025年初，某城市商业银行信贷部客户经理李某，因在办理企业贷款业务中存在严重违规行为被开除，并面临法律责任。事情源于一笔1000万元的企业流动资金贷款。

李某在担任客户经理期间，与一家贸易公司法定代表人王某建立了私下交往。在办理该公司贷款业务时，李某存在以下违规行为：收受王某10万元"好处费"；在明知企业财务报表造假的情况下，仍然出具了支持性调查报告；对企业挪用贷款资金进行民间借贷的行为视而不见；泄露其他客户的商业秘密给王某。半年后，该公司因经营恶化无法还款。银行经调查发现上述违规行为后，立即向监管部门和司法机关报告。最终，李某因违反银行业监管规定和职业道德，不仅被开除，还面临商业贿赂的刑事指控。

案例思考

第一节 银行业相关法规概述

银行业法律法规体系以《中华人民共和国商业银行法》为核心，涵盖《中华人民共和国中国人民银行法》《中华人民共和国银行业监督管理法》等基础性法律，形成了多层次的监管框架。《中华人民共和国商业银行法》明确规定了商业银行的设立、变更、终止及其业务范围，规范了商业银行的组织机构设置、经营规则和监督管理要求，为商业银行依法合规经营提供了基本遵循。《中华人民共和国银行业监督管理法》确立了银行业监督管理体制，规定了监管机构的职责权限和监管措施，构建了银行业审慎监管的制度基础。在上位法之下，监管部门制定了大量部门规章和规范性文件，对商业银行的公司治理、内部控制、风险管理、资本管理、授信管理等方面作出具体规定，形成了全面的法律规范体系。

商业银行开展各项业务必须严格遵守相关法律法规的规定。在信贷业务方面，《流动资金贷款管理暂行办法》等规章制度对贷款条件、审批权限、担保方式等作出明确要求；在存款业务方面，《人民币银行结算账户管理办法》规范了账户开立、使用和管理；在中间业务方面，《商业银行服务价格管理办法》对服务定价和收费管理制定了具体标准。银行业监管部门通过现场检查和非现场监管等方式，监督商业银行依法合规经营，防范金融风险。商业银行应当建立完善的合规管理体系，强化从业人员合规意识，确保各项经营活动符合法律法规要求。在业务创新过程中，商业银行需要准确把握监管政策导向，严格遵守监管红线，实现依法合规与业务发展的有机统一。监管部门持续完善法律法规体系，加强监管协调，推动银行业健康发展，维护金融市场秩序和金融消费者合法权益。

一、银行业监管体系

银行业监管体系是保障金融市场稳定运行的基础框架，我国建立了以中国人民银行为核心的"一行一局一会"监管格局，形成了多层次、全方位的监管网络。中国人民银行作为中央银行，主要负责制定和执行货币政策，维护金融市场稳定。国家金融监督管理总局则承担着对银行业金融机构的直接监管职责，通过制定监管规则、实施现场检查和非现场监管等方式，确保银行业稳健运行。在具体监管措施上，我国采用了"准入监管、持续监管、退出监管"的全生命周期监管方式。准入环节重点审查机构的资本实力、股东背景、管理能力等要素；持续监管阶段着重关注经营合规性、风险控制水平、公司治理质量等方面；退出监管则确保问题机构有序退出市场，维护金融秩序稳定。监管指标体系是银行业监管的重要工具，资本充足率、不良贷款率、流动性比例等核心监管指标构成了评估银行经营稳健性的基本标准。通过设定最低监管标准，督促银行业金融机构加强风险管理，提升经营质量。此外，差异化监管措施的实施，也使监管资源得到有效配置。

科技监管是现代银行业监管的重要发展方向，随着金融科技的快速发展，监管部门积极运用大数据、人工智能等技术手段，提升监管效能。通过建立统一的监管信息平台，实现对银行业务数据的实时监测和分析，有效防范系统性风险。区域监管协调机制的建立是完善监管体系的重要内容。各地监管部门在坚持统一监管标准的基础上，根据辖区特点制定具体实施细则，确保监管政策的有效落实。同时，加强跨区域监管协作，防止监管真空和监管套利行为的发生。

国际监管合作是银行业监管体系的延伸，随着金融市场全球化程度的提高，我国积极参与国际监管规则的制定工作，加强与境外监管机构的信息交流和监管协作，共同维护国际金融市场的稳定。风险防范是监管体系建设的核心目标，通过建立健全风险预警机制，加强对系统性风险、市场风险、信用风险等各类风险的监测和防控。特别是在互联网金融、金融创新等新兴领域，采取针对性的监管措施，防范风险跨市场传递。监管问责制度是确保监管有效性的重要保障，监管部门建立了严格的内部控制和责任追究机制，对监管人员的履职情况进行全面考核。同时，通过建立监管档案制度，记录监管过程中的重要决策和实施情况，为监管问责提供依据。信息披露监管是维护市场透明度的关键举措，监管部门要求银行业金融机构按照规定及时、准确地披露经营信息，包括财务状况、风险状况、公司治理等重要信息。通过加强信息披露监管，提高市场透明度，保护投资者和存款人的合法权益。消费者权益保护是监管体系的重要组成部分，监管部门通过制定专门的消费者保护规则，督促银行业金融机构完善服务质量，规范收费行为，建立投诉处理机制。同时，开展金融知识普及教育，提高消费者风险意识和自我保护能力。宏观审慎监管是防范系统性风险的重要工具，监管部门通过建立逆周期资本缓冲机制，实施差别化准备金率政策等措施，降低金融体系顺周期性，维护整体金融稳定。此外，针对系统重要性金融机构实施更为严格的监管措施，防范风险。

市场准入监管是把控金融机构质量的第一道防线。监管部门通过严格的市场准入标准，确保新设金融机构具备充足的资本实力、完善的治理结构和有效的风险控制能力。同时，对金融机构的股东资质、高管人员任职资格等进行严格审查，防范风险于未然。持续监管是维护银行业稳健运行的核心环节，监管部门通过现场检查和非现场监管相结合的方式，对银行业金融机构的经营活动进行全方位监督。重点关注资产质量、流动性风险、操作风险等关键领域，及时发现和纠正问题。创新业务监管是适应金融发展的必然要求，监管部门坚持"鼓励创新、防控风险"的原则，对金融创新业务采取包容审慎的监管态度。通过建立创新业务备案制度、试点管理机制等方式，既为金融创新预留空间，又确保风险可控。

跨境监管合作是应对金融全球化的重要举措。监管部门积极参与国际监管规则的制定，加强与境外监管机构的信息共享和监管协作。通过签署监管合作备忘录、建立定期会晤机制等方式，提升跨境监管效能。监管科技应用是提升监管效率的重要手段，监管部门积极运用大数据、云计算、人工智能等技术，建立智能化监管平台。通过实时数据分析、风险预警模型等工具，提高监管的及时性和精准性。内部控制监管是防范操作风险的重要保障。监管部门要求银行业金融机构建立健全内部控制制度，完善风险管理体系。通过强化内部审计、合规管理等机制，提升机构的风险防控能力。

公司治理监管是提升经营质量的基础工作，监管部门通过制定公司治理指引，规范股东大会、董事会、监事会的运作，督促银行建立科学的决策机制和有效的制衡机制。同时，加强对关联交易、股权管理等重点领域的监管。行业自律监管是监管体系的有益补充，通过发挥行业协会的作用，建立市场化的自律约束机制。通过制定行业标准、开展评价认证、组织培训交流等方式，提升行业整体水平。监管处罚机制是维护监管权威的重要手段，监管部门建立了完善的行政处罚体系，对违规行为采取警告、罚款、限制业务、撤销许可等多层次处罚措施。通过严格执行处罚规定，震慑违规行为，维护市场秩序。

外部监督机制是强化监管效果的重要途径，监管部门重视发挥媒体、社会公众的监督作用，建立举报投诉机制，通过及时回应社会关切，接受公众监督，提高监管工作的透明度和公信力。防范系统性风险是监管工作的永恒主题，监管部门通过建立风险监测预警体系，定期开展压力测试，评估潜在风险，同时，制定系统性风险应对预案，建立危机处置机制，确保在发生重大风险时能够及时有效应对。监管能力建设是提升监管效能的基础保障，监管部门注重加强监管队伍建设，通过培训交流、实践锻炼等方式，提升监管人员的专业素质和履职能力。同时，加强国际交流合作，借鉴国际先进经验，不断完善监管理念和方法。

二、主要法律法规介绍

我国银行业法律法规体系建立在以《中华人民共和国商业银行法》为核心的法律框架基础上。该法于1995年颁布实施，经过2003年、2015年两次重要修订，目前仍是规范商业银行经营活动的基础性法律。该法明确规定了商业银行的设立条件、经营范围、风险管理要求等基本制度框架，为银行业的规范发展奠定了法律基础。

2006年修订的《中华人民共和国银行业监督管理法》构建了现代银行业监管体系。该法确立了银保监会作为主要监管机构的法律地位，明确了其监管职责和执法权限。法律规定了市场准入、持续监管、风险处置等环节的具体要求，形成了全面的监管框架。特别是在风险防控方面，该法赋予了监管机构现场检查、责令整改、行政处罚等多种监管手段。反洗钱监管制度以2007年实施的《中华人民共和国反洗钱法》为基础，并通过《金融机构反洗钱规定》等配套制度不断完善。这些规定要求银行建立健全客户身份识别、可疑交易报告和客户资料保存等基本制度。近年来，随着跨境资金流动日益频繁，反洗钱监管不断加强，特别是在实名制管理、高风险客户识别等方面提出了更严格要求。

资本监管制度主要体现在2013年实施的《商业银行资本管理办法（试行）》中。该办法全面实施了《巴塞尔协议Ⅲ》的要求，提高了资本质量和资本充足率标准。其要求商业银行建立内部资本充足评估程序，将各类风险纳入资本监管范围。特别是系统重要性银行还需要满足附加资本要求，以增强风险抵御能力。

公司治理监管近年来不断强化，2013年发布的《商业银行公司治理指引》（现已废止）进一步完善了治理要求。其强调了董事会的战略决策职责，要求建立健全股东约束机制，加强关联交易管理。同时，要求银行建立有效的激励约束机制，将薪酬与风险挂钩，促进稳健经营。风险管理制度框架日益完善，涵盖信用风险、市场风险、操作风险等各个领域。《商业银行流动性风险管理办法》设置了净稳定资金比例、优质流动性资产充足率、流动性匹配率等量化指标。《商业银行大额风险暴露管理办法》则加强了集中度风险管理，防范系统性风险。创新业务监管持续跟进市场发展，《商业银行理财业务监督管理办法》（2018）、《商业银行互联网贷款管理暂行办法》（2020）等规定针对新业态提出了具体监管要求。特别是在金融科技领域，监管部门在鼓励创新的同时，注重防范技术风险和业务风险。

银行业监管制度体系仍在不断完善中，随着金融市场的发展和创新，监管部门持续关注新的风险点，及时出台相应的监管措施。特别是在金融控股公司监管、系统重要性银行监管等领域，正在建立更加严格的监管标准。监管评级制度是银行监管的重要工具，我国采用CAMELS评级体系，从资本充足性、资产质量、管理能力、收益水平、流动性和市场敏感度六个维度对银行进行综合评估。评级结果直接关系到银行的市场准入、业务范围和监管强度，是实施差异化监管的重要依据。

绿色金融监管框架逐步建立，《关于构建绿色金融体系的指导意见》明确了发展目标和重点任务。要求银行发展绿色信贷，支持环境友好型项目，逐步压缩高污染、高耗能行业的信贷规模。同时，建立环境风险压力测试机制，将环境因素纳入信贷管理全流程。普惠金融政策体系不断健全，《关于进一步深化小微企业金融服务的意见》提出了具体支持措施。要求银行创新产品和服务模式，完善信用评价机制，降低小微企业融资成本。同时，建立尽职免责机制，鼓励基层人员积极开展小微业务。跨境业务监管持续加强，《银行跨境业务反洗钱和反恐怖融资工作指引（试行）》规范了跨境经营活动。要求银行加强境外机构管理，防范跨境资金流动风险，完善反洗钱和反恐怖融资管理。特别是在境外并购、设立分支机构等重大事项上，实施更严格的审批管理。资产管理业务监管趋严，《关于规范金融机构资产管理业务的指导意见》统一了监管标准。要求打破刚性兑付，规范资金池运作，实施净值化管理。同时，加强投资者适当性管理，规范产品销售行为，防范影子银行风险。

内控合规管理要求不断提高，修订后的《商业银行内部控制指引》强化了全面风险管理理念。要求银行建立完整的内控体系，包括业务经营各环节，并通过内部审计、合规检查等方式保障制度执行。同时，加强员工行为管理，防范道德风险。金融控股公司监管制度逐步完善，《金融控股公司监督管理试行办法》建立了统一监管框架。要求规范股权结构，加强关联交易管理，防范风险传递。同时，实施并表监管，全面掌握集团风险状况。消费者权益保护机制持续强化，《中国银保监会关于银行保险机构加强消费者权益保护工作体制机制建设的指导意见》完善了保护框架。要求加强产品信息披露，规范营销行为，建立多层次的纠纷解决机制。同时，开展金融知识普及教育，提高消费者风险意识。

监管处罚机制日益严格，通过实施更大力度的行政处罚，维护市场秩序。近年来，监管部门加大了对违法违规行为的查处力度，处罚金额和频次显著提升，形成有效震慑。同时，建立了违法违规行为信息共享机制，加强跨部门监管协作。通过定期评级，及时发现经营中存在的问题和潜在风险。压力测试是评估风险承受能力的有效手段，监管部门要求银行定期开展压力测试，模拟不同压力下的经营状况，评估风险抵御能力。根据压力测试结果，指导银行调整经营策略，增强风险防范能力。

监管协调机制是提升监管效率的重要保障，通过建立监管部门之间的协调机制，实现信息共享、监管协同，避免监管重复和监管真空。同时，加强中央和地方监管机构的协作，确保监管政策的统一执行。数据治理是强化监管基础的关键环节，监管部门要求银行加强数据质量管理，建立统一的数据标准，确保监管数据的准确性和及时性。通过提升数据治理水平，为科学监管决策提供可靠依据。

第二节　客户经理职业操守规范

商业银行客户经理职业操守规范是规范客户经理行为准则的基本要求，对提升客户经理整体素质、维护银行声誉具有重要意义。客户经理作为银行对外展业的重要窗口，肩负着维护银行形象、承担客户服务、处理业务往来等多重职责。在日常工作中客户经理必须严格遵循合规性、专业性、保密性等核心操守要求，恪守职业道德规范。在合规性方面，客户经理须严格执行监管规定和内部管理制度，遵循合法合规原则开展各项业务，坚决抵制违规操作。在专业性方面，客户经理应具备扎实的金融专业知识和业务技能，持续提升专业水平，为客户提供专业化服务。在保密性方面，客户经理必须严格遵守客户信息保密原则，依法对客户资料、业务信息和商业秘密等进行保护，防止客户信息泄露。在道德规范方面，客户经理要诚实守信、廉洁自律，公平对待客户，树立良好的职业形象。在利益冲突处理方面，客户经理应坚持公平公正原则，平衡各方利益，避免利益输送和损害客户权益的行为。

客户经理职业操守规范的具体内容涵盖多个层面，业务操守规范要求客户经理在业务开展过程中恪守专业标准，严格执行业务流程和操作规程，确保业务合规性和安全性。服务操守规范强调客户经理要坚持以客户为中心的服务理念，了解和满足客户需求，提供优质高效的金融服务。道德操守规范要求客户经理在执业过程中恪守职业道德，保持职业操守，维护职业尊严。行为操守规范规定了客户经理在日常工作和生活中的行为准则，包括着装仪表、言行举止等方面的具体要求。管理操守规范明确了客户经理在团队管理、资源配置、客户维护等方面应遵循的基本原则。风险操守规范强调客户经理要树立风险意识，严格执行风险管理制度，有效防范和控制各类风险。品质操守规范要求客户经理在工作中追求卓越，不断提升服务品质和工作效率。创新操守规范鼓励客户经理在遵循基本规范的前提下，积极探索业务创新和服务创新，提升竞争优势。通过建立和完善这些操守规范，有效引导客户经理树立正确的职业价值观，规范职业行为，提升职业素养。

一、银行职业道德标准

银行职业道德是商业银行从业人员必须恪守的行为准则和价值规范，是维护银行业健康发展的重要保障，银行从业人员的职业道德水平直接关系到金融服务质量、风险控制效果和银行业整体声誉。诚信是银行职业道德的首要原则，银行从业人员必须诚实守信，如实向客户披露业务信息，不得欺诈、误导客户，在办理业务时，应当准确说明产品特点、风险和收费情况，帮助客户作出正确的投资决策。特别是在理财产品销售环节，要严格执行适当性管理要求，确保产品与客户风险承受能力相匹配。

专业性是银行职业道德的基本要求，银行从业人员应当具备必要的专业知识和业务技能，持续学习新的业务知识和监管要求，在为客户提供服务时，要运用专业判断，提供合适的金融解决方案，同时，要及时了解市场动态和政策变化，不断提升服务能力。保密义务是银行职业道德的重要内容，银行从业人员必须严格保护客户信息，未经授权不得泄露或不当使用，在处理客户资料时，要建立严格的保密制度，防范信息泄露风险，特别是在大数据时代，要加强对客户数据的安全管理，防止信息被非法获取或滥用。

公平对待客户是银行职业道德的基本要求，银行从业人员应当平等对待所有客户，不得因客户的经济状况、社会地位等因素进行差别对待，在提供金融服务时，要遵循市场公平原则，确保定价合理、条款公平。同时，要特别关注弱势群体的金融需求，提供适当的金融支持。合规经营是银行职业道德的重要体现，银行从业人员必须严格遵守法律法规和监管要求，依法合规开展业务，在日常工作中，要时刻警惕违规风险，发现问题及时报告和纠正。特别是在创新业务领域，要坚持依法合规原则，防止触碰监管底线。

防范利益冲突是银行职业道德的核心要求，银行从业人员应当避免个人利益与职业责任发生冲突，不得利用职务之便谋取私利，在处理业务时，要严格执行回避制度，确保决策的客观公正。同时，要规范与客户的业务往来，避免不当利益输送。勤勉尽责是银行职业道德的具体表现，银行从业人员应当认真履行岗位职责，积极主动完成工作任务，在服务客户过程中，要耐心细致，及时回应客户需求。特别是在处理客户投诉时，要认真查找问题原因，妥善解决客户诉求。

团队协作是银行职业道德的重要方面。银行从业人员应当树立团队意识，积极配合同事工作，共同完成工作目标。在业务协作中，要加强沟通交流，相互支持帮助。同时，要正确处理同事关系，维护良好的工作氛围。社会责任是银行职业道德的崇高追求，银行从业人员应当践行社会责任，支持实体经济发展，服务国家战略，在开展业务时，要考虑环境和社会影响，推动绿色金融发展。同时，要积极参与公益事业，回报社会。

创新发展是银行职业道德的时代要求，银行从业人员应当与时俱进，积极适应金融科技发展，提升创新能力。在业务创新中，要坚持以客户为中心，提供更好的金融服务，同时，要注重风险防控，确保创新稳健可持续。风险意识是银行从业人员必备的职业素养，在日常工作中，要时刻保持对各类风险的警惕性，包括信用风险、市场风险、操作风险等。对于新出现的风险点，要及时识别和报告，采取有效的防范措施，特别是在授信审批、资金交易等重要环节，要严格执行风险控制程序。自律精神是银行从业人员的重要品质，要严格要求自己，遵守各项规章制度，保持良好的职业操守，在工作中要有责任心，不能因为个人懈怠而影响业务质量。同时，要注重个人修养，维护良好的职业形象。

客户至上是银行服务的核心理念，银行从业人员要始终把客户利益放在首位，提供优质、高效的金融服务。要深入了解客户需求，为客户提供个性化的金融解决方案。在服务过程中，要注重客户体验，持续改进服务质量。廉洁从业是银行职业道德的底线要求，银行从业人员必须保持廉洁自律，不得利用职务之便谋取不正当利益。要严格遵守反腐败相关规定，不得收受贿赂或其他形式的利益输送。同时，要主动抵制各种不正当交易和利益诱惑。持续学习是保持专业竞争力的必要条件，银行从业人员要建立终身学习的意识，不断更新知识结构，要主动了解最新的金融政策、市场动态和业务创新，提升专业能力。同时，要积极参与业务培训和交流，扩展职业视野。工作纪律是职业道德的具体体现，要严格遵守工作时间，保持良好的工作秩序。在日常工作中，要按照规定程序办理业务，认真履行岗位职责。对于工作任务，要按时完成，保证质量。服务态度直接影响银行形象，银行从业人员要保持积极热情的服务态度，耐心细致地解答客户问题。要善于换位思考，站在客户角度考虑问题。即使面对难缠的客户，也要保持职业素养，妥善处理矛盾。

诚信经营是银行持续发展的基础，要如实向客户介绍产品特点和风险，不得虚假宣传或误导客户。在业务办理过程中，要严格执行合同约定，履行服务承诺。对于客户反映的问题，要及时处理，诚恳负责。责任担当是职业道德的高层次要求，银行从业人员要有担当精神，勇于承担责任，主动解决问题。在工作中遇到困难时，要迎难而上，不推诿塞责。对于自己的工作失误，要及时承认并改正。团队协作是提高工作效率的保障，要善于与同事合作，建立良好的工作关系。在团队中要发挥自己的优势，同时也要帮助他人提高业务水平。要注重信息共享和经验交流，促进团队整体业绩的提升。

二、个人行为规范

个人行为规范是银行从业人员日常工作中必须遵循的具体准则，直接关系到银行的专业形象和服务质量。这些规范涵盖了从业人员的仪容仪表、服务态度、工作纪律等多个方面。在仪容仪表方面，银行从业人员必须保持整洁得体的职业形象。男性员工应当着装规范，保持头发整齐，不留胡须；女性员工应当妆容适度，发型规范。工作服装要符合银行统一要求，保持清洁整洁。在工作场所要佩戴工牌，保持良好的精神面貌。在服务态度方面，服务用语规范是提升服务质量的基础，与客户交流时要使用规范的服务用语，语气要温和礼貌。接听电话要报出部门和姓名，语速要适中清晰。对客户询问要耐心解答，不能使用生硬或不当的语言。工作纪律是个人行为规范的重要组成部分，要严格遵守工作时间，不迟到早退。要按照规定请假和销假，不得擅自离岗，在工作时间内要专注工作，不得从事与工作无关的活动。要严格遵守银行各项规章制度，不得违规操作。

工作场所行为规范要求严格，在营业大厅要保持安静，不大声喧哗。与同事交流要使用适当的语气和用语，维护良好的工作氛围。不得在工作场所吃东西或做与工作无关的事情。

业务操作规范是确保工作质量的关键，要严格执行各项业务操作流程，做到手续完备、记录清晰。操作系统时要按照规定权限和程序进行，不得擅自更改操作流程。对于重要业务要实行双人复核制度。

保密纪律要求格外严格，不得在公共场所谈论工作秘密，不得向无关人员泄露客户信息。各类文件资料要妥善保管，涉密文件要专人管理。电脑、手机等设备要设置安全密码，防止信息泄露。

廉洁自律是个人行为的基本要求，不得利用工作之便谋取私利，不得收受客户礼品和好处。要主动抵制商业贿赂，不得参与各种不正当交易。严格执行亲属回避制度，防止利益冲突。

客户投诉处理要规范得当，面对客户投诉要保持冷静，认真倾听客户诉求。要按照规定程序处理投诉，及时反馈处理结果。对于重大投诉事件要及时上报，不得隐瞒不报。

安全管理规范不容忽视，要熟悉安全操作规程，严格执行安全管理制度。要保持安全意识，发现可疑情况及时报告。参与安全培训和演练，提高安全防范能力。

工作质量控制要严格把关，要仔细核对业务数据，确保准确无误。对于重要文件要进行反复审核，防止出现差错。发现问题要及时纠正，并采取防范措施。

环境保护意识要时刻谨记，要注意节约用电、用水，减少纸张使用。办公用品要爱惜使用，提高资源利用效率，要支持银行的绿色环保政策，从细节做起。

突发事件处理要有预案，面对突发情况要保持镇定，按照应急预案处理。要及时向上级报告情况，必要时寻求支持和协助。事后要认真总结经验教训。

责任意识要时刻牢记，要对自己经办的每项业务负责，确保无差错。要对客户负责，提供优质服务，要对银行负责，维护良好声誉。

客户隐私保护要求严格执行。在处理客户资料时，要做好保密工作，不得擅自查询或泄露客户信息。工作台要保持整洁，客户资料不得随意放置。离开工作岗位时要锁屏、收起文件，防止信息泄露。

业务学习要持续深入，要认真研究业务政策和操作规程，确保业务办理准确无误。要主动了解市场动态，掌握产品特点，提高业务咨询和营销能力。对于政策变化要及时学习，确保业务开展合规有序。

业务档案管理要规范，要按照要求做好业务档案的收集、整理和归档工作。重要单证要妥善保管，定期检查档案完整性。电子档案要定期备份，确保资料安全完整。

工作区域管理要规范，要保持办公环境整洁，物品摆放有序。公共区域要注意维护，不得堆放杂物，要爱护办公设施，发现问题及时报修。

安全防范意识要增强，要熟悉消防安全知识，掌握安全设备使用方法。要定期检查用电安全，及时排除安全隐患。发现可疑人员要及时报告，确保工作场所安全。

应急处置能力要提升，要熟悉各类突发事件应急预案，掌握处置流程。要参加应急演练，提高实战能力，遇到突发事件要及时报告并采取措施。

服务创新要积极探索，要根据客户需求提出服务改进建议。要运用新技术提升服务效率和质量，创新措施要在合规前提下推进，确保风险可控。

对外交往要谨慎，与客户交往要保持适当距离，不得过分亲密。

内部监督要主动参与，发现违规行为要及时制止和报告。要配合内部审计工作，如实提供相关资料，对于管理建议要认真对待并改进。

工作交接要规范，工作调动或离职时要做好工作交接。要详细说明工作内容和注意事项，确保工作平稳过渡，重要文件和密码要及时移交，防止遗漏。

这些行为规范要求确保了银行工作的有序开展，维护了良好的工作秩序和服务质量，每位银行从业人员尤其是客户经理都应该认真学习和严格执行这些规范，不断提升自己的职业素养和服务水平。

本章小结

本章主要阐述了商业银行客户经理的法律监管体系、职业道德和行为规范三个核心内容。在法律监管方面，我国建立了以中国人民银行为核心，国家金融监督管理总局为主要监管机构的"一行一局一会"监管格局。通过《中华人民共和国商业银行法》《中华人民共和国银行业监督管理法》《中华人民共和国反洗钱法》等法律法规，构建了完整的监管框架，对银行业实施全方位监督管理。监管内容涵盖市场准入、业务经营、风险控制等多个方面，确保银行业稳健运行。在职业道德方面，银行从业人员必须恪守诚信原则，保持良好的职业操守。这要求客户经理在工作中做到诚实守信，如实向客户披露业务信息，不得存在欺诈或误导行为。同时，要具备扎实的专业知识和业务技能，通过持续学习提升服务能力。保密义务是职业道德的重要内容，客户经理必须严格保护客户信息，防止信息泄露。此外，要坚持公平对待所有客户，不得因客户的经济状况等因素进行差别对待。

在个人行为规范方面，对客户经理提出了具体要求。首先是仪容仪表要求，着装必须整洁得体，保持良好的职业形象。工作纪律方面要求严格遵守考勤制度，按时完成工作任务。服务态度必须热情专业，善于与客户沟通交流。业务操作必须严格遵守规章制度，确保合规运作。在办公环境管理、档案管理、安全管理等方面都有明确规范。

本章内容是客户经理履职的基本遵循，通过掌握相关法律法规，树立正确的职业道德观念，养成良好的行为习惯，客户经理能够更好地履行岗位职责，为客户提供优质服务，同时防范各类风险，维护银行良好声誉。这些内容相互关联、缺一不可，共同构成了客户经理的专业素养要求。所有客户经理都应该认真学习这些内容，在实践中不断提升自己的职业能力和职业操守。

课后习题

一、单项选择题

1.（　　）不是银行业监管体系的主要内容。

A. 资本监管 B. 流动性监管

C. 产品定价管理 D. 风险管理

2.银行客户经理在业务营销中，以下哪种行为是正确的（　　）。

A. 承诺保本收益 B. 如实披露风险

C. 夸大产品收益 D. 隐瞒不利信息

3.发现客户涉嫌洗钱时，客户经理应（　　）。

A. 直接报警 B. 向主管部门报告

C. 告知客户 D. 拒绝交易

二、多项选择题

1.（　　）是客户经理的禁止行为。

A. 收受贿赂 B. 泄露信息

C. 违规操作 D. 谋取私利

2.客户经理进行贷后管理应关注（　　）

A. 经营状况 B. 还款能力

C. 担保情况 D. 风险预警

3.关于客户资料管理，应注意（　　）

A. 分类归档 B. 及时更新

C. 严格保管 D. 定期核查

三、简答题

1.简述我国金融监管体系构成。

2.客户经理职业操守规范具体包含哪些内容？

第十一章课后习题答案

第十二章 行业发展方向与展望

第一节 银行业发展方向分析

银行业发展正经历深刻转型，数字化转型成为行业发展的主要方向。金融科技的广泛应用推动银行业务模式和服务方式发生重大变革，人工智能、大数据、云计算、区块链等技术在银行领域的深度应用，显著提升了业务处理效率和风险管理水平。移动支付、在线融资、智能投顾等创新业务蓬勃发展，传统银行网点向智能化、轻型化方向转变。银行机构通过数字化转型重塑业务流程，构建线上线下一体化服务体系，为客户提供更加便捷、个性化的金融服务。在对公业务领域，供应链金融、票据区块链等创新模式快速发展，提升了产业链金融服务效率；在零售业务领域，场景金融深度融入消费者生活，实现了金融服务的无缝对接。银行机构加大科技投入，通过建设开放银行平台，推进金融服务生态化发展，促进银行业务与各类场景的深度融合。

银行业在服务实体经济方面展现出新特点，绿色金融、普惠金融成为重要发展方向。银行机构积极推进绿色信贷，支持节能环保、清洁能源等绿色产业发展，助力经济社会绿色转型。普惠金融服务持续深化，通过发展供应链金融、科技金融等模式，提升小微企业融资可得性，发挥金融服务实体经济的基础作用。银行业竞争格局面临重构，金融科技企业、互联网平台等新型主体深度参与金融服务，推动银行业态向多元化方向发展。银行机构在强化合规经营和风险管理基础上，持续优化业务结构，拓展中间业务收入，推进轻资本转型。监管政策持续完善，强调服务实体经济导向，引导银行业回归本源、专注主业，防范化解金融风险。银行业发展呈现出服务多元化、经营特色化、管理精细化的趋势，银行机构通过差异化定位和专业化发展，构建可持续的竞争优势，推动银行业高质量发展。

一、数字化转型

数字化转型已成为银行业高质量发展的必然选择，从外部环境看，科技发展日新月异，客户行为加速线上化，市场竞争日趋激烈；从内部需求看，传统业务模式面临挑战，经营成本持续攀升，服务效率亟需提升，银行必须通过数字化转型重塑核心竞争力。人工智能技术在银行业加速落地，智能客服提供7×24小时在线服务，准确率超过95%。智能风控系统实现实时风险监测，有效识别欺诈风险，智能营销模型支持精准客户画像，提升转化效率，智能运营平台优化业务流程，降低运营成本。

大数据技术支撑经营决策，客户数据分析助力精准营销，提升客户体验，交易数据监测发现异常行为，防范业务风险。市场数据研究把握投资机会，优化资产配置。运营数据管理提升运营效率，降低经营成本。区块链技术创新业务模式，供应链金融服务实现信息可追溯，降低融资成本。跨境支付结算提升交易效率，优化客户体验，数字票据业务防范虚假交易，确保业务真实。资产证券化提高交易透明度，增强市场信心。云计算技术提供基础支撑，私有云平台建设提升系统处理能力，保障业务连续。混合云架构部署增强资源弹性，提高使用效率；云原生技术应用加快创新速度，降低开发成本。云安全体系建设强化安全防护，保护数据安全。商业银行数字化转型中零售业务板块呈现出全新发展态势，移动金融服务创新持续深化，构建起涵盖支付结算、投资理财、消费信贷等全方位的一站式金融服务体系。线上信贷产品体系日益丰富，基于大数据风控的个人信用贷款、消费分期等产品广受欢迎，满足了居民多样化的融资需求。数字支付工具在各类消费场景中广泛应用，二维码支付、生物识别支付等创新支付方式极大提升了支付便利性。财富管理平台运用智能投顾技术，为客户提供个性化的资产配置建议，全面提升了投资理财服务的专业性和便捷性。对公业务数字化转型通过供应链金融服务创新支持产业链发展，企业网银平台升级优化了结算体验，现金管理系统帮助企业提升资金使用效率，投资银行业务数字化重构了投行价值链，形成了全方位的企业金融服务体系。同业业务数字化转型通过智能化改造提升了金融市场业务交易效率，资管业务数字化提高了投研能力和资产配置水平，同业合作平台促进了资源共享与业务协同。

组织架构调整方面，银行普遍成立数字化转型办公室统筹推进转型工作，设立金融科技部门负责技术创新应用，组建敏捷开发团队加快产品迭代升级，建立跨部门协作机制提升组织效能。人才队伍建设坚持引进与培养并重，通过引进金融科技专业人才充实技术力量，培养复合型人才提升创新能力，转变员工思维方式形成数字化理念，优化人才结构布局满足发展需要。科技能力提升持续加大投入，强化自主创新掌握核心技术，完善数据治理体系发挥数据价值。数字化转型实施策略强调顶层设计的科学性和系统性，通过制定详细的转型规划明确战略目标和实施路径，建立配套机制形成政策支持，加强组织保障推动落地见效。分步实施过程中，优先选择重点领域突破，统筹推进各项任务协调发展，注重实施效果持续优化提升。风险管控方面建立了全面风险管理体系，强化内部控制机制规范运作，提升科技风险防控水平，确保转型过程的稳健性和合规性。配套保障体系包括建立工作协调机制、完善考核评价体系、实施容错纠错机制等，通过制度建设规范转型管理，加强监督检查确保执行到位。数字化服务平台建设持续深化，移动金融平台整合了线上服务功能，开放银行平台对接外部合作伙伴拓展服务场景，数据分析平台支持精准营销决策，区块链服务平台创新业务模式优化流程效率。企业级架构平台完善升级，形成了技术架构、数据架构、应用架构、安全架构的统一框架。智能运营平台创新发展，通过智能营销、智能风控、智能运维、智能客服等系统全面提升运营效能。线上服务渠道优化升级，手机银行App、线上营业厅、微信银行等渠道功能不断丰富，线下网点智能化改造提升了自助服务能力，服务流程重塑再造减少了业务办理环节。

智慧运营体系建设全面推进，智能营销能力建设通过客户画像分析实现精准营销，产品推荐模型提升匹配度，营销活动管理提高效果。智能风控体系完善了反欺诈模型、信用评分模型、预警监测系统等关键环节，智能运营管理实现了业务处理自动化、运营监控可视化、资源调配智能化。数字化人才培养体系日益完善，专业人才队伍建设注重引进金融科技领域专家，培养数据分析建模人才，储备产品创新研发人才，建设运维安全技术团队。

人才培训体系通过开展数字化专题培训、技能实操练习、案例研讨交流等多种形式提升员工能力。创新实验室建设推动技术创新研究，重点开展区块链技术应用研究、人工智能算法优化、大数据分析模型开发、云计算架构设计创新等工作。产品创新孵化围绕移动支付、供应链金融、财富管理、跨境金融等重点领域开展研发。服务模式创新聚焦场景金融服务创新、开放银行模式探索、生态圈建设研究等方向。数字化基础设施建设持续加强，技术架构升级推进分布式架构改造、微服务架构应用、云原生技术部署。数据中心建设完善了灾备体系，网络设施优化实现了5G网络覆盖，物联网设施部署和边缘计算能力建设不断推进，网络安全防护体系全面加强。数字化基础设施建设作为转型的重要支撑，正在向更高水平迈进。分布式架构改造全面推进，微服务架构在各业务系统中广泛应用，云原生技术深度部署提升了系统弹性和可扩展性。开放 API 架构建设加快了银行服务能力的输出，促进了金融生态圈的构建。数据中心建设在完善灾备体系的同时，积极引入自动化运维技术，应用绿色节能解决方案，打造智能化的新一代数据中心。在网络设施方面，5G 网络的全面覆盖为智能化应用提供了有力支撑，物联网设施的广泛部署拓展了数据采集渠道，边缘计算能力的建设提升了数据处理效率，网络安全防护体系的持续加强确保了系统运行的安全稳定。

未来银行业数字化转型将呈现出更加深入的发展趋势。科技应用领域将进一步扩大，人工智能技术在风险控制、客户服务、运营管理等领域的应用将更加深入，大数据分析能力的提升将支撑更加精准的经营决策，区块链技术的创新应用将重构更多业务场景，云计算的全面应用将为业务创新提供更加坚实的基础支撑。服务模式创新将持续深化，场景化服务将更加普及便利，个性化服务将更加精准贴心，专业化服务将更加深入全面，生态化服务将更加开放共赢。管理要求也将不断提升，风险控制体系将更加健全有效，合规要求将更加严格规范，创新能力将更加突出，运营效能将更加高效顺畅。通过持续推进数字化转型，银行业将在服务模式创新、管理机制优化、风险防控提升等方面取得新的突破，推动行业高质量发展迈上新台阶。

二、业务模式创新

银行业务模式创新是适应市场变化、提升竞争力的必然选择。在金融科技发展、客户需求升级和市场竞争加剧的背景下，传统业务模式面临巨大挑战，银行必须通过创新实现转型发展。

消费金融服务创新深化。场景化消费信贷产品丰富，满足多样化融资需求。信用评价模型优化，提升风险管理水平。额度授信管理灵活，支持循环使用。还款方式多样，减轻客户负担。

金融市场深化改革，推动商业银行加快业务创新转型步伐，带动对公业务领域供应链金融服务持续升级。供应链金融业务模式创新通过核心企业信用带动上下游企业融资，运用区块链技术创新业务模式提高运营效率，应收账款融资、订单融资等产品创新满足企业多样化融资需求。现金管理服务体系日益完善，资金池管理优化提升企业资金使用效率，跨境资金管理创新满足企业国际化需求，收付款管理便捷优化结算体验。投资银行业务转型升级，债券承销品种创新服务企业直接融资需求，并购重组服务深化支持企业战略发展，资产证券化业务拓展盘活存量资产，投行顾问服务升级提供企业综合金融解决方案。债券承销业务领域推进品种创新设计，满足企业多样化融资需求，优化承销定价机制提高市场竞争力，完善投资者网络建设扩大配售渠道，加强存续期管理维护市场声誉。并购重组服务深化发展，顾问服务体系完善提供专业建议，融资方案创新支持交易实施，后续整合服务拓展助力企业发展，跨境并购服务完善把握国际化机遇。

同业业务创新呈现多元化发展态势，推动业务模式持续优化升级，金融市场业务创新领域不断拓展延伸。债券投资策略优化提升投资收益，衍生品业务发展满足风险管理需求，做市交易能力提升增强市场影响力，新型投资工具研发丰富产品体系。资产管理业务加快净值化转型步伐，投资范围不断扩大优化资产配置，风险管理体系完善确保稳健运行，客户服务升级提升价值创造能力。同业合作领域不断拓展，同业资金业务创新提升市场效率，资产交易合作加强促进资源有效流动，金融科技合作深化实现优势互补和协同发展。资产管理业务转型升级加快推进，净值化管理转型深化提升专业能力，主动管理能力建设提高投资业绩，客户服务体系优化提升服务价值，科技赋能应用深化支持业务发展。资产托管业务创新发展，托管产品线不断丰富满足多样化需求，托管运营效率提升优化服务体验，托管风控体系完善防范业务风险。

创新业务布局紧跟市场发展趋势，推动业务领域持续延伸拓展，绿色金融业务发展步伐明显加快。绿色信贷产品创新支持企业低碳转型，绿色债券承销发行推动直接融资发展，环境权益融资创新服务碳中和目标实现，ESG投资理念融入践行社会责任。科技金融服务深化升级，科创企业服务方案优化支持创新发展，知识产权融资创新盘活无形资产，科技保险业务合作分散创新风险，投贷联动模式探索完善融资体系。普惠金融服务创新提速，小微企业融资产品创新缓解融资难题，农村金融服务优化支持乡村振兴战略实施，普惠信贷模式创新提升服务效率，金融科技赋能服务降低运营成本。跨境金融业务创新发展，跨境结算便利化优化结算体验，跨境投融资服务创新满足企业需求，自贸区业务创新把握政策机遇，境外机构布局优化提升服务能力。普惠金融服务创新深化，小微企业服务体系优化提升服务能力，三农金融服务深化支持农业发展，民生金融服务创新满足居民需求，个人财富管理创新提升服务价值。消费金融服务创新加快，场景融合深化提供便捷服务，风控模型优化提升管理能力，产品创新发展丰富服务体系。

管理创新机制建设全面加强，推动创新支撑体系日益完善，创新管理流程持续优化规范。产品创新管理规范化程度提升，创新立项审批规范把控创新方向，研发测试流程完善确保产品质量，风险评估严格防范创新风险，退出机制健全及时优化调整。资源配置持续优化，创新资源投入加大支持创新发展，创新团队建设加强培养专业人才，创新激励政策完善调动创新积极性，创新平台搭建提供支撑保障。风险管理机制不断强化，创新业务风险识别设置防控措施，合规审查严格确保依法合规经营，技术风险防范保障系统安全运行，声誉风险管理维护品牌形象。考核评价机制科学化水平提升，创新指标设置科学引导创新方向，考核方式灵活适应创新特点，容错机制建立鼓励探索创新，评价结果运用推动持续改进。创新能力建设持续深化，创新研发体系完善提升技术实力，创新合作机制优化促进资源共享，创新文化培育营造良好氛围，创新成果转化推动实践应用。科技支撑能力提升，创新实验室建设探索技术应用，研发团队建设提高创新能力，创新平台搭建提供技术支持，安全防护加强保障系统稳定。

合作模式创新深入推进，推动协同发展格局加快形成，银企合作模式持续优化深化。产业链金融服务创新支持产业发展，产业基金合作设立促进转型升级，投贷联动机制完善优化融资结构，综合金融服务方案制订提供一揽子解决方案。银政合作机制不断优化，政务场景对接深入便利民生服务，政策性金融合作加强支持重点领域发展，财政资金合作创新提升资金使用效率，数据共享机制建立防范信用风险。银校合作稳步推进，校园金融服务创新满足师生需求，产学研合作深化促进创新发展，人才培养合作加强储备专业人才，金融教育普及深入提升金融素养。创新合作生态体系建设，产业生态圈构建支持协同发展，消费生态圈完善提供场景服务，投资生态圈优化满足投资需求，金融科技赋能提升服务效率。风险管理创新深化，风险识别模型优化提升风控能力，风控技术应用创新提高管理效果，风险管理机制完善防范各类风险，风险文化建设夯实管理基础。服务价值创造能力提升，服务模式创新优化客户体验，服务效率提升降低运营成本，服务质量改进满足客户需求，服务品牌建设树立市场形象。

运营模式创新转型升级步伐加快，推动业务处理效率持续提升，集中运营模式不断优化完善。后台业务集中处理提升运营效率，运营中心建设完善降低运营成本，流程标准化管理确保业务质量，科技系统支撑保障运营安全。数字化转型创新推进，业务流程再造简化操作环节，资源配置优化提高使用效率，智能化改造提高处理能力，风险管控加强确保合规运行。运营服务体系升级，服务标准体系建设规范业务操作，服务质量管理优化提升服务水平，服务效率提升满足客户需求，服务价值创造增强市场竞争力。敏捷运营机制深化，组织架构优化提升响应速度，资源调配灵活满足业务需求，创新机制完善支持快速发展，运营效能提升创造经营价值。

数字化创新转型深入推进，带动业务发展模式持续优化升级，数字金融服务创新步伐明显加快。数字人民币应用场景拓展探索创新服务，数字支付结算体系建设优化支付体验，数字货币钱包开发提供便捷服务，数字化基础设施完善保障业务发展。数字资产管理服务创新，数字资产托管业务开展拓展服务领域，数字资产交易服务创新规范市场发展，数字资产估值体系建立提供定价参考，数字资产风控体系构建防范业务风险。数字化会员服务体系建设提升客户价值，数字化积分管理创新增强客户黏性，数字化权益交易平台搭建便利权益流转，数字化营销活动开展提升服务体验。数据服务能力建设深化，数据分析模型开发提供决策支持，数据产品设计创新满足市场需求，数据服务平台搭建规范数据使用，数据安全管理加强确保合规运营。

开放银行发展战略实施，推动服务创新持续深化，金融服务场景边界不断拓展延伸。API 开放平台建设支持服务输出，标准化 API 接口开发便利服务对接，开放平台功能完善满足接入需求，安全防护体系建立保障数据安全，运营管理机制完善规范平台运作。场景金融服务创新，生活场景服务拓展提供便民服务，政务场景对接深入便利办事流程，产业场景合作加强支持企业发展，投资场景整合优化创造投资价值。智能化服务升级，智能客服系统部署提升服务效率，智能风控体系建设防范业务风险，智能营销平台搭建支持精准营销，智能运营管理优化经营效能。生态圈建设深化，消费生态圈构建提供一站式服务，产业生态圈完善支持协同发展，投资生态圈优化满足投资需求，服务生态圈拓展创造场景价值。

网点转型创新升级步伐加快，推动服务模式持续优化创新，网点功能定位不断调整完善。智能网点建设深化，智能设备配置优化提高自助服务水平，智能机器人应用改善服务体验，生物识别技术运用便利业务办理，智能营销系统部署支持精准营销。综合服务升级创新，理财中心建设提供专业服务，企业服务中心设立服务对公客户，普惠服务站布局服务小微企业，社区金融服务创新便利居民生活。运营模式优化调整，厅堂服务流程再造提高服务效率，人员结构调整优化充实营销力量，考核机制创新完善激励服务提升，科技赋能加强支持智能运营。

创新管理体系建设不断完善，推动管理机制持续优化创新，管理效能显著提升。风险识别模型优化，数据分析技术应用提升风险识别能力，行为评分模型创新完善信用评估，市场风险预警模型建设防范市场风险，操作风险监测强化规范业务操作。风控技术应用创新，人工智能技术运用提升风控智能化水平，区块链技术应用增强业务透明度，生物识别技术使用加强身份认证，智能监控系统部署实现实时预警。管理机制创新完善，全面风险管理体系建设统筹各类风险，授权管理机制优化规范业务审批，监督检查机制加强及时发现问题，问责处理机制严格落实风控责任。人才培养体系优化，专业人才引进充实创新力量，培训体系建设提高创新能力，考核机制优化激励创新动力，团队文化建设营造创新氛围。

收入来源多元化发展格局加快形成，带动盈利模式持续优化创新，经营效益稳步提升。中间业务收入增长，理财业务转型升级提升管理能力，代销业务范围扩大丰富产品体系，投资银行业务创新增加收入来源，资产管理规模扩大创造稳定收益。交易性收入优化，金融市场业务创新把握投资机会，做市交易能力提高增加交易收益，衍生品业务发展创造交易价值，资产交易模式创新盘活存量资产。咨询顾问收入拓展，财务顾问服务深化提供专业建议，投资顾问业务发展优化资产配置，企业顾问服务创新支持企业发展，研究咨询能力建设创造智力价值。服务定价机制创新，差异化定价策略实施体现服务价值，组合定价模式推广提高综合收益，动态定价机制建立适应市场变化，价值贡献评估体系完善科学定价。通过持续推进业务创新转型发展，商业银行市场竞争力和价值创造能力不断增强，推动实现高质量可持续发展。

第二节　客户经理职业前景预测

客户经理职业前景预测展现了广阔的发展空间和多元化的发展路径，随着金融市场深化改革和银行业转型升级步伐加快，客户经理职业发展机遇与挑战并存。机遇方面体现在金融创新发展为客户经理提供了更为广阔的职业发展空间，金融科技应用提升了客户经理的工作效率和服务能力，产品体系日益丰富为客户经理创造了更多的业务机会和价值贡献空间。客户经理职业发展路径呈现多元化特征，专业路径方面可以向产品专家、行业专家等方向发展，提升专业深度和市场影响力；管理路径方面可以向团队主管、部门经理等管理岗位发展，培养综合管理能力；复合发展路径则可以在专业能力和管理能力方面协调发展，打造复合型人才优势。同时客户经理的角色定位从传统的业务营销向全方位的客户经营顾问转变，服务内容从单一的信贷业务向综合金融服务升级，价值创造能力从规模增长导向向质量效益导向转型，职业发展空间和价值实现途径更加丰富多样。

客户经理职业发展也面临新的挑战和更高的能力要求，金融科技发展带来获客模式和服务方式的深刻变革，客户经理需要主动适应数字化转型趋势，提高科技应用能力和数字化服务能力。市场竞争加剧对客户经理的专业能力提出更高要求，需要在产品知识、行业研究、风险管理等方面持续提升专业深度。客户需求升级要求客户经理具备更强的综合金融服务能力，能够为客户提供个性化的金融解决方案。风险管理趋严对客户经理的合规经营和风险管控能力提出更高标准。应对这些挑战需要客户经理加强学习能力建设，构建知识更新机制，打造终身学习能力；加强专业能力建设，在产品、行业、风险等方面形成专业特色和竞争优势；加强科技应用能力，主动适应数字化转型趋势；加强综合服务能力，为客户创造更大的价值。通过持续提升核心竞争力，客户经理能够在竞争中保持职业竞争优势，获得更大的职业发展和价值创造空间。未来客户经理这一职业将在金融服务体系中发挥更加重要的作用，为推动银行业高质量发展贡献力量。

一、行业就业需求分析

银行业客户经理岗位需求呈现结构性变化与多元化发展趋势，带动传统业务与新兴业务领域人才需求格局发生深刻变革。从业务领域来看，科技金融、绿色金融、养老金融等新兴业务领域的专业客户经理需求快速增长，年增长率超过30%，而传统业务领域如个人存款、企业贷款等基础业务的客户经理需求则趋于平稳。综合型客户经理需求显著增加，这类岗位要求从业人员具备金融、科技、管理等多领域知识储备，能够为客户提供全面的金融解决方案。区域分布特征显示，一线城市对高端人才需求集中，主要面向具有研究生以上学历且拥有3年以上从业经验的高端客户经理，着重发展私人银行、投资银行等高端业务。二三线城市需求范围广泛，既需要零售业务客户经理，也需要对公业务客户经理，同时对普惠金融等领域也有较大需求。县域地区需求相对稳定，主要以服务小微企业、"三农"客户为主，对客户经理的专业要求相对较低，但要求具备较强的营销能力和风险管理意识。金融市场竞争加剧推动客户经理专业化、差异化发展的趋势显著，市场对专业人才的需求不断提升。

薪酬待遇体系呈现分层次发展特征与显著的差异化结构，体现了不同业务领域和岗位层级的价值定位。高端人才薪酬水平较高，私人银行、投资银行等领域的高端客户经理年收入普遍在50万元以上，部分优秀人才可达百万元以上，薪酬构成包括基本工资、业绩提成、年终奖金等多个部分。中端人才薪酬保持适中水平，零售业务、对公业务等传统领域的客户经理年收入在20万~50万元之间，具体收入水平与业绩完成情况、所在地区经济发展水平等因素密切相关。基层人才薪酬体现稳定性特征，普惠金融、基础业务等领域的客户经理年收入在10万~20万元之间，收入结构以固定工资为主，辅以绩效奖金激励。专业背景要求不断提升，金融、经济类专业背景仍是主流，但对计算机、数据分析等跨学科背景的需求明显增加，学历要求普遍提高到本科及以上层次，部分岗位要求硕士及以上学历。工作经验更受重视，银行更看重实际工作经验和行业经验，特别是有银行从业经验和成功业绩案例的优秀人才更受青睐。薪酬体系的差异化设计有效激励了客户经理的专业化发展，推动人才结构持续优化。

岗位结构变化反映银行业转型升级趋势与人才需求转型导向，推动客户经理岗位向更专业化、差异化方向发展。传统业务领域转型升级步伐加快，柜面客户经理占比下降，更多转向营销服务岗位。理财客户经理向投资顾问转型，提供专业化服务。对公客户经理向综合金融服务发展，提供全方位解决方案。科技金融客户经理需求旺盛，要求从业人员熟悉互联网金融、金融科技等领域，了解科技创新政策，具备科技金融产品设计能力。绿色金融客户经理岗位逐步兴起，主要服务环保、新能源等行业企业，需要熟悉环境评估标准，掌握碳金融知识，具备项目评估能力和风险管理能力。养老金融客户经理岗位规模扩大，主要服务老年客群，提供养老理财、养老保险等专业服务，要求了解养老金融政策，熟悉老年客户特点。岗位结构的优化调整为客户经理职业发展提供了更广阔的空间和更多元的发展路径，推动人才队伍专业化建设深入发展。

行业发展机遇体现多层次特征与深化发展趋势，数字化转型与创新发展为客户经理带来新的职业发展空间。数字化转型为客户经理带来新的发展机遇，特别是在数字营销、智能风控、在线服务等领域，掌握数字化技能的客户经理更具竞争优势。银行业务模式创新不断深化，为客户经理提供更大发展空间，新产品、新业务的推出需要专业的客户经理团队支持。普惠金融、绿色金融等政策导向为客户经理发展提供有利环境，政策支持带来更多业务机会和发展空间。个人金融、企业金融等传统业务领域仍保持稳定需求，但要求客户经理加快转型升级，提高专业服务能力。科技金融、绿色金融、养老金融等新兴领域需求增长迅速，为客户经理提供广阔发展空间。随着银行业务发展，客户经理团队管理岗位需求增加，优秀客户经理有机会晋升为团队主管、部门经理等。行业发展格局的深刻变革为客户经理提供了更大的价值创造空间，推动职业发展进入新的阶段。

市场竞争环境推动客户经理专业化转型发展，对从业人员的综合素质提出更高要求。专业知识更新加快，金融市场变化快速，产品创新频繁，要求客户经理持续学习，更新知识储备，树立终身学习意识，保持知识更新。实践能力要求提高，除了理论知识，更强调实践经验和问题解决能力，案例分析能力、风险判断能力、决策执行能力都显得尤为重要。创新意识日益重要，市场竞争要求客户经理具备创新思维，能够创新服务方式，开发新的业务机会，创新能力成为重要的竞争优势。综合素质提升不可忽视，加强沟通表达能力，提高客户服务水平，培养团队协作精神，增强组织协调能力，通过提升商务谈判技巧更好把握业务机会。风险管理意识强化，合规经营理念深化，操作风险防范能力提升，声誉风险管理意识增强，推动客户经理队伍整体素质持续提升。

就业准入门槛持续提升带动人才选拔标准不断优化，推动客户经理队伍专业化水平显著提高。学历要求不断提高，本科学历已成为基本要求，重点岗位和管理岗位普遍要求硕士及以上学历，专业背景要求更加多元化。职业资格认证体系完善，需要取得银行业从业资格证书，部分专业岗位还需要特定资格认证，职业资格认证成为就业必备条件。实务经验要求提升，银行更看重实际工作经验，特别是行业经验和客户资源积累，应届生就业难度增加，实习经历变得更加重要。职业素养要求提高，职业道德、专业操守、团队意识等软实力指标受到重视，成为人才选拔的重要参考依据。人才评价体系优化，建立多维度评价指标，综合考察专业能力、业务业绩、发展潜力等要素，确保选拔高素质专业人才。

就业区域选择呈现差异化发展特征与多层次布局格局，反映了区域经济发展水平与产业结构特点。区位因素影响显著，一线城市机会多、待遇好，但竞争压力大、生活成本高，二三线城市机会广泛、性价比较高，县域地区竞争较小但发展空间有限。经济发展水平成为关键因素，地区经济发展水平直接影响就业机会和收入水平，经济发达地区就业机会多、薪酬待遇好、职业发展空间大。产业结构特点影响就业方向，不同地区产业结构特点影响客户经理的业务发展方向，科技园区集中的地区科技金融客户经理需求较大，制造业基地对供应链金融人才需求旺盛，金融中心城市对投资银行人才需求集中。区域政策环境差异，自贸区、经济特区等特殊区域政策支持力度大，为客户经理发展提供有利条件。不同区域市场竞争程度存在差异，影响职业发展空间和发展速度。

职业发展路径呈现多元化特征与专业化发展趋势，为客户经理职业发展提供更广阔空间。专业发展方向突出，深耕细分业务领域成为重要选择，培养零售金融专家、投资银行专家、风险管理专家等专业人才，通过持续积累专业经验提高市场竞争力。管理发展方向拓展，通过业绩表现和管理能力提升走向管理岗位，担任团队主管、部门经理、分行高管等职务，培养综合管理能力成为关键。创新发展方向开拓，投身新兴业务领域从事创新业务开发，在金融科技、绿色金融等方向寻求突破，创新思维和学习能力显得尤为重要。复合型发展路径增多，跨领域发展成为新趋势，培养专业与管理复合型人才，适应银行业务转型升级需要。

人才储备体系建设深化推动客户经理队伍建设进入新阶段，强化人才梯队培养效果。基础人才培养体系完善，针对新入职客户经理制订完整培训计划，覆盖专业知识、业务技能、职业素养等方面，帮助快速适应岗位要求。骨干人才提升计划深化，选拔优秀中级客户经理进行重点培养，提供轮岗锻炼机会，安排参与重要项目，培养综合能力。领军人才发展项目优化，遴选高级客户经理进入管理人才库，通过系统培训、挂职锻炼、项目历练等方式，培养未来管理者。培训体系创新发展，运用线上线下混合培训模式，开展案例教学、情景模拟、项目实战等多样化培训，提高培训效果。激励机制持续优化，建立与培养计划配套的激励政策，调动人才培养积极性，推动人才快速成长。

创新能力培养体系完善，带动客户经理创新服务水平持续提升，增强市场竞争优势。产品创新能力建设加强，深入了解市场需求把握客户痛点，提出产品创新建议参与产品开发设计，积累创新经验提升创新效果。服务模式创新探索深化，创新服务方式方法提升客户体验，形成特色服务品牌增强市场影响力，运用新技术手段优化服务流程提高服务效率。业务流程创新实践推进，优化业务操作流程提高工作效率，推动流程再造实现业务创新，降低运营成本提升经营效益。团队协作能力提升，树立团队合作观念主动承担团队责任，加强沟通协调化解矛盾分歧，整合内外部资源发挥团队优势。创新文化氛围营造，倡导创新理念鼓励创新实践，建立容错机制支持创新探索，培育创新土壤推动持续创新。

风险防范意识强化推动客户经理队伍稳健发展，保障职业发展道路行稳致远。合规风险防范要求提升，严格遵守各项规章制度，做好客户身份识别防范违规展业风险，加强合规培训学习树立合规经营理念。操作风险控制力度加大，按照操作规程开展业务做好各项审核把关，防止操作失误，完善内控机制及时发现和纠正问题。声誉风险管理深化，规范服务行为维护客户权益防止投诉纠纷，加强舆情监测妥善处理各类问题维护品牌形象。职业风险防范意识增强，提前做好职业规划增强抗风险能力，主动适应技术变革提升科技应用能力，积极转型升级应对市场竞争。风险管理体系完善，建立全面风险管理机制，强化风险识别评估能力，提高风险防控水平确保稳健发展。

二、能力素质提升方向

专业能力提升体系构建推动客户经理综合素质全面提升，金融专业知识更新作为基础性要求贯穿职业发展全过程。深入学习宏观经济政策、金融市场动态、监管政策变化，系统掌握银行产品体系特点和适用条件，包括存贷款、理财、基金、保险等各类产品知识体系，加强金融风险管理知识储备提高风险识别和防范能力。行业知识储备要求全面系统，了解重点行业发展状况掌握行业特点和发展趋势，研究产业政策导向把握行业机遇和风险，深入企业调研了解企业经营特点和融资需求，构建行业研究分析框架提高行业研判能力。市场营销能力提升聚焦实效性，掌握现代营销理论和方法提高市场开发能力，加强营销技巧训练提高客户沟通和商务谈判水平，学习客户关系管理知识提高客户维护能力，创新营销方式方法适应数字化营销发展趋势。

数字化能力建设体现了客户经理适应金融科技发展的核心要求，科技应用能力提升成为重点发展方向。熟练掌握银行业务系统操作提高业务处理效率，学习运用大数据分析工具提高数据分析能力，了解人工智能应用提升智能化服务水平，掌握线上营销技巧适应数字化营销转型趋势。数据分析能力培养深化，掌握数据采集和处理方法确保数据准确性，学习数据分析模型提高数据洞察能力，运用数据分析结果支持业务决策制定，加强数据安全意识规范数据使用标准。线上服务能力建设加强，适应远程服务模式提供优质在线服务体验，掌握线上产品销售技巧提高转化效果，加强在线风险防控确保业务安全运行，优化线上服务流程提升客户服务体验。数字化工具应用推广，熟练使用移动办公软件提高工作效率，掌握远程会议工具开展在线沟通交流，使用协同办公平台提高团队协作效能。

综合管理素质提升反映了客户经理向管理者角色转变的能力要求，领导力培养成为关键发展方向。培养战略思维能力提升决策判断水平，加强团队管理能力有效带领团队发展，提升资源整合能力实现协同发展效果，培养创新管理能力推动业务模式创新。项目管理能力建设深化，掌握项目管理方法提高项目运作能力，加强项目计划管理确保目标实现，提升风险管控能力防范项目风险隐患，提高资源调配能力优化资源使用效率。客户管理体系优化完善，建立客户分层管理体系实施差异化服务策略，完善客户信息管理提升服务精准度，加强客户关系维护增强客户黏性，创新服务方式方法提升服务价值创造。团队管理能力提升，掌握有效的团队建设方法培养高效团队，明确团队目标建立考核激励机制，关注团队成员成长帮助团队成员发展，处理团队矛盾维护团队和谐氛围。决策判断能力培养，提升决策分析能力做出科学决策，把控决策风险预判决策影响，及时总结评估优化决策过程。

风险管理能力建设体现了客户经理防范化解各类风险的专业要求，风险管理知识体系建设成为重点任务。信用风险管理能力提升，掌握企业信用评估方法准确判断客户信用状况，学习财务分析技能深入解读财务报表内容，了解行业特点识别行业系统性风险，建立风险预警机制及时发现风险隐患。市场风险识别能力加强，密切关注市场变化把握市场走势，分析影响因素预判市场风险态势，设置风险限额控制风险敞口范围，做好压力测试评估极端情况影响。操作风险控制能力培养，严格执行操作规程防止操作失误发生，完善内控机制堵塞管理漏洞，加强合规意识确保依法合规经营，建立检查机制及时发现解决问题。商业分析能力建设，精通财务报表分析准确评估企业财务状况，掌握现金流分析方法判断企业偿债能力，了解行业财务特点进行横向对比分析，深入理解企业商业模式评估模式可持续性。

创新发展能力培养推动客户经理在产品创新、服务创新和商业模式创新等方面实现突破，打造创新发展优势。产品创新能力建设深化，深入研究客户需求发现市场机会，掌握产品设计方法参与产品开发过程，了解同业产品进行对标分析，提出创新建议推动产品优化升级。服务模式创新能力提升，创新服务方式提升服务体验质量，整合服务资源提供综合解决方案，运用新技术手段优化服务流程效率，建立服务标准形成服务特色优势。商业模式创新思维培养，把握行业趋势洞察发展机遇，分析竞争态势找准创新方向重点，整合各类资源构建业务生态体系，推动模式创新创造竞争优势。创新思维培养深化，开放创新思维突破传统思维局限，关注市场变化把握创新机会，鼓励创新尝试积累创新经验，营造创新氛围推动持续创新发展。实践能力提升加强，重视实践锻炼积累实战经验，参与重点项目提升实操能力，解决实际问题提高问题解决能力，总结实践经验形成工作方法体系。

沟通协作能力发展构建了客户经理与内外部利益相关方的交互机制，客户沟通能力提升体现专业服务要求。掌握沟通技巧准确传递信息内容，理解客户需求提供针对性服务方案，处理客户投诉化解矛盾纠纷问题，维护客户关系稳固客户信任基础。团队协作能力建设深化，树立团队意识主动承担团队责任，加强团队沟通增进相互理解程度，参与团队协作实现优势互补，维护团队氛围提升团队效能水平。跨部门协调能力增强，了解各部门职能建立协作机制，加强信息沟通提高工作效率，协调资源配置推动工作开展，处理部门关系实现协同发展目标。情商培养水平提升，培养积极心态保持良好情绪状态，学会调节压力应对各种挑战，设身处地理解他人需求诉求，建立信任关系增进相互理解程度。

职业发展规划制定，推动客户经理科学规划职业发展路径，选择适合的发展方向形成职业竞争优势。专业发展路径设计，选择专业发展方向如零售金融、公司金融、投资银行等领域，深耕细分领域积累专业经验，参加专业认证提升专业水平，建立专家型发展目标定位。管理发展路径规划，培养管理潜质承担团队管理职责，提升综合管理能力为高层管理做准备，建立管理型职业规划明确发展目标方向。创新发展路径探索，投身新兴业务领域如金融科技、绿色金融等方向，培养创新能力推动业务创新发展，建立创新型发展定位把握发展机遇。职业道德修养提升，树立正确的价值观和职业操守，恪守职业道德准则要求，维护客户利益赢得客户信任，增强社会责任感践行普惠金融理念。

专业资格认证体系建设反映了客户经理职业发展的基础性要求，构建了完整的资格认证发展路径。银行从业资格认证是基本要求，系统学习银行业各类基础业务知识，针对不同业务领域如个人理财、信贷管理等取得相应资格认证。金融理财师认证日益重要，获得CFP、AFP等专业理财师认证，深入学习资产配置、投资管理、税务筹划等专业知识内容。风险管理师认证价值提升，获得FRM、CFA等风险管理相关认证，加强金融风险识别、评估和控制能力建设。根据业务发展需要，获取相关行业认证如证券从业资格、基金从业资格等，拓展业务领域范围。国际化视野培养加强，提升跨文化沟通技巧适应国际化发展，了解不同文化背景尊重文化差异，掌握商务英语开展国际业务交流。

工作方法创新优化推动客户经理工作效率和质量持续提升，建立科学的工作机制和方法体系。时间管理能力提升，科学制订工作计划合理安排工作任务，区分轻重缓急把握工作重点，提高时间使用效率减少时间浪费，统筹协调各项工作实现均衡发展。目标管理能力强化，明确工作目标制订行动计划，分解工作任务落实工作责任，监控工作进度确保目标达成，总结工作经验持续改进提升。问题解决能力建设，准确识别问题找准问题根源，分析解决方案选择最优方案，组织方案实施跟踪解决效果，总结解决经验提高解决问题能力。知识管理体系完善，建立个人知识库系统整理专业知识，记录工作经验形成案例库，总结工作方法建立最佳实践，参与知识分享活动促进团队学习。

品牌形象塑造与职业影响力提升体现了客户经理的市场竞争力和专业价值,推动职业发展进入更高层次。个人品牌建设深化,树立良好的职业形象展现专业素养,培养独特的服务特色形成个人品牌,注重品牌维护持续提升影响力。服务品质提升加强,坚持高质量服务标准确保服务质量,创新服务方式提升服务体验,重视客户反馈持续改进服务。专业影响力打造,在专业领域树立权威赢得行业认可,积极参与行业交流扩大专业影响,分享专业经验带动团队发展。危机管理能力提升,培养风险意识做好危机预防,建立预警机制及时发现隐患,制定应急预案做好应对准备,冷静应对危机控制事态发展,采取有效措施化解危机影响。压力管理能力增强,了解压力来源认识压力表现,评估压力程度判断承受能力,掌握压力管理技巧学会自我调节,培养积极心态增强心理承受力。

谈判能力与商务技巧提升构建了客户经理的核心竞争力,推动业务拓展和价值创造能力提升。商务谈判能力建设,掌握谈判策略和技巧提升谈判效果,了解客户需求找准谈判重点,控制谈判节奏把握谈判主动权。议价能力增强,准确评估产品价值合理确定价格区间,掌握议价技巧提高议价能力,灵活运用定价策略实现双赢。冲突处理能力优化,妥善处理谈判分歧化解谈判矛盾,寻找共同利益点达成谈判共识,维护长期合作关系实现可持续发展。战略思维培养深化,掌握战略分析工具如SWOT分析、波特五力模型等,加强宏观经济分析把握发展大势,研究行业战略制定发展策略。科研能力培养提升,学习科学研究方法提高研究能力,积极参与研究课题积累研究经验,开展专题研究形成研究成果。通过持续提升各项关键能力,客户经理能够在市场竞争中保持竞争优势,实现更大的职业发展空间和价值创造。

本章小结

银行业数字化转型与业务模式创新构成了行业发展的核心趋势,推动银行业经营模式和服务体系发生深刻变革。数字化转型已成为银行业发展的必然选择,科技创新作为核心驱动力推动银行在零售、对公、同业等各个业务领域进行深层次变革。这一进程要求银行进行组织架构调整、人才队伍转型和科技能力提升,未来银行业将朝着更加智能化、创新化的方向发展。在业务模式创新层面,银行通过在消费金融、财富管理、支付结算等领域的持续探索推进零售业务创新,对公业务创新聚焦供应链金融、现金管理、投资银行等方向深化发展,同业业务在金融市场、资产管理、同业合作等方面加快创新步伐。为保障业务创新健康发展,风险管控体系建设和配套保障机制完善显得尤为重要。金融科技应用不断深化,人工智能、大数据、区块链等技术在业务场景中的应用持续创新，推动银行服务模式向智能化、场景化方向升级，客户体验和服务效率显著提升。

客户经理职业发展前景呈现结构性变化特征与多元化发展趋势，反映了银行业转型发展对人才队伍建设的新要求。就业市场需求方面，传统业务领域需求趋于平稳，科技金融、绿色金融、养老金融等新兴领域需求快速增长。区域分布格局显示，一线城市主要集中在高端人才需求，二三线城市需求范围广泛，县域地区需求相对稳定。薪酬待遇体现了明显的差异化特征，各层次人才的收入水平与其专业能力和业务贡献度密切相关。市场竞争加剧推动客户经理不断提升核心竞争力，以适应行业发展变革需要。人才发展通道日益完善，专业序列和管理序列双通道建设为客户经理提供了广阔的发展空间，职业发展路径更加多元化。银行业务模式创新为客户经理带来新的发展机遇，在产品创新、服务创新、管理创新等方面都需要专业人才队伍支持。

能力素质提升方向体现多层次发展要求并推动客户经理综合素质全面提升，构建完整的能力发展体系。专业能力建设作为重点内容，包括金融专业知识更新、行业知识积累、市场营销能力提升等方面。数字化能力提升成为新的发展要求，科技应用能力、数据分析能力、线上服务能力等需要全面加强。综合管理素质培养对于职业发展至关重要，领导力、项目管理和客户管理等能力需要持续提升。建立持续学习机制、培养创新思维成为客户经理适应银行业发展的必然选择，从而推动职业价值实现和发展空间拓展。风险管理能力建设深化，从信用风险、市场风险到操作风险等各个方面都需要加强专业能力储备。创新能力培养成为重点，产品创新、服务创新、管理创新等方面的能力提升有助于把握市场机遇。沟通协作能力提升，客户沟通、团队协作、跨部门协调等软实力建设推动工作效能提升。通过深入理解行业发展趋势，准确把握职业发展方向，客户经理能够在数字化转型和业务创新浪潮中抓住发展机遇，实现更大的职业价值。

本章内容对理解银行业发展趋势、把握职业发展方向具有重要指导意义，银行从业人员要积极顺应行业变革趋势，持续提升自身能力素质，在数字化转型和业务创新浪潮中抓住发展机遇，实现职业价值。

课后习题

一、单项选择题

1.银行数字化转型的核心驱动力是（　　）。

A. 组织变革 　　　　　　　　　　B. 科技创新

C. 产品创新　　　　　　　　　D. 服务创新

2.银行客户经理岗位未来发展的主要方向不包括（　　）。

A. 财富管理　　　　　　　　　B. 投资银行

C. 柜面服务　　　　　　　　　D. 科技金融

3.客户经理能力提升最重要的是（　　）。

A. 专业知识　　　　　　　　　B. 营销技能

C. 管理能力　　　　　　　　　D. 数字化能力

二、多项选择题

1.银行业务模式创新的主要领域包括（　　）。

A. 消费金融　　　　　　　　　B. 供应链金融

C. 资产管理　　　　　　　　　D. 绿色金融

2.客户经理应具备的关键能力包括（　　）。

A. 专业知识　　　　　　　　　B. 风险管理

C. 创新能力　　　　　　　　　D. 沟通协作

3.金融科技的广泛应用推动银行业务模式和服务方式发生重大变革，（　　）等技术在银行领域的深度应用，显著提升了业务处理效率和风险管理水平。

A. 人工智能　　　　　　　　　B. 大数据

C. 云计算　　　　　　　　　　D. 区块链

三、简答题

1.简述银行数字化转型的主要内容和发展趋势。

2.客户经理应如何提升自身核心竞争力？

第十二章课后习题答案

参考文献

[1] 吕静，王霄，郑冉冉. 企业客户经理"六能"胜任力模型研究——以烟草商业企业为例 [J]. 企业改革与管理，2023（24）：78-80.

[2] 王昌斌. 关于对商业银行客户经理队伍建设的路径探讨 [J]. 农银学刊，2023（6）：68-73.

[3] 贺志明，杜奇平，袁灿，等. 对于天然气销售推行客户经理制的思考——以中国石油西南油气田公司天然气销售为例 [J]. 天然气技术与经济，2020，14（2）：67-71.

[4] 金婧. 智能化背景下商业银行网点客户经理职业能力需求及培养机制研究 [J]. 现代商业，2019（13）：70-71.

[5] 王庆锋，吉庆春，杨扬，等. 实施全过程绩效管理打造优秀公司信贷客户经理队伍 [J]. 杭州金融研修学院学报，2017（12）：19-22.

[6] 杨军，刘庆. 关于烟草商业系统客户经理多通道晋升机制的研究 [J]. 重庆与世界（学术版），2015，32（12）：134-137.

[7] 许晓东. 打造可复制的农村商业银行后备客户经理培训培养机制 [J]. 金融经济，2015（8）：108-110.

[8] 黎高程，李瑛，谭火超. 浅析"U用电"打响客户经理服务品牌 [J]. 管理观察，2015（2）：63-65.

[9] 罗婉琴. 化工销售企业客户经理胜任能力分析与模型构建 [J]. 石油化工管理干部学院学报，2014，16（1）：18-22.

[10] 李雪冰. 商业银行客户经理岗位能力素质模型的建立与应用研究 [J].

中国集体经济，2012（13）：108-109.

[11] 谢文娟. 切实把握烟草行业发展态势——敢于担当客户经理艰巨使命 [J]. 商业文化（上半月），2011（10）：195.

[12] 许世琴. 我国商业银行风险经理与客户经理的有效协作研究 [J]. 财会研究，2009（2）：78-79.

[13] 窦红. 对商业银行二级分行客户经理设置的思考 [J]. 西部金融，2008（2）：22-23.

[14] 马丽斌，赵蕾. 我国邮政金融实施客户经理制的方案设计 [J]. 邮政研究，2007（2）：33-35.

[15] 江永众，黄泽成. 移动通信行业客户经理胜任力模型的实证研究 [J]. 通信企业管理，2007（3）：72-73.

[16] 卢燕妮，宋伟. 如何做好商业银行的客户经理 [J]. 黑龙江科技信息，2007（4）：72.

[17] 孙永健，周顺. 中国商业银行客户经理制组织架构的理论分析 [J]. 理论月刊，2006（2）：92-94.

[18] 乔哲男. 对商业银行授信客户经理任职资格认定权属的思考 [J]. 河北金融，2005（4）：10.

[19] 杨韶敏. 客户经理的职责——发展与维护优质客户 [J]. 中国城市金融，2004（5）：23-24.

[20] 刘友婷. 当"90后"进军家政市场：工种更加细化，专业技能更高，市场需求更大 [N]. 工人日报，2019-09-12.

[21] 向丹. 应用型本科国贸专业技能及人文素养培养模式探讨——以重庆工商大学融智学院为例 [J]. 农村经济与科技，2018，29（4）：287-288；286.

[22] 刘海舰. 研究型审计在中小银行信贷业务内部审计中的应用研究 [J]. 商业经济，2025（2）：137-139；158.

[23] 李巧. 财务分析在金融机构信贷业务审查中的运用研究 [J]. 黑龙江金融，2024（11）：85-88.

[24] 毛林涛. 打造农发新质生产力策源地全力服务信贷业务数字化转型 [J]. 农业发展与金融，2024（11）：13-16.

[25] 尤佳，梁德元，张博. 省级分行信贷业务调查评估运作机制比较与借鉴 [J]. 农业发展与金融，2024（9）：79-82.

[26] 陈静，张瑄倪，张哲宇. 商业银行信贷业务商业模式研究——以科技型小微企业为例 [J]. 全国流通经济，2024（12）：153-156.

[27] 张知博. 生成式人工智能（AIGC）在金融信贷业务中的应用及挑战探究

[J]. 中国市场，2024（18）：190-194.

[28] 卢丽. 深度融入智慧运营体系助力数字信贷业务发展 [J]. 农业发展与金融，2024（4）：24-25.

[29] 李守谦. 农商银行如何推动信贷业务高质量发展 [J]. 中小企业管理与科技，2024（5）：106-108.

[30] 农发行粮棉油部. 2023—2024年度玉米行业及农发行玉米信贷业务分析 [J]. 农业发展与金融，2024（2）：66-70.

[31] 费博. 新时代强化商业银行信贷业务责任认定的探讨 [J]. 投资与合作，2024（2）：25-27.

[32] 袁春. 数字金融对商业银行创新能力的影响研究 [J]. 现代商业，2025（4）：99-102.

[33] 杨溪，王艳芝，蔡培园. 普惠金融背景下商业银行小微信贷业务分析 [J]. 金融客，2024（2）：7-9.

[34] 汪琪，徐雯，叶翔. 商业银行线上信贷业务发展实践与探索 [J]. 金融纵横，2023（12）：3-9.

[35] 徐江华，陈美斯. 信贷业务无纸化背景下的"三化一体"个贷档案管理模式升级 [J]. 山西档案，2023（5）：143-150.

[36] 邱文正. 金融科技驱动下城商行信贷业务的数字化转型策略 [J]. 投资与创业，2023，34（18）：65-67.

[37] 梅超. 新时代背景下信贷业务创新及其风险控制分析 [J]. 金融客，2023（8）：10-12.

[38] 白雪. 股份制银行小企业信贷业务研究——基于兴业银行的案例分析 [J]. 全国流通经济，2023（11）：137-140.

[39] 邱永昌. 商业银行信贷业务风险管理现状和优化路径探析 [J]. 科技经济市场，2023（5）：100-102.

[40] 潘思婕. 互联网时代商业银行信贷业务的风险及管理研究 [J]. 商展经济，2023（6）：98-101.

[41] 徐锦辉，曾小辉，张巍，等. 乘用车零售信贷业务全流程智慧化建设实践 [J]. 创新世界周刊，2023（3）：51-54；57.

[42] 翁牛特农村商业银行课题组，李家辉，付宗刚，等. 基于SWOT视角的新形势信贷业务客户拓展新思维探析——以翁牛特农村商业银行（筹）为例 [J]. 北方金融，2022（12）：78-84.

[43] 李颖. 农村商业银行信贷业务内部控制策略研究 [J]. 中国管理信息化，2022，25（19）：177-179.

［44］李慧惠．农村商业银行小微企业信贷业务拓展的难点及对策——基于株洲农商行的SWOT分析［J］．投资与创业，2022，33（16）：5-7.

［45］李永梅．征信在信贷业务风险预警中的作用研究［J］．当代金融家，2022（5）：132-133.

［46］杨启伟．中国农业发展银行信贷业务市场营销策略研究［J］．现代商业，2022（11）：149-151.

［47］高恺逊．城市商业银行信贷业务风险控制流程优化研究［J］．上海商业，2022（4）：80-82.

［48］蒋英．对农村中小金融机构信贷业务的几点思考［J］．时代金融，2022（3）：75-76；79.

［49］罗乐．商业银行授信审批中的问题及应对策略分析［J］．乡镇企业导报，2025（3）：30-32.

［50］本刊．金融创新与新质生产力——2024银行家金融创新论坛发言集锦［J］．银行家，2025（1）：21-49.

［51］卜建峰．Z银行中小企业客户服务营销策略研究［D］．济南：山东财经大学，2024.